Christfried Tögel

Alles über Freud

atb aufbau taschenbuch

Christfried Tögel, geboren 1953 in Leipzig; Studium der Klinischen Psychologie und Philosophie an der Humboldt-Universität zu Berlin, Promotion und Habilitation zur Traumforschung bzw. zur Geschichte der Psychoanalyse; 1992/93 Supervisor der Erfassung und Neuordnung des »Sigmund-Freud-Haus Archivs« (Wien), 1994 Erfassung der Archivbestände des Freud Museum (London), 2000–2015 Leiter des Sigmund-Freud-Zentrums (Magdeburg), 2004–2015 Direktor des SALUS-Instituts für Evaluation und Simulation psychiatrischer Versorgung (Magdeburg). Seit 2015 Herausgeber der ersten vollständigen Ausgabe der Schriften Freuds (Sigmund-Freud-Gesamtausgabe, SFG). Herausgaben im Aufbau Verlag u. a.: Sigmund Freud, »Unser Herz zeigt nach dem Süden. Reisebriefe 1895–1923« (2002); Anna Freud-Bernays, »Eine Wienerin in New York. Die Erinnerungen der Schwester Sigmund Freuds« (2004); Lilly Freud-Marlé, »Mein Onkel Sigmund Freud. Erinnerungen an eine große Familie« (2006).

Nach langen Jahren der wissenschaftlichen Isolierung wurde Freud 1902 zum außerordentlichen Professor ernannt. Glückwünsche und Blumenspenden veranlassten ihn zu dem spöttischen Kommentar, »als sei die Rolle der Sexualität plötzlich von Sr. Majestät amtlich anerkannt, die Bedeutung des Traumes vom Ministerrat bestätigt und die Notwendigkeit einer psychoanalytischen Therapie der Hysterie mit 2/3 Majorität im Parlament durchgedrungen«. Christfried Tögel informiert den Leser über die wesentlichen Stationen auf dem Weg der Entdeckung des Unbewussten und vermittelt ein eindrucksvolles Bild von Freuds außergewöhnlicher Persönlichkeit.

Christfried Tögel

ALLES ÜBER
Freud

aufbau taschenbuch

Mit 6 Abbildungen

Die Originalausgabe erschien unter dem Titel
Freud für Eilige
2005 bei Aufbau Taschenbuch.

Die Neuausgabe wurde erweitert um Auszüge aus den Interviews, die Freud zwischen 1904 und 1938 gab.

FSC
www.fsc.org
MIX
Papier aus verantwortungsvollen Quellen
FSC® C083411

ISBN 978-3-7466-3557-6

Aufbau Taschenbuch ist eine Marke der Aufbau Verlag GmbH & Co. KG

1. Auflage 2019

Umschlaggestaltung www.buerosued.de, München
unter Verwendung eines Bildes von www.buerosued.de
Druck und Binden CPI books GmbH, Leck, Germany
Printed in Germany

www.aufbau-verlag.de

Sigmund Freud, 1922
Freud Museum London

»Ich darf nicht wie Sie auf die Liebe vieler Menschen rechnen. Ich habe sie nicht erfreut, getröstet, erhoben. Ich hatte es gar nicht in Absicht, wollte nur forschen, Rätsel lösen, ein Stückchen Wahrheit aufdecken. Dies mag vielen wehe, manchen wohlgetan haben, beides nicht meine Schuld und nicht mein Verdienst.«

Sigmund Freud an Romain Rolland
13. Mai 1926

Inhalt

ANHANG

Prolog

Sigmund Freud legte großen Wert auf seine Kleidung. Als er einmal auf einer Bergtour einen Schwächeanfall erlitt und die Kleiderregeln, die er sonst peinlich beachtete, teilweise außer Kraft gesetzt waren, hielt das sein Sohn durchaus für berichtenswert: »Er löste seine Krawatte und knöpfte seinen Kragen auf. Er ging jedoch nicht so weit, auch sein Jackett auszuziehen.«[1] Auch in bezug auf seine Sexualität war Freud eher konventionell. In einem Brief an einen Kollegen schrieb er: »Ich vertrete ein ungleich freieres Sexualleben, wenngleich ich selbst sehr wenig von solcher Freiheit geübt habe.«[2]

Sein Denken allerdings unterwarf er keinen Konventionen. Immer wieder forderte er Leser und Gesprächspartner heraus: Einem Amerikaner schlug er vor, die Freiheitsstatue im Hafen von New York durch einen Affen zu ersetzen, der eine Bibel hochhält.[3] Ein andermal bat ihn am Rande einer Konferenz ein Psychologe, einen Patienten zu untersuchen, der wegen einer schweren Neurose arbeitsunfähig war. Freud sah den Grund dafür in einer starken Abhängigkeit vom Vater und empfahl dem verdutzten Kollegen: »Seinen Vater umbringen.«[4]

Im Jahre 1896 veröffentlichte Freud eine erste große wissenschaftliche Provokation: Unter dem Titel »Zur Ätiologie der Hysterie« entwickelte er seine Verführungs-

1 Freud (2000), S. 138.

2 Freud (1960a), S. 321.

3 Sigmund Freud–Sándor Ferenczi, 27. 8. 1925 [ÖNB].

4 Jones (1960–1962), Bd. 3, S. 78.

theorie, d. h. die Auffassung, daß Patienten mit schweren neurotischen Symptomen im frühen Kindesalter sexuell mißbraucht worden seien. Hunderte von Artikeln und Büchern folgten, fast alle waren umstritten und sind es heute noch. Doch an den Fragen, die Freud gestellt hat, kommt niemand vorbei.

In diesem Büchlein wird der Versuch unternommen, Freuds wichtigste Schriften einem breiten Leserkreis vorzustellen. Ohne Gefahr ist ein solches Unternehmen allerdings nicht: Nach dem Erscheinen der Schrift »Jenseits des Lustprinzips« war die Resonanz unerwartet groß, was Freud so suspekt erschien, daß er an einen Freund schrieb: »Für das ›Jenseits‹ bin ich genug gestraft worden, es ist sehr populär, bringt mir Mengen von Zuschriften und Lobsprüchen ein, ich muß da etwas sehr Dummes gemacht haben.«[5]

5 Freud (2004), S. 245.

Auf der Suche nach Erfolg

Spätestens seit dem Beginn seiner Studienzeit träumte Freud davon, in der Reihe der Gelehrten seiner Zeit einmal ganz oben zu stehen. Dieser Drang wurde später genährt durch eine lange Verlobungszeit, die Freud durch die schnelle Verbesserung seiner materiellen Lage abzukürzen suchte. An seine Verlobte Martha Bernays schrieb er: »[...] ich bin kraftvoll beisammen und gedenke die Wissenschaft auszubeuten, anstatt mich zu ihren Gunsten ausbeuten zu lassen.«[6]

Welches wissenschaftliche Gebiet es letztlich sein würde, war lange offen. Etwa zwei Jahrzehnte lang änderte sich der Gegenstand seines Interesses immer wieder: Eben noch auf die Geschlechtsorgane des Aals gerichtet, wandte er sich der Untersuchung des Baus von Nervenfasern und Nervenzellen zu. Es folgten Selbstversuche mit Kokain, doch der Rauschdroge lief das Interesse an Hysterie und Hypnose den Rang ab. Erst Ende der neunziger Jahre hatte die Suche ihr endgültiges Ziel gefunden: die Psychologie des Unbewußten.

Aale, Hirne, Kokain (1877–1885)

1876, noch Student, begann Freud am Institut für vergleichende Anatomie zu arbeiten. Dessen Direktor, Carl Claus, verschaffte ihm ein Stipendium für zwei For-

6 Freud (1960a), S. 109.

schungsaufenthalte an der k. k. Zoologischen Station in Triest. Hier widmete er seine Zeit den Geschlechtsorganen des Aals. Einem Freund beschrieb er höchst launig, womit er sich beschäftigte: »Du kennst den Aal. Lange Zeit hindurch war von dieser Bestie nur das Weibchen bekannt, schon Aristoteles wußte nicht, woher die Männchen nehmen, und ließ sie deshalb aus dem Schlamm entstehen. Durchs ganze Mittelalter und die Neuzeit hindurch wurde eine förmliche Hetzjagd auf die Aalmännchen angestellt. In der Zoologie, wo es keine Geburtsscheine gibt [...], weiß man nicht was Männchen oder Weibchen ist, wenn die Tiere nicht äußere Geschlechtsunterschiede haben. Daß gewisse Merkmale Geschlechtsunterschiede sind, muß auch erst nachgewiesen werden, und das kann nur der Anatom (da Aale keine Tagebücher schreiben, aus deren Orthographie man Schlüsse auf das Geschlecht ziehen kann), er seziert sie und findet entweder Hoden oder Eierstöcke. Der Unterschied ist der: Unter Mikroskop zeigen Hoden Samentierchen, die Eierstöcke schon mit freiem Auge Eier.«[7]

Freud untersuchte etwa vierhundert Aale und faßte das Ergebnis in seiner ersten wissenschaftlichen Veröffentlichung unter dem Titel »Beobachtungen über Gestaltung und feineren Bau der als Hoden beschriebenen Lappenorgane des Aals« zusammen, kam aber zu keinem eindeutigen Ergebnis. Die von anderen Fachleuten vertretene Meinung, daß die Lappenorgane der Hoden des Aals seien, konnte Freud weder bestätigen noch widerlegen. Carl Claus jedenfalls war enttäuscht, daß sein Schüler das Problem der Aalfortpflanzung nicht gelöst hatte. Freud seinerseits, der mehr Anerkennung für seine fleißige Arbeit und die vorsichtigen Schlußfolgerungen erwartet hatte, kehrte den Aalen den Rücken.

7 Freud (1989a), S. 163.

In den folgenden Jahren konzentrierte sich Freud auf Arbeiten über den Bau des Nervensystems. Nebenbei beschäftigte er sich mit der Speichelsekretion bei Hunden und mit chemischen Gasanalysen. Im August 1883 keimte neue Hoffnung auf, berühmt zu werden: Er entwickelte ein Verfahren, Gehirnschnitte durch Erhärtung und Färbung mit Goldchloridlösung für die mikroskopische Untersuchung geeignet zu machen. Ernst Brücke, sein Professor, war begeistert, und auch Freuds väterlicher Freund Josef Breuer ermunterte ihn, auf dem Gebiet weiterzuarbeiten. Im Jahr darauf veröffentlichte er den Artikel »Eine neue Methode zum Studium des Faserverlaufs im Centralnervensystem«, der auch in der englischen Zeitschrift »Brain« erschien. Doch gab es vermutlich zu viele potentielle Konkurrenten, die an ähnlichen Methoden arbeiteten und Freud den Ruhm streitig machen konnten.

In dieser Situation stieß er auf einen Artikel über die Wirkung von Kokain. Der Arzt Theodor Aschenbrandt hatte es während der Herbstmanöver an bayerischen Soldaten ausprobiert und festgestellt, daß es bei Erschöpfung ausgesprochen stimulierend wirkte. Besondere Hoffnungen setzte Freud jedoch auf den Einsatz von Kokain als Schmerzmittel. Zudem glaubte er einen morphinabhängigen Freund dank des neuen Mittels heilen zu können. Von der Firma Merck in Darmstadt ließ er sich Kokain auf Kredit schicken und begann mit Selbstversuchen, deren Ergebnisse er in mehreren Veröffentlichungen schilderte: »Die psychische Wirkung des Cocainum [...] besteht in einer Aufheiterung und anhaltenden Euphorie, die sich von der normalen Euphorie des gesunden Menschen in gar nichts unterscheidet. [...] Man fühlt eine Zunahme der Selbstbeherrschung, fühlt sich lebenskräftiger und arbeitsfähiger.«[8] Kleine Dosen gingen auch an seine Verlobte Martha Bernays in Hamburg.

8 Freud (1884e), S. 12 [Separatdruck].

Obwohl Freud in seiner Arbeit vor allem die belebende Wirkung des Kokains behandelte, verlor er andere mögliche Anwendungen nicht aus dem Auge. Er machte mehrere Kollegen auf die anästhesierende Eigenschaft des Kokains und die daraus sich ergebenden Möglichkeiten aufmerksam. Einer von ihnen, Karl Koller, untersuchte die Empfindlichkeit der Hornhaut nach Bepinselung mit Kokain, entdeckte so die Lokalanästhesie bei Augenoperationen und veröffentlichte seine Ergebnisse. Der Ruhm war wieder einmal einem anderen zugefallen. Zu seinem Entsetzen stellte Freud wenig später auch noch fest, daß die Morphinabhängigkeit seines Freundes zu einer Morphin-Kokain-Abhängigkeit geworden war. Spätestens zu diesem Zeitpunkt wußte er, daß in bezug auf das Kokain nicht er die Wissenschaft ausgebeutet, sondern sie ihn doppelt betrogen hatte.

Die »Vorläufige Mitteilung« (1893)

In dieser Situation der wissenschaftlichen Suche fügte es sich gut, daß die Universität Wien ein Reisestipendium ausgeschrieben hatte. Freud bekam den Zuschlag und fuhr im Herbst 1885 für knapp fünf Monate nach Paris zu dem berühmten Jean-Martin Charcot, bei dem er eine Menge über Hysterie lernte. Nach seiner Rückkehr nach Wien ließ er sich nieder und gewann schnell den Eindruck, »als Kliniker vorzugsweise auf das Studium der Hysterie«[9] angewiesen zu sein.

Selbstverständlich wollte er die hysterischen Symptome seiner Patienten nicht nur studieren, sondern sie auch erfolgreich behandeln. Die traditionellen Methoden wie

9 Freud (1960a), S. 228 f.

Elektro-, Hydro- und Balneotherapie schienen ihm allerdings wenig geeignet, da sie kaum Aussicht auf dauernde Besserung boten.

Eine Zeitlang setzte er die Hypnose ein, intensivierte aber nach 1890 den wissenschaftlichen Kontakt mit Josef Breuer, der die sogenannte »kathartische Methode« entwickelt hatte. Erstes Ergebnis dieser Zusammenarbeit war eine gemeinsame Publikation unter dem Titel »Über den psychischen Mechanismus hysterischer Phänomene (Vorläufige Mitteilung)«. Ihr Ausgangspunkt ist die Frage, welches Ereignis das hysterische Symptom (Lähmungen, Anfälle, Anästhesien, Tics, dauerndes Erbrechen, Magersucht, Sehstörungen usw.) zum erstenmal hervorgerufen hat. In vielen Fällen erbringt auch eine eingehende Befragung des Patienten keinen Aufschluß über das auslösende »Trauma«; manchmal ist es dem Patienten unangenehm, darüber zu sprechen, in den meisten Fällen aber kann er sich nicht daran erinnern. Dann ist es nötig, den Kranken zu hypnotisieren und so die Erinnerung wachzurufen.

Mit dieser Technik gelangten Breuer und Freud zu einer Reihe von theoretischen und praktischen Einsichten: 1. Häufig sind es Ereignisse aus der Kindheit, die das Krankheitssymptom hervorgerufen haben. 2. Der Zusammenhang ist nicht immer offensichtlich, oft besteht vielmehr eine symbolische Beziehung zwischen Trauma und Symptom. 3. Das Trauma wirkt nicht einmalig, sondern die Erinnerung ist es, die das Symptom immer aufs neue reproduziert. 4. Das Symptom verschwindet, wenn die Erinnerung an das Trauma *und der sie begleitende Affekt* wachgerufen und vom Patienten ausführlich geschildert werden; affektloses Erinnern ist wirkungslos.

Breuer und Freud erkannten, daß es für die Symptombildung entscheidend ist, wie auf ein potentiell traumatisches Ereignis reagiert wird: »Eine Beleidigung, die vergolten ist, wenn auch nur durch Worte, wird anders erinnert als eine, die hingenommen werden mußte.«[10] Eine kathartische Wirkung tritt nur ein, wenn die Reaktion angemessen ist, wie z. B. bei der Rache.

Die Schwierigkeit der Behandlung besteht darin, daß die Erinnerung an das Trauma zwar im Gedächtnis erhalten ist, oft sogar in »wunderbarer Frische« und mit ihrer »vollen Affektbetonung«, daß die Patienten sie aber unter normalen Bedingungen nicht abrufen können. Die Autoren empfehlen deshalb den Einsatz der Hypnose. Warum aber wirkt diese Methode heilend? Die Antwort geben Breuer und Freud gegen Ende ihres Artikels: »Sie hebt die Wirksamkeit der ursprünglich nicht abreagierten Vorstellung dadurch auf, daß sie dem eingeklemmten Affekte derselben den Ablauf durch die Rede gestattet, und bringt sie zur assoziativen Korrektur, indem sie dieselbe ins normale Bewußtsein zieht (in leichterer Hypnose) oder durch ärztliche Suggestion aufhebt [...].«[11]

Studien über Hysterie (1895)

Vorwort
I. Über den psychischen Mechanismus hysterischer Phänomene (Breuer und Freud)
II. Krankengeschichten
Beobachtung I. Frl. Anna O. (Breuer)
Beobachtung II. Frau Emmy von N. (Freud)
Beobachtung III. Miß Lucy R. (Freud)
Beobachtung IV. Katharina (Freud)
Beobachtung V. Frl. Elisabeth v. R. (Freud)
III. Theoretisches (Breuer)
IV. Zur Psychotherapie der Hysterie

10 Freud (1893a), S. 87.
11 Freud (1893a), S. 97.

Ende September 1893 faßten Freud und Breuer den Plan, gemeinsam ein Buch über Hysterie zu schreiben. Anfang Mai 1895 wurde es veröffentlicht. Die »Vorläufige Mitteilung« wurde neu abgedruckt und leitet den Band ein. Es folgen fünf Krankengeschichten. Abgeschlossen werden die Studien mit einem Kapitel »Theoretisches« von Breuer und einem »Zur Psychotherapie der Hysterie« von Freud.

Am bekanntesten ist die Krankengeschichte der Anna O., einer Patientin Josef Breuers, die er zwischen 1880 und 1882 behandelt hatte. Hinter dem Pseudonym Anna O. verbirgt sich die Frauenrechtlerin Bertha Pappenheim. Während der Pflege ihres kranken Vaters entwickelte sie »eine schwere und komplizierte Hysterie« mit Lähmungen, Kontrakturen, Sprach- und Sehstörungen. Breuer behandelte sie mit einer »Redekur«, die später als »kathartische Methode« bekannt wurde. Sie ging davon aus, daß der therapeutische Effekt in einer »Reinigung« (Katharsis) besteht, einer adäquaten Abfuhr der pathogenen Affekte. Breuer ermöglichte es der Patientin, die traumatischen Ereignisse, an die diese Affekte geknüpft sind, wachzurufen, sie wiederzuerleben und abzureagieren. Freud schrieb später, daß dieser Fall seine besondere Bedeutung für die Geschichte der Hysterie erhielt, weil es einem Arzt zum erstenmal gelungen war, alle Symptome des hysterischen Zustandes zu durchleuchten, von jedem Symptom die Herkunft zu erfahren und gleichzeitig den Weg zu finden, dieses Symptom wieder zum Verschwinden zu bringen. Es war der erste durchsichtig gemachte Fall von Hysterie.

Die Behandlungen der vier von Freud vorgestellten Patienten fallen in die Jahre 1888 bis 1893.

FRAU EMMY VON N.[12] Hinter diesem von Freud gewählten Pseudonym verbirgt sich Fanny Louise von

12 Zur Krankengeschichte und den biographischen Umständen vgl.: Freud & Breuer (1895d), S. 99–162; Anderson (1979); Ellenberger (1977); Tögel (1999).

Sulzer-Wart (1848–1925). Sie hatte zwölf Geschwister, von denen vier bereits tot waren, als sie zur Welt kam. Im Alter von 22 Jahren heiratete sie Heinrich Moser, einen superreichen Schweizer Industriellen, der Uhren herstellte, den ersten Rheindamm in der Nähe von Schaffhausen baute und einen großen Teil seines Vermögens in Rußland investiert hatte. Er war 44 Jahre älter als Fanny und starb vier Jahre nach der Hochzeit. Das Paar hatte zwei Kinder, Fanny und Mentona. Kurz nach dem Tod ihres Mannes im Jahre 1874 begannen dessen Verwandte Gerüchte zu schüren, Fanny habe ihn vergiftet. Henri, Heinrich Mosers Sohn aus erster Ehe, focht das Testament seines Vaters an, in dem dieser sein gesamtes Vermögen fast ausschließlich Fanny vermacht hatte.

In dieser Zeit begann Emmy von N. ihre Symptome zu entwickeln und ließ sich über zehn Jahre lang in verschiedenen Heilbädern Europas behandeln. 1887 kehrte sie in die Schweiz zurück und kaufte ein Schloß in Au bei Wädenswil am Zürichsee. Ende der 80er Jahre wurde sie Patientin Josef Breuers, der sie teilweise von Freud behandeln ließ. Diese Behandlung umfaßte zwei Perioden: eine im Sommer 1889 und eine im Sommer 1890.

Ihre Symptome zu Beginn der Behandlung schildert Freud so: »Sie spricht wie mühselig, mit leiser Stimme, gelegentlich durch spastische Sprachstockung bis zum Stottern unterbrochen. Dabei hält sie die Finger ineinander verschränkt, die eine unaufhörliche athetoseartige Unruhe zeigen. Häufige ticartige Zuckungen im Gesichte und an den Halsmuskeln, wobei einzelne, besonders der rechte Sternokleidomastoideus plastisch vorspringen. Ferner unterbricht sie sich häufig in der Rede, um ein eigentümliches Schnalzen hervorzubringen.« Freud verglich dieses Schnalzen mit dem Balzen des Auerhahns. Des weiteren beschreibt er folgendes: »Was sie spricht, ist durchaus zusammenhängend und bezeugt offenbar eine nichtgewöhnliche

Bildung und Intelligenz. Um so befremdender ist es, daß sie alle paar Minuten plötzlich abbricht, das Gesicht zum Ausdrucke des Grauens und Ekels verzieht, die Hand mit gespreizten und gekrümmten Fingern gegen mich ausstreckt und dabei mit veränderter angsterfüllter Stimme die Worte ruft: ›Seien Sie still – reden Sie nichts – rühren Sie mich nicht an!‹«

Freud faßt die psychische Situation Emmy von N.s in zwei Punkten zusammen: »1. Es sind bei ihr die peinlichen Affekte von traumatischen Erlebnissen unerledigt verblieben, so die Verstimmung, der Schmerz (über den Tod des Mannes), der Groll (von den Verfolgungen der Verwandten), der Ekel (von den gezwungenen Mahlzeiten, die Angst (von so vielen schreckhaften Erlebnissen) usw., und 2. es besteht bei ihr eine lebhafte Erinnerungstätigkeit, welche bald spontan, bald auf erweckende Reize der Gegenwart hin (z. B. bei Nachricht von der Revolution in S. Domingo) Stück für Stück der Traumen mitsamt den sie begleitenden Affekten ins aktuelle Bewußtsein ruft.«

Bei seiner Behandlung ging Freud so vor: »Meine Therapie schloß sich dem Gange dieser Erinnerungstätigkeit an und suchte Tag für Tag aufzulösen und zu erledigen, was der Tag an die Oberfläche gebracht hatte, bis der erreichbare Vorrat an krankhaften Erinnerungen erschöpft schien. [...] Der therapeutische Erfolg war im ganzen ein recht beträchtlicher, aber kein dauernder [...].«

Freud hatte die Situation richtig eingeschätzt. Emmy von N. ließ sich in den 90er Jahren von anderen namhaften Ärzten Europas behandeln. Nach dem Ersten Weltkrieg wurde sie zunehmend von der Idee besessen, sie sei finanziell ruiniert, und verkaufte Schloß Au. Sie starb 1925 in Zürich.

In einem Brief an die Tochter Fanny Mosers bekannte Freud Jahrzehnte später: »Nicht nur daß ich noch sehr unerfahren war, unser aller Kunst das seelisch Verborgene zu lesen, war noch in den Kinderschuhen. Zehn, vielleicht fünf Jahre später, hätte ich nicht umhin können zu erraten, daß die unglückliche Frau einen schweren Kampf gegen die unbewußten Haßregungen für ihre beiden Kinder führte und sich durch Überzärtlichkeit zu verteidigen suchte. Diese bösen Geister scheinen sich später zur Oberfläche durchgearbeitet und ihre Handlungen bestimmt zu haben. Aber damals verstand ich nichts und glaubte einfach ihrer Information.«

In einem anderen Brief an dieselbe Adressatin hatte Freud schon zwanzig Jahre zuvor geschrieben: »Gerade an diesem Fall und am Ausgang desselben habe ich erkannt, daß die Behandlung mittels der Hypnose ein sinnloses und zweckloses Vorgehen ist, und den Antrieb empfangen, die verständigere psychoanalytische Therapie zu erschaffen.«

MISS LUCY R.[13] Die Fallgeschichte dieser Patientin ist die einzige, von der wir nur das wissen, was uns Freud überliefert hat. Wer sich hinter dem Pseudonym verbirgt, ist bisher nicht bekannt. Aufgrund unserer Kenntnis von Freuds Lebensumständen können wir mit einiger Sicherheit sagen, daß die Behandlung nicht, wie er selbst schreibt, Ende 1892 begann, sondern Ende November 1891 und Anfang Februar 1892 abgeschlossen war. Freud traf die Patientin Anfang Juni 1892 zufällig wieder und konnte sich davon überzeugen, daß sie weiterhin symptomfrei, die Behandlung mithin erfolgreich war.

Lucy R. arbeitete als Gouvernante im Hause eines verwitweten Wiener Fabrikdirektors. Sie kam zu Freud durch Vermittlung eines befreundeten Kollegen, der sie wegen eines chronischen Nasenleidens behandelt hatte. Sie hatte ihre Geruchswahrnehmung eingebüßt, litt dafür aber unter Geruchshalluzinationen, deren vorwiegender Inhalt verbrannte Mehlspeise war.

13 Freud & Breuer (1895d), S. 163–185.

Freud faßte diese Geruchshalluzination als hysterisches Symptom auf und versuchte, die mit ihm in Verbindung stehenden traumatischen Ereignisse aufzudecken. Das gelang ihm auch. Lucy berichtete ihm die folgende Situation: »Es war vor ungefähr zwei Monaten, zwei Tage vor meinem Geburtstage. Ich war mit den Kindern im Schulzimmer und spielte mit ihnen (zwei Mädchen) Kochen, da wurde ein Brief hereingebracht, den der Briefträger eben abgegeben hatte. Ich erkannte an Poststempel und Handschrift, daß der Brief von meiner Mutter in Glasgow sei, wollte ihn öffnen und lesen. Da kamen die Kinder auf mich losgestürzt, rissen mir den Brief aus der Hand und riefen: Nein, du darfst ihn jetzt nicht lesen, er ist gewiß für deinen Geburtstag, wir werden ihn dir aufheben. Während die Kinder so um mich spielten, verbreitete sich plötzlich ein intensiver Geruch. Die Kinder hatten die Mehlspeise, die sie kochten, im Stiche gelassen, und die war angebrannt. Seit damals verfolgt mich dieser Geruch, er ist eigentlich immer da und wird stärker bei Aufregung.«

Damit war das für die Geruchshalluzination auslösende Ereignis gefunden. Freud zweifelte jedoch daran, daß diese relativ normale Situation zu einem dauerhaften hysterischen Symptom geführt hatte. Über mehrere weitere Stationen kam er zu dem Schluß, daß sich seine Patientin in ihren Arbeitgeber, den verwitweten Direktor, verliebt hatte und insgeheim hoffte, für die beiden ihr anvertrauten Kinder die Stelle der Mutter einnehmen zu können. Freuds Deutung stieß bei der Patientin auf wenig Widerstand, und im Laufe der Behandlung verschwand das Symptom völlig – aber nur, um an die Stelle des Geruchs von verbrannter Mehlspeise den von Zigarrenrauch treten zu lassen. Durch diese Verschiebung wurde Freud sofort klar, daß er noch nicht den letzten Grund der Erkrankung erkannt hatte. Weitere Nachforschungen förderten ernste Zweifel der Patientin zutage, daß ihre Gefühle für den Direktor von diesem erwidert würden. Im Laufe der Bearbeitung dieser Probleme wurde die Patientin symptomfrei. Zwar liebte sie den Direktor noch immer, ernsthafte Hoffnungen auf eine Heirat hatte sie indessen begraben.

KATHARINA.[14] Im August 1893 unternahm Freud einen seiner häufigen Ausflüge auf die Rax am Semmering, einen 2004 m hohen Berg südlich von Wien. Die achtzehnjährige Tochter der Wirtin des dortigen Schutzhauses, Aurelie Kronich, fragte ihn: »Ist der Herr ein Doktor?« Aufgrund ihrer »vergrämten Miene« schloß Freud, daß sie eine Neurose habe. Freud forderte sie auf, zu erzählen, woran sie leide. »Ich hab' so Atemnot, nicht immer, aber manchmal packt's mich so, daß ich glaube, ich erstick'«, gab das Mädchen zur Antwort. Freud vermutete, daß die Atemnot einen Angstanfall ersetze, und ließ sich den Vorgang genauer beschreiben: »Es kommt plötzlich über mich. Dann legt's sich zuerst wie ein Druck auf meine Augen, der Kopf wird so schwer und sausen tut's, nicht auszuhalten, und schwindlig bin ich, daß ich glaub', ich fall' um, und dann preßt's mir die Brust zusammen, daß ich keinen Atem krieg'.« Begleitet wurde dieser Anfall von einem »grauslichen Gesicht«, das Katharina, wie Freud seine Patientin nannte, große Angst einflößte, das sie aber mit keiner bestimmten Person verband.

Freud vermutete, daß die Angst »die Folge des Grausens« war, »das ein virginales Gemüt befällt, wenn sich zuerst die Welt der Sexualität vor ihm auftut«. Im Laufe des Gesprächs kam er zu dem Schluß, Katharina habe ihren Vater beim Geschlechtsverkehr mit der Schwester beobachtet (Freud schreibt »Onkel« und »Cousine«, und erst in einem Zusatz von 1924 deckte er die wahren Verwandtschaftsverhältnisse auf). Danach stellten sich zum ersten-

14 Zur Krankengeschichte und den biographischen Umständen vgl.: Freud & Breuer (1895d), S. 184–195; Fichtner & Hirschmüller (1985); Swales (1988).

mal die Symptome Schwindel und Erbrechen ein. Zudem war sie selbst den sexuellen Belästigungen durch den Vater ausgesetzt und entwickelte die Angstsymptomatik.

Als Katharina ihre Erzählung beendet hat, ist sie wie verwandelt: »das mürrische, leidende Gesicht hat sich belebt, die Augen sehen frisch drein, sie ist erleichtert und gehoben«. Freud glaubte den Fall verstanden zu haben: Das Erbrechen war der Ersatz für den moralischen und physischen Ekel, zwar nicht vor der Situation selbst, sondern vor der Erinnerung an sie. Es verschwand, wahrscheinlich auch infolge der Gespräche, die Aurelie mit ihrer Mutter führte.

Nach der Deutung glaubt sie auch zu wissen, wer sich hinter dem »grauslichen Gesicht« verbirgt: Es ist der Vater, aber nicht aus der Zeit der sexuellen Vorfälle, sondern aus der Zeit nach der Trennung von der Mutter. Sein Gesicht war wutverzerrt, weil er der Tochter die Schuld an dem Zerfall der Familie gab.

Diese Fallgeschichte ist als erste »wilde Psychoanalyse«, auch als erste »psychoanalytische Kurztherapie« bezeichnet worden. Tatsächlich gelang es Freud in einem einzigen Gespräch, der »Patientin« die Psychodynamik, die ihre Sympt ome hervorgerufen hatte, einsichtig zu machen. Wie dauerhaft der Therapieerfolg war, wissen wir nicht. Für Freud aber war es eine wichtige Erfahrung, die nicht ohne Einfluß auf die Entwicklung seiner Verführungstheorie blieb.

FRÄULEIN ELISABETH VON R.[15] Im Herbst 1891 schickte ihm ein Kollege eine Dame namens Ilona Weiß zur Behandlung. Freud nahm ihren Fall unter dem Pseudonym »Elisabeth von R.« als letzten in die »Studien über Hysterie« auf. Während ihrer Therapie gelangte er zu Einsichten, die einen Wendepunkt in seiner wissenschaftlichen Entwicklung darstellten.

15 Freud & Breuer (1895d), S. 196–251.

Die Patientin hatte seit reichlich zwei Jahren Schmerzen in den Beinen und angeblich Beschwerden beim Gehen. Nach einiger Zeit kam Freud zu der Überzeugung, daß es sich um hysterische Symptome handelte, die entstanden waren, als sie ihren kranken Vater pflegte, und die sich nach dessen Tod dramatisch verstärkten. Nach einer Anfangsphase, in der er eine »vierwöchige Scheinbehandlung« durchführte, die hauptsächlich aus Massage, Faradisierung und Franklinschen Funkenentladungen bestand, ging Freud langsam zu einer psychischen Behandlung über. Er ließ sich zunächst von seiner Patientin erzählen, was sie über die Ursache ihrer Symptome wisse oder zu wissen glaube. Das Ergebnis war für Freud enttäuschend: »Es war ja eine aus banalen seelischen Erschütterungen bestehende Krankengeschichte, aus der sich weder erklärte, warum die Betroffene an Hysterie erkranken mußte, noch wieso die Hysterie gerade die Form der schmerzhaften Abasie angenommen hatte. Es erhellte weder die Verursachung noch die Determinierung der hier vorliegenden Hysterie.«

Doch gab er die Behandlung nicht auf, sondern versuchte herauszubekommen, an welchen psychischen Eindruck die erste Entstehung der Schmerzen in den Beinen geknüpft war. Dazu wollte er die Patientin in Hypnose versetzen, was ihm aber nicht gelang, und da die Patientin ihm schon bei früheren vergeblichen Versuchen erklärt hatte, daß sie nicht zu hypnotisieren sei, verzichtete er darauf. In dieser Situation fiel ihm ein Kunstgriff von Hippolyte Bernheim[16] ein, dessen Buch »Die Suggestion und ihre Heilwirkung« er übersetzt hatte. Bernheim hatte der Erinnerung einer Patientin durch Auflegen der Hand auf ihre Stirn auf die Sprünge geholfen. »Dieser erstaunliche und lehrreiche Versuch« – so Freud – »war mein Vorbild. Ich beschloß, von der Voraussetzung auszugehen, daß meine Patienten alles,

16 Hippolyte Bernheim (1840–1919), französischer Psychiater.

was irgend von pathogener Bedeutung war, auch wußten, und daß es sich nur darum handle, sie zum Mitteilen zu nötigen.«[17]

Freud ging also bei Elisabeth von R. zu folgender Prozedur über: Er drückte der Patientin seine Hand leicht auf die Stirn und forderte sie auf, alles zu sagen, was ihr einfiel. Diese neue Technik nannte er später »freie Assoziation«, und sie hielt tatsächlich weitgehend, was er sich von ihr versprach. Von nun an leitete er die Behandlung damit ein, daß er seine Patientin bat, »sich in die Lage eines aufmerksamen und leidenschaftslosen Selbstbeobachters zu versetzen, immer nur die Oberfläche seines Bewußtseins abzulesen und einerseits sich die vollste Aufrichtigkeit zur Pflicht zu machen, anderseits keinen Einfall von der Mitteilung auszuschließen, auch wenn man 1) ihn allzu unangenehm empfinden sollte, oder wenn man 2) urteilen müßte, er sei unsinnig, 3) allzu unwichtig, 4) gehöre nicht zu dem, was man suche«[18]. Der Einführung dieser Technik lag die Annahme zugrunde, daß sich »die sogenannte freie Assoziation in Wirklichkeit als unfrei erweisen werde, indem nach der Unterdrückung aller bewußten Denkabsichten eine Determinierung der Einfälle durch das unbewußte Material zum Vorschein käme«[19].

Tatsächlich erhielt Freud jetzt reichlich Informationen über die von Elisabeth von R. »vergessenen« Erlebnisse und Zusammenhänge. In Analogie zu archäologischen Ausgrabungen sprach er von einem »neuen Schacht«, der sich eröffnet habe. Auf diesem Wege gewann er »Einblick in ein Kräftespiel, [...] welches dem Beobachter durch den hypnotischen Zustand verhüllt worden war«[20]. Zudem führte ihn die neue Technik auf die Spur eines Phänomens,

17 Freud & Breuer (1895d), S. 168.
18 Freud (1923a), S. 214 f.
19 Freud (1924f), S. 410.
20 Freud (1924f), S. 411.

das zu einem Grundpfeiler der psychoanalytischen Therapie und Theorie wurde: das Phänomen des Widerstandes. Er bemerkte nämlich, daß es eine Kraft gibt, die die Aufdeckung und Interpretation des verdrängten unbewußten Materials zu verhindern sucht.

Viele Jahre später schrieb Freud in einem Brief an Stefan Zweig, daß die Technik der freien Assoziation der methodische Schlüssel zu den Ergebnissen der Analyse sei.[21] Und in seiner »Selbstdarstellung« faßte er die Bedeutung dieser Neuerung so zusammen: »Mit Hilfe des Verfahrens der freien Assoziation und der an sie anschließenden Deutungskunst gelang der Psychoanalyse eine Leistung, die anscheinend nicht praktisch bedeutsam war, aber in Wirklichkeit zu einer völlig neuen Stellung und Geltung im wissenschaftlichen Betrieb führen mußte. Es wurde möglich nachzuweisen, daß Träume sinnvoll sind, und den Sinn derselben zu erraten.«[22]

Durch diesen letzten Schritt wurde die Psychoanalyse von einer reinen Behandlungsmethode zu einem theoretischen psychologischen System.

21 Freud (1968a), S. 421.
22 Freud (1925d), S. 69.

Träume, Fehlleistungen, Witz

Im Zeitraum zwischen 1895 und 1905 widmete sich Freud verstärkt der psychologischen Theorienentwicklung sowie nicht-pathologischen Phänomenen. Das erste Ergebnis war sein Hauptwerk »Die Traumdeutung«. Zwei weitere Themenkomplexe betrafen die Fehlleistungen, die jedem von uns täglich passieren, wie Vergessen, Verlesen, Verschreiben, und schließlich die Techniken und Wirkungen des Witzes.

Die Traumdeutung (1899)

Vorbemerkung

I. Die wissenschaftliche Literatur der Traumprobleme
- A) Beziehung des Traumes zum Wachleben
- B) Das Traummaterial – Das Gedächtnis im Traum
- C) Traumreize und Traumquellen
- D) Warum man den Traum nach dem Erwachen vergißt?
- E) Die psychologischen Besonderheiten des Traumes
- F) Die ethischen Gefühle im Traume
- G) Traumtheorien und Funktion des Traumes
- H) Beziehungen zwischen Traum und Geisteskrankheiten

II. Die Methode der Traumdeutung. Die Analyse eines Traummusters

III. Der Traum ist eine Wunscherfüllung

IV. Die Traumentstellung

V. Das Traummaterial und die Traumquellen
- A) Das Rezente und das Indifferente im Traum
- B) Das Infantile als Traumquelle
- C) Die somatischen Traumquellen
- D) Typische Träume
  - a) Der Verlegenheitstraum der Nacktheit
  - b) Die Träume vom Tod teurer Personen
  - c) Der Prüfungstraum

VI. Die Traumarbeit
- A) Die Verdichtungsarbeit
- B) Die Verschiebungsarbeit
- C) Die Darstellungsmittel des Traums
- D) Die Rücksicht auf Darstellbarkeit
- E) Die Darstellung durch Symbole im Traume – Weitere typische Träume
- F) Beispiele – Rechnen und Reden im Traum
- G) Absurde Träume. Die intellektuellen Leistungen im Traum
- H) Die Affekte im Traume
- I) Die sekundäre Bearbeitung

VII. Zur Psychologie der Traumvorgänge
- A) Das Vergessen der Träume
- B) Die Regression
- C) Zur Wunscherfüllung
- D) Das Wecken durch den Traum. Die Funktion des Traumes. Der Angsttraum
- E) Der Primär- und der Sekundärvorgang. Die Verdrängung
- F) Das Unbewußte und das Bewußtsein. Die Realität

Vor Freud hielt man Träume weitgehend für eine »Zuckung des sonst schlafenden Seelenlebens«[23]. Deutungen be-

23 Freud (1925d), S. 69.

schränkten sich in der Regel auf Analogien nach dem Muster antiker oder mittelalterlicher Traumbücher. Freud war der erste, der den Traum für ein sinnvolles psychisches Gebilde hielt, das nach entsprechender Deutung »an angebbarer Stelle in das Treiben des Wachlebens einzureihen ist«[24].

Schon 1883 hatte er sich ein »Privattraumbuch«[25] angelegt, und in den Briefen an seine Verlobte Martha Bernays kam er immer wieder auf seine Träume zu sprechen. Allerdings dürfte sein Interesse damals kaum über eine allgemeine Neugierde an diesem Phänomen hinausgegangen sein. Noch zeichnete er seine Träume nicht auf, um sie hinterher zu analysieren und Gesetzmäßigkeiten ihrer Entstehung und Bedeutung aufzuspüren. Erst im Jahre 1890 erwähnte Freud in seiner Schrift »Psychische Behandlung (Seelenbehandlung)« zum erstenmal das Träumen, wenn auch noch sehr unspezifisch und in keiner Weise mit eigenen Gedankengängen verknüpft.

Schließlich hat ihn die Weigerung seiner Patientin Elisabeth von R., sich hypnotisieren zu lassen, zur Einführung der Technik der freien Assoziation veranlaßt, die ihn auf die zentrale Bedeutung der Träume für das Verständnis der menschlichen Psyche hinwies. Später heißt es in der »Geschichte der psychoanalytischen Bewegung« lapidar: »Über die Traumdeutung kann ich mich kurz fassen. Sie fiel mir zu als Erstlingsfrucht der technischen Neuerung, nachdem ich mich [...] entschlossen hatte, die Hypnose mit der freien Assoziation zu vertauschen.«[26]

Diese Feststellung scheint keine nachträgliche Rekonstruktion zu sein, findet sich doch im Frühjahr 1892 zum erstenmal ein Hinweis darauf, daß sich Freud zur Traumentstehung eigene Gedanken machte. In einer Fußnote zu

24 Freud (1900a), S. 1.

25 Sigmund Freud – Martha Bernays, 19. 7. 1883 [LoC].

26 Freud (1914d), S. 57.

seiner Übersetzung von Charcots »Leçons du mardi« hielt er fest: »In die hysterischen Delirien gerät jenes Material von Vorstellungen und Handlungsantrieben, welches die gesunde Person verworfen und gehemmt, oft mit großer psychischer Anstrengung gehemmt hat. Ähnliches gilt für manche Träume, die Assoziationen fortspinnen, welche tagsüber verworfen oder abgebrochen worden waren.«[27]

In einem Vortrag »Über Hypnose und Suggestion« vom 27. April 1892 stoßen wir auf ähnliche Formulierungen. Die Beobachtungen, die Freud als Grundlage dienten, können nur die Träume seiner Patientin Elisabeth von R. gewesen sein, die zu diesem Zeitpunkt bereits ein reichliches halbes Jahr bei ihm in Behandlung war und an deren Fall er nach Einführung der freien Assoziation zum erstenmal die Phänomene Verdrängung und Widerstand beobachtet hatte.

1894 begann er seine eigenen Träume zum Zwecke ihrer Analyse systematisch aufzuschreiben. Die Theorie, die er aufgrund seiner Beobachtungen aufstellte, führt die Entstehung der Träume auf zwei Momente zurück: »1. auf die Nötigung zur Ausarbeitung solcher Vorstellungen, bei denen ich tagsüber nur flüchtig verweilt hatte, die nur gestreift und nicht erledigt worden waren, und 2. auf den Zwang, die im selben Bewußtseinszustande vorhandenen Dinge miteinander zu verknüpfen. Auf das freie Walten des letzten Moments war das Sinnlose und Widerspruchsvolle der Träume zurückzuführen.«[28]

Diese Aussage galt nur mehr der Genese der Träume, und Freud macht noch keinen öffentlichen Versuch, das »Sinnlose und Widerspruchsvolle der Träume« aufzuklären. Auch war er sich zu diesem Zeitpunkt noch nicht darüber im klaren, daß er mit der Einbeziehung der Deutung von Träumen in die Behandlung jenen entscheidenden

27 Freud (1892–94a), S. 137.
28 Freud & Breuer (1895d), S. 122.

Schritt vollzogen hatte, der ihn ans Ziel seiner jahrzehntelangen Suche führen würde. Es dauerte noch ein weiteres Jahr, bevor Freud Anfang März 1895 einen ersten (fremden) Traum im Sinne seiner späteren Wunscherfüllungstheorie interpretierte und dann auch einen eigenen vollständig analysierte: den »Traum von Irmas Injektion«, der als paradigmatisches Beispiel in die »Traumdeutung« einging. Vor dem Haus »Bellevue« am Cobenzl bei Wien, in dem Freud diesen Traum hatte, findet sich heute ein Gedenkstein mit dem Text: »Hier enthüllte sich am 24. Juli 1895 dem Dr. Sigm. Freud das Geheimnis des Traumes.«

Knapp zwei Monate nach dem Irma-Traum fühlte sich Freud durch einen weiteren Traum in seiner Wunscherfüllungstheorie bestärkt, und im Mai 1896 war er sich seiner Traumtheorie schon so sicher, daß er sie in einem Vortrag vor der Jugend der jüdisch-akademischen Lesehalle vorstellte.

Am 16. Mai 1897 zeigte er sich überzeugt davon, daß kein anderer auf der Spur sei, die er seit zwei Jahren verfolgte. An Wilhelm Fließ[29] schrieb er euphorisch: »Ich [...] komme mir vor wie das keltische Zaubermännchen [Rumpelstilzchen] ›Ach wie bin ich froh, daß es niemand, niemand weiß –‹. Niemand hat eine Ahnung davon, daß der Traum kein Unsinn ist, sondern eine Wunscherfüllung.«[30] Im Dezember 1897 hielt Freud zwei weitere Vorträge »Über Traumdeutung«, diesmal vor dem jüdischen Humanitätsverein »B'nai B'rith«, und Ende Mai 1899 entschloß er sich endgültig, »Die Traumdeutung«, an der er lange geschrieben hatte, zu veröffentlichen.

Das Buch unterscheidet sich grundsätzlich von allen seinen bisherigen Forschungen: Zum erstenmal entwickelte er eine Theorie, die eine eigenständige Richtung innerhalb

29 Wilhelm Fließ (1858–1928), Berliner HNO-Arzt, mit dem Freud eng befreundet war und über 15 Jahre lang korrespondierte.

30 Freud (1985c), S. 259.

einer Disziplin begründete. Bis zu diesem Zeitpunkt waren alle seine wissenschaftlichen Bemühungen auf die Lösung begrenzter Teilprobleme eines Gebiets gerichtet gewesen: Die Aalstudien hatten das Wissen von der Anatomie dieser Tiere bereichert, die Goldfärbemethode erleichterte die Forschungen im histologischen Labor, die Kokainexperimente betrafen ein bestimmtes Alkaloid und dessen möglichen Einsatz. Auch Freuds Arbeiten zur Hysterie bewegten sich noch im Rahmen klassischer Erklärungsmodelle einer begrenzten neuropsychiatrischen Störung. Erst im Zusammenhang mit der Formulierung seiner Traumauffassung präsentierte er im 7. Kapitel seines Buches eine eigene psychologische Theorie.

Die Reaktion auf die »Traumdeutung« enttäuschte Freud, doch war er sich seiner Sache sicher. Die kritische und zum Teil verständnislose Aufnahme des Buches führte er darauf zurück, daß er der wissenschaftlichen Welt »um 10–15 Jahre voraus«[31] war. Noch während er an dem Buch arbeitete, sah er die Reaktion der Fachwelt auf seine Psychologie des Unbewußten voraus, so daß er durch Hinweise auf die Vorgeschichte des Problems seine Kollegen offensichtlich besänftigen wollte. An Wilhelm Fließ schrieb er: »Lesen sollt' ich auch etwas dazu, die Psychologen werden ohnedies genug zu schimpfen finden [...].«[32]

Mit der Festlegung auf die Psychologie des Unbewußten und ihre Anwendungen trat ein grundsätzlicher Wandel in Freuds Leben ein. Er war nun nicht mehr der nach ungelösten wissenschaftlichen Problemen Suchende, sondern hatte *sein* Rätsel gefunden und gelöst. Von nun an wird er sein Grundthema nicht mehr wechseln, sondern nur noch Bausteine zu dem Gebäude zusammentragen, das wir heute als psychoanalytisches Theoriensystem kennen.

31 Freud (1985c), S. 434.
32 Freud (1985c), S. 404.

In seinem Buch »Die Traumdeutung« geht Freud davon aus, daß jeder Traum einen Sinn hat. Die Fremdartigkeit, die häufig unseren Träumen anhaftet, ist Folge von Entstellungen, die an ihrem ursprünglichen Sinn vorgenommen wurden. Freud erarbeitet nun eine Technik, mit deren Hilfe wir vom Traum, wie wir ihn nach dem Erwachen erinnern – von Freud »manifester Trauminhalt« genannt –, zu seinem versteckten Sinn, den »latenten Traumgedanken«, gelangen können. Die latenten Traumgedanken sind in der Regel unbewußte Wünsche, die aus diesem oder jenem Grunde von der »Traumzensur« nicht zum Bewußtsein zugelassen werden. Die einzige Möglichkeit, diese Traumzensur zu passieren, ist die Entstellung der latenten Traumgedanken. Diese Entstellung besorgt die »Traumarbeit«. Sie verdichtet mehrere Vorstellungen zu einer einzigen oder verschiebt die Betonung von einem Moment auf das andere. Die Traumarbeit kann auch zu Symbolen greifen.

Freud interessierte sich nicht für den Traum, wie wir ihn träumen, d. h. für den »realen Traum«, sondern nur für den Traum, wie wir ihn nach dem Erwachen erinnern. Viele Kritiken seiner Traumtheorie beruhen auf der Ignorierung dieser Tatsache. Oft wird die Frage gestellt, ob die Erinnerung mit dem tatsächlich geträumten Traum übereinstimme. Freud hat dieses Problem umgangen, indem er den realen Traum überhaupt nicht berücksichtigte und sich nur für die Umsetzung der latenten Traumgedanken in die Traumerinnerung interessierte.

Die Technik, die uns vom manifesten Trauminhalt zu dem versteckten Sinn des Traums, den latenten Traumgedanken, führt, nannte Freud »Traumdeutung«. Sie ist ein der Traumarbeit genau entgegengesetzter Prozeß. Kennt man also die Mechanismen der Traumarbeit, so ist jeder Traum deutbar.

Wie sieht nun die konkrete Umsetzung von Freuds Traumtheorie aus? Der Grundgedanke ist folgender: Hinter dem Traum, wie wir ihn nach dem Erwachen erinnern, d. h. hinter dem manifesten Trauminhalt, stehen die latenten Traumgedanken, die sich vorwiegend aus unbewußten Wünschen zusammensetzen. Die Deutung des Traums muß den Vorgang der Traumarbeit rückgängig machen, d. h. Verdichtungen auflösen und Verschiebungen wieder zurechtrücken. Wenn ihr das gelingt, kann sie die hinter dem manifesten Trauminhalt stehenden Vorstellungsinhalte erraten. Für Verdichtung und Verschiebung, die beiden wichtigsten Formen der Traumarbeit, finden sich bei Freud zahlreiche Beispiele. So werden in einer »Sammel-« oder »Mischperson« die Züge zweier oder mehrerer Personen zu einem Traumbild verdichtet, scheinbar sinnlose Wortschöpfungen erweisen sich als Konglomerat mehrerer einzelner Worte u. ä. Bei der Verschiebung liegen die Dinge etwas komplizierter und weniger offensichtlich. Im Mittelpunkt des manifesten Trauminhalts stehen andere Dinge als im Mittelpunkt der latenten Traumgedanken, ja manchmal erscheint der wesentliche Inhalt der Traumgedanken überhaupt nicht im manifesten Inhalt. Freud, der enge Beziehungen zwischen Traum und Witz sah, hat die Verschiebung u. a. an folgendem Witz deutlich gemacht: Zwei Juden treffen in der Nähe des Badehauses zusammen: »Hast du genommen ein Bad?« fragt der eine. »Wieso?« entgegnet der andere. »Fehlt eins?« Die Technik dieses Witzes liegt hier in der Verschiebung des Akzents von »baden« auf »nehmen«, Hätte die Frage gelautet: »Hast du gebadet?«, wäre eine solche Verschiebung nicht möglich gewesen.[33] Im Traum passieren ganz ähnliche Dinge, nur daß sie uns selten witzig erscheinen und wir, solange wir träumen, keinen Anstoß an der Verschiebung nehmen.

Freud hat seine Theorie ausführlich anhand eines eigenen Traums erläutert. Es handelt sich um den »Traum von

33 Freud (1905c), S. 50.

Irmas Injektion«. Seine Darstellung und Deutung nimmt bei Freud 15 Seiten ein. Wir wollen trotzdem versuchen, das Wesentliche hier wiederzugeben.[34]

1. Freuds Vorbericht

»Im Sommer 1895 hatte ich eine junge Dame psychoanalytisch behandelt, die mir und den Meinigen freundschaftlich sehr nahe stand. Man versteht es, daß solche Vermengung der Beziehungen zur Quelle mannigfacher Erregungen für den Arzt werden kann, zumal für den Psychotherapeuten. Das persönliche Interesse des Arztes ist größer, seine Autorität geringer. Ein Mißerfolg droht die alte Freundschaft mit den Angehörigen des Kranken zu lockern. Die Kur endete mit einem teilweisen Erfolg, die Patientin verlor ihre hysterische Angst, aber nicht alle ihre somatischen Symptome. Ich war damals noch nicht recht sicher in den Kriterien, welche die endgültige Erledigung einer hysterischen Krankengeschichte bezeichnen, und mutete der Patientin eine Lösung zu, die ihr nicht annehmbar erschien. In solcher Uneinigkeit brachen wir der Sommerzeit wegen die Behandlung ab. – Eines Tages besuchte mich ein jüngerer Kollege, einer meiner nächsten Freunde, der die Patientin – Irma – und ihre Familie in ihrem Landaufenthalt besucht hatte. Ich fragte ihn, wie er sie gefunden habe, und bekam die Antwort: Es geht ihr besser, aber nicht ganz gut. Ich weiß, daß mich die Worte meines Freundes Otto oder der Ton, in dem sie gesprochen waren, ärgerten. Ich glaubte einen Vorwurf herauszuhören, etwa daß ich der Patientin zu viel versprochen hätte, und führte – ob mit Recht oder Unrecht – die vermeintliche Parteinahme Ottos gegen mich auf den Einfluß von Angehörigen der Kranken zurück, die, wie ich

34 Vgl. Freud (1900a), S. 110–126.

annahm, meine Behandlung nie gerne gesehen hatten. Übrigens wurde mir meine peinliche Empfindung nicht klar, ich gab ihr keinen Ausdruck. Am selben Abend schrieb ich noch die Krankengeschichte Irmas nieder, um sie, wie zu meiner Rechtfertigung, dem Dr. M., einem gemeinsamen Freunde, der damals tonangebenden Persönlichkeit in unserem Kreise, zu übergeben. In der auf diesen Abend folgenden Nacht (wohl eher am Morgen) hatte ich den nachstehenden Traum, der unmittelbar nach dem Erwachen fixiert wurde.«

2. Der Traum

»Eine große Halle – viele Gäste, die wir empfangen. – Unter ihnen Irma, die ich sofort beiseite nehme, um gleichsam ihren Brief zu beantworten, ihr Vorwürfe zu machen, daß sie die ›Lösung‹ noch nicht akzeptiert. Ich sage ihr: Wenn du noch Schmerzen hast, so ist es wirklich nur deine Schuld. – Sie antwortet: Wenn du wüßtest, was ich für Schmerzen jetzt habe im Hals, Magen und Leib, es schnürt mich zusammen. – Ich erschrecke und sehe sie an. Sie sieht bleich und gedunsen aus; ich denke, am Ende übersehe ich da doch etwa Organisches. Ich nehme sie zum Fenster und schaue ihr in den Hals. Dabei zeigt sie etwas Sträuben wie die Frauen, die ein künstliches Gebiß tragen. Ich denke mir, sie hat es doch nicht nötig. – Der Mund geht dann auch gut auf, und ich finde rechts einen großen weißen Fleck, und anderwärts sehe ich an merkwürdigen krausen Gebilden, die offenbar den Nasenmuscheln nachgebildet sind, ausgedehnte weißgraue Schorfe. – Ich rufe schnell Dr. M. hinzu, der die Untersuchung wiederholt und bestätigt … Dr. M. sieht ganz anders aus als sonst; er ist bleich, hinkt, ist am Kinn bartlos … Mein Freund Otto steht jetzt auch neben ihr, und Freund Leopold perkutiert sie über dem Leibchen und sagt: Sie hat eine Dämpfung links unten, weist auch auf eine infiltrierte Hautpartie an der linken Schulter hin (was ich trotz des Kleides wie er spüre) ... M. sagt: Kein Zweifel, es ist eine Infektion, aber es macht nichts; es wird noch Dysenterie hinzukommen und das Gift sich ausscheiden ... Wir wissen auch unmittelbar, woher die Infektion rührt. Freund Otto hat ihr unlängst, als sie sich unwohl fühlte, eine Injektion gegeben mit einem Propylpräparat, Propylen ... Propionsäure ... *Trimethylamin* (dessen Formel ich fettgedruckt vor mir sehe) ... Man macht solche Injektionen nicht so leichtfertig ... Wahrscheinlich war auch die Spritze nicht rein.«

3. Freuds Deutung

Ich mache Irma Vorwürfe, daß sie die Lösung nicht akzeptiert hat: ich sage: Wenn du noch Schmerzen hast, ist es deine eigene Schuld. »Ich merke [...] an dem Satz, den ich im Traume zu Irma spreche, daß ich vor allem nicht Schuld sein will an den Schmerzen, die sie noch hat. Wenn es Irmas eigene Schuld ist, dann kann es nicht meine sein. Sollte in dieser Richtung die Absicht des Traums zu suchen sein?»

Sie sieht bleich und gedunsen aus. »Meine Patientin war immer rosig. Ich vermute, daß sich hier eine andere Person unterschiebt.«

Ich erschrecke im Gedanken, daß ich doch eine organische Affektion übersehen habe. »Wenn die Schmerzen Irmas organisch begründet sind, so bin ich wiederum zu deren Heilung nicht verpflichtet. Meine Kur beseitigt ja nur hysterische Schmerzen. Es kommt mir also eigentlich vor, als sollte ich einen Irrtum in der Diagnose wünschen; dann wäre der Vorwurf des Mißerfolgs auch beseitigt.«

Man macht solche Injektionen nicht so leichtfertig. »Hier wird der Vorwurf der Leichtfertigkeit unmittelbar gegen Freund Otto geschleudert.«

Wahrscheinlich war auch die Spritze nicht rein. »Noch ein Vorwurf gegen Otto [...].«

Abschließend schreibt Freud: »Ich habe eine Absicht gemerkt, welche durch den Traum verwirklicht wird und die das Motiv des Träumens gewesen sein muß. Der Traum erfüllt einige Wünsche, welche durch die Ereignisse des letzten Abends (die Nachricht Ottos, die Niederschrift der Krankengeschichte) in mir rege gemacht worden sind. Das Ergebnis des Traums ist nämlich, daß ich nicht Schuld bin an dem noch vorhandenen Leiden Irmas, und daß Otto daran Schuld ist. Nun hat mich Otto durch seine Bemerkung über Irmas unvollkommene Heilung geärgert, der Traum rächt mich an ihm, indem er den Vorwurf auf ihn selbst zurückwendet. [...] Der Traum stellt einen gewissen Sachverhalt so dar, wie ich ihn wünschen möchte; *sein Inhalt ist also eine Wunscherfüllung, sein Motiv ein Wunsch*«.

Wir haben hier viele Details der Deutung weggelassen und uns nur auf das Wesentliche beschränkt. Hingewiesen sei noch auf eine der Verdichtungen, die Freud in diesem Traum bemerkte. Es handelt sich um die Hauptperson, die Patientin Irma. »Die Stellung [...], in welcher ich sie beim Fenster untersuche, ist von einer Erinnerung an eine andere Person hergenommen, von jener Dame, mit der ich meine Patientin vertauschen möchte ... Insofern Irma einen diphtherischen Belag erkennen läßt, bei dem die Sorge um meine älteste Tochter erinnert wird, gelangt sie zur Darstellung dieses meines Kindes, hinter welchem, durch die Namensgleichheit mit ihm verknüpft, die Person einer durch Intoxikation verlorenen Patientin sich verbirgt. Im weiteren Verlauf des Traums wandelt sich die Bedeutung von Irmas Persönlichkeit (ohne daß ihr im Traum gesehenes Bild sich änderte); sie wird zu einem der Kinder, die wir in der öffentlichen Ordination des Kinder-

Krankeninstituts untersuchen [...]. Durch das Sträuben beim Mundöffnen wird dieselbe Irma zur Anspielung auf eine andere, einmal von mir untersuchte Dame, ferner in demselben Zusammenhang auf meine eigene Frau. In den krankhaften Veränderungen, die ich in ihrem Hals entdecke, habe ich überdies Anspielungen auf eine ganze Reihe von noch anderen Personen zusammengetragen.«

Die Hauptfunktion des Traums ist nach Freud die, Hüter des Schlafs zu sein. Das geschieht einerseits durch den Einbau äußerer Reize in den Traum, um das Erwachen zu verhindern. Freud führt als Beispiel u. a. Napoleon an, der das Geräusch einer explodierenden Höllenmaschine in einen Schlachtentraum integrierte. Wir alle haben sicher schon ähnliches mit dem Weckerklingeln erlebt. Andererseits entspricht dieser Funktion die Erfüllung unbewußter Wünsche durch das Traumgeschehen. Wäre das nicht der Fall, käme es zu einem ständigen Reiz, der keinen ruhigen Schlaf zuließe.

Man kann über Freuds Traumtheorie nicht sprechen, ohne die Traumsymbolik zu erwähnen. An vielen Stellen seiner Werke hat Freud darauf aufmerksam gemacht, daß die Traumsymbolik keine Erfindung der Psychoanalyse ist, sondern in Märchen, Mythen, Schwänken, Witzen, in der Folklore, in Dichtung und Alltagssprache zu finden ist. Schon vor ihm hatte sich vor allem Karl Albert Scherner mit den Traumsymbolen beschäftigt. Hier knüpfte Freud an, und unter seinen niedergeschriebenen Traumdeutungen findet sich kaum eine, in der nicht auf Symbole zurückgegriffen würde, wobei den Sexualsymbolen eine besondere Bedeutung zukommt: »Alle in die Länge reichenden Objekte, Stöcke, Baumstämme, Schirme [...], alle länglichen und scharfen Waffen: Messer, Dolche, Piken, wollen das männliche Glied vertreten. [...] Dosen, Schachteln, Kästen, Schränke, Öfen entsprechen dem Frauenleib, aber auch Höhlen, Schiffe und alle Arten von

Gefäßen.«[35] Für das Zutreffende der weiblichen Sexualsymbole führt Freud Redewendungen aus der Alltagssprache an wie: »alte Schachtel«, »Frauenzimmer« usw. Der Geschlechtsakt werde durch das Steigen auf Leitern und Treppen, durch Flugträume und Eisenbahnfahrten symbolisiert. Männliche Masturbation werde im Traum durch Zahnausfall dargestellt. Auch hier weist Freud auf den Volksmund hin: »sich einen ausreißen« als vulgäre Umschreibung der Masturbation.[36]

Entgegen einer weitverbreiteten Vorstellung beschränkte sich Freud bei der Deutung von Träumen keineswegs auf die Sexualsymbole. So wies er darauf hin, daß zu seiner Zeit die Eltern des Träumers häufig durch Kaiser und Kaiserin, der Träumer selbst durch Prinzen oder Prinzessin symbolisiert würden. Den Vater vertritt oft eine Autoritätsperson (Freud nennt als Beispiel Goethe). Der Tod könne durch das Verpassen eines Zuges oder allgemein durch »Abreise« symbolisiert werden. Interessant ist auch die Vermutung, daß in Träumen vorkommende Städte Symbole für unerreichbare Ziele seien.

Trotz der Ausführlichkeit, mit der Freud an vielen Stellen seiner Werke auf die Traumsymbolik eingeht, behandelte er die Symboldeutung keineswegs vorrangig, im Gegenteil: In der zweiten Auflage der »Traumdeutung« warnt er nachdrücklich davor, »die Bedeutung der Symbole für die Traumdeutung zu überschätzen, etwa die Arbeit der Traumübersetzung auf Symbolübersetzung einzuschränken und die Technik der Verwertung von Einfällen des Träumers aufzugeben. Die beiden Techniken der Traumdeutung müssen einander ergänzen; praktisch wie theoretisch verbleibt aber der Vorrang dem zuerst beschriebenen Verfahren, das den Äußerungen des Träumers die entscheidende Bedeutung

35 Freud (1900a), S. 298.
36 Freud (1899a), S. 550.

beilegt, während die von uns vorgenommene Symbolübersetzung als Hilfsmittel hinzutritt.«[37] Und 1916, in den »Vorlesungen zur Einführung in die Psychoanalyse«, lesen wir: »Die auf Symbolkenntnis beruhende Deutung ist keine Technik, welche die assoziative ersetzen oder sich mit ihr messen kann. Sie ist eine Ergänzung zu ihr und liefert nur in sie eingefügt brauchbare Resultate.«[38] In der »Neuen Folge« dieser Vorlesungen ist Freud zudem der Behauptung entgegengetreten, er deute Träume auf ausschließlich sexueller Ebene: »Einige Formeln sind allgemein bekannt geworden, darunter solche, die wir nie vertreten haben, wie der Satz, alle Träume seien sexueller Natur […].«[39]

Zur Psychopathologie des Alltagslebens (1901)

I. Vergessen von Eigennamen
II. Vergessen von fremdsprachigen Worten
III. Vergessen von Namen und Wortfolgen
IV. Über Kindheits- und Deckerinnerungen
V. Das Versprechen
VI. Verlesen und Verschreiben
  A. Verlesen
  B. Verschreiben
VII. Vergessen von Eindrücken und Vorsätzen
  A. Vergessen von Eindrücken und Kenntnissen
  B. Das Vergessen von Vorsätzen
VIII. Das Vergreifen
IX. Symptom- und Zufallshandlungen
X. Irrtümer
XI. Kombinierte Fehlleistungen
XII. Determinismus – Zufalls- und Aberglauben – Gesichtspunkte

37 Freud (1900a), S. 365.
38 Freud (1916–17a), S. 152.
39 Freud (1933a), S. 7.

Am 26. August 1898 schrieb Freud an Wilhelm Fließ: »Eine Kleinigkeit, lang vermutet, habe ich endlich gefaßt. Du kennst den Fall, daß einem ein Name entfällt und sich ein Stück eines anderen dafür einschiebt, auf das man schwören möchte, obwohl es sich jedesmal als falsch erweist. So ging es mir unlängst mit dem Namen des Dichters, von dem Andreas Hofer (›Zu Mantua in Banden‹) ist. Es muß etwas mit -au sein, Lindau, Feldau. Natürlich heißt der Mann Julius Mosen, das »Julius« war mir nicht entfallen. Nun gelang es mir nachzuweisen, 1) daß ich den Namen Mosen wegen gewisser Beziehungen verdrängt habe, 2) daß in dieser Verdrängung infantiles Material mitgewirkt, und 3) daß die vorgeschobenen Ersatznamen aus beiden Materialgruppen wie Symptome entstanden waren. Die Analyse fiel ganz lückenlos aus, leider kann ich sie sowenig wie meinen großen Traum der Öffentlichkeit preisgeben.«[40] Wenige Wochen später veröffentlichte er unter dem Titel »Zum psychischen Mechanismus der Vergeßlichkeit« die Analyse einer anderen Fehlleistung.

Mit dem Vergessen eines Namens eröffnet Freud auch sein Buch »Zur Psychopathologie des Alltagslebens«. Statt des Namens des Malers der Fresken im Dom von Orvieto – Signorelli – hatten sich ihm zwei andere Namen von Malern aufgedrängt: Botticelli und Boltraffio. Freud analysiert nun die Umstände, unter denen sich dieses Vergessen ereignete. Er befand sich auf einem Ausflug in die Herzegowina und unterhielt sich mit einem Reisegefährten über die Sitten der in *Bosnien* und der *Herzegowina* lebenden Türken. Freud hatte von einem dort arbeitenden Kollegen gehört, daß sie großes Vertrauen in den Arzt haben und sich in ihr Schicksal ergeben, wenn es für einen Kranken keine Hilfe mehr gibt. Dieser Kollege hatte ihm folgenden Ausspruch überliefert: »*Herr*, was ist da zu sa-

40 Freud (1985c), S. 354 f.

gen? Ich weiß, wenn er zu retten wäre, hättest du ihn gerettet!« Die Worte *Bosnien, Herzegowina* und *Herr* lösten die Assoziationen *Signorelli* und *Botticelli* bzw. *Boltraffio* aus. Auch das Thema »Tod und Sexualität« schwingt mit, das Freud mit dem Ort *Trafoi* assoziiert, wo er die Nachricht vom Selbstmord eines Patienten erhielt.

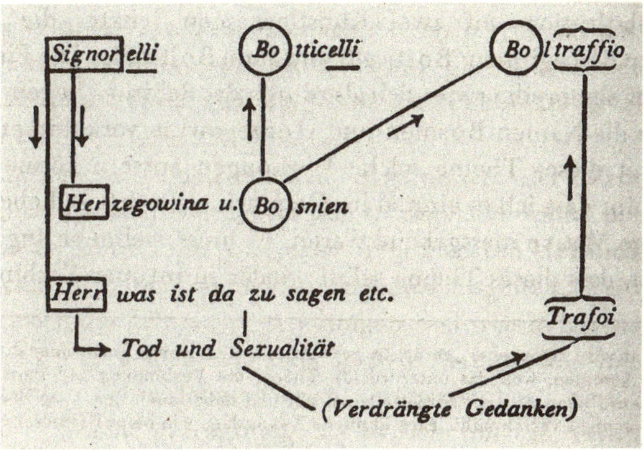

Signorelli-Fehlleistung
(aus der »Psychopathologie des Alltagslebens«)

Nach weiterer ausführlicher Erörterung faßt Freud das Ergebnis seiner Analyse so zusammen. »Ich kann das Vergessen des Namens Signorelli nicht mehr als ein zufälliges Ereignis auffassen. Ich muß den Einfluß eines *Motivs* bei diesem Vorgang anerkennen. Es waren Motive, die mich veranlaßten, mich in der Mitteilung meiner Gedanken (über die Sitten der Türken usw.) zu unterbrechen, und die mich ferner beeinflußten, die daran sich knüpfenden Gedanken, die bis zur Nachricht in Trafoi geführt hätten, in mir vom Bewußtwerden auszuschließen. Ich wollte also etwas vergessen, ich hatte etwas *verdrängt*. Ich wollte allerdings etwas anderes vergessen als den Namen des Meisters von Orvieto; aber dieses andere brachte es zustande, sich mit dessen Namen in assoziative Verbindung zu setzen, so daß mein Willensakt das Ziel verfehlte und ich *das eine wider Willen* vergaß, während ich *das andere mit Absicht* vergessen wollte. Die Abneigung, zu erinnern, richtete sich gegen den einen Inhalt; die Unfähigkeit, zu erinnern, trat an einem anderen hervor. Es wäre offenbar ein einfacherer Fall, wenn Abneigung und Unfähigkeit, zu erinnern, denselben Inhalt beträfen. – Die Ersatznamen erscheinen mir auch nicht mehr so völlig unberechtigt wie vor der Aufklärung; sie mahnen mich (nach Art eines Kompromisses) ebensosehr an das, was ich vergessen, wie an das, was ich erinnern wollte, und zeigen mir, daß meine Absicht, etwas zu vergessen, weder ganz gelungen, noch ganz mißglückt ist.«[41]

Alle weiteren Typen von Fehlleistungen, die Freud in seinem Buch behandelt, werden nach demselben Prinzip erklärt: Das ursprünglich angestrebte Ziel wird nicht erreicht, sondern durch ein anderes ersetzt. Fehlleistungen sind ebenso wie neurotische Symptome Kompromißbildungen zwischen einer bewußten Absicht und dem Verdrängten.

Dabei illustriert Freud seine Theorie höchst eindrücklich, etwa an dem Beispiel eines Mannes, der über Vorgänge berichtet, die er in seinem Inneren für »Schweinereien« hält. Sein Versuch, die Erzählung nicht zu einer direkten Beschuldigung werden zu lassen, führt ihn zu der Formulierung: »Dann aber sind Tatsachen zum *Vorschwein* gekommen ...«[42] Oder eine Patientin schildert Freud ihre Familie mit den Worten: »Sie haben alle *Geiz* – ich wollte sagen *Geist.*«

Auch das Vergessen von Vorsätzen wird ausführlich behandelt: Wer einen Brief erst ohne Adresse abschickt und beim zweitenmal die Marke vergißt, muß sich fragen las-

41 Freud (1901b), S. 9.
42 Freud (1901b), S. 65.

sen, was es mit dem Inhalt bzw. dem Empfänger auf sich habe.

Der Witz und seine Beziehung zum Unbewußten (1905)

A) Analytischer Teil
- I. Einleitung
- II. Die Technik des Witzes
- III. Die Tendenzen des Witzes

B) Synthetischer Teil
- IV. Der Lautmechanismus und die Psychogenese des Witzes
- V. Die Motive des Witzes. Der Witz als sozialer Vorgang

C) Theoretischer Teil
- VI. Die Beziehung des Witzes zum Traum und zum Unbewußten
- VII. Der Witz und die Arten des Komischen

Ebenso wie Freuds Theorien der Träume und der Fehlleistungen ist auch seine Analyse der Wirkungen von Witzen eine nichtklinische Anwendung der Psychoanalyse. Seit 1897 hatte er begonnen, jüdische Anekdoten und Witze zu sammeln. Zwei Jahre später war er davon überzeugt, daß die Theorie des Unbewußten und die des Witzes miteinander zusammenhängen, und 1903 entstand das Manuskript zu seinem Buch über den Witz.

Lustgewinn ist nach Freud das Ziel jedes Witzes, der im Unterschied zum Traum auch eine soziale Funktion hat, weil er ein Publikum braucht. Der Witz bedient sich einer Reihe von Techniken, wie Verschiebung, Widersinn und Denkfehler. Auch hier kann Freud mit einer Fülle verblüffender Beispiele aufwarten:

Verschiebung

»Ein Verarmter hat sich von einem wohlhabenden Bekannten unter vielen Beteuerungen seiner Notlage 25 Gulden geborgt. Am selben Tage noch trifft ihn der Gönner im Restaurant vor einer Schüssel Lachs mit Mayonnaise. Er macht ihm Vorwürfe: ›Wie, Sie borgen sich Geld von mir aus und dann bestellen Sie sich Lachs mit Mayonnaise. Dazu haben Sie mein Geld gebraucht?‹ – ›Ich verstehe Sie nicht‹, antwortet der Beschuldigte, ›wenn ich kein Geld habe, *kann* ich nicht essen Lachs mit Mayonnaise, wenn ich Geld habe, *darf* ich nicht essen Lachs mit Mayonnaise. *Also wann soll ich eigentlich essen Lachs mit Mayonnaise?*‹«[43]

Der Akzent wird auf den Zeitpunkt des Essens verschoben, der für den Vorwurf des Gönners völlig irrelevant ist.

»Ein Pferdehändler empfiehlt dem Kunden ein Reitpferd: ›Wenn Sie dieses Pferd nehmen und sich um 4 Uhr aufsetzen, sind Sie um ½ 7 Uhr in Preßburg.‹ – ›Was mach' ich in Preßburg um ½ 7 Uhr früh?‹«

Die Verschiebung ist hier ebenfalls sehr deutlich: von der Leistungsfähigkeit des Pferdes auf die zufällig gewählte Uhrzeit.

»Ein Schnorrer trägt dem reichen Baron seine Bitte um Gewährung einer Unterstützung für die Reise nach Ostende vor; die Ärzte hätten ihm Seebäder zur Herstellung seiner Gesundheit empfohlen. ›Gut, ich will Ihnen etwas dazugeben‹, meint der Reiche, ›aber müssen Sie gerade nach Ostende gehen, dem teuersten aller Seebäder?‹ – ›Herr Baron‹, lautet die zurechtweisende Antwort, ›für meine Gesundheit ist mir nichts zu teuer.‹«

43 Freud (1905c), S. 51 ff.

Der Witz lebt von dem Umstand, daß sich der Schnorrer verhält, als wäre es sein eigenes Geld.

Ludwig van Beethoven hatte sich dieser von Freud beschriebenen Technik schon bedient, als er einen Brief an seinen Bruder Johann, der, stolz auf seinen Reichtum, seine Briefe immer mit »J. v. Beethoven, Gutsbesitzer« unterschrieb, mit »Ludwig van Beethoven, Hirnbesitzer« unterzeichnete.

Widersinn

Die von Freud als »Widersinn« bezeichnete Technik erhellt aus folgenden drei Beispielen:

»Das Ehepaar X lebt auf ziemlich großem Fuße. Nach der Ansicht der einen soll der Mann *viel verdient* und sich *dabei etwas zurückgelegt* haben, nach anderen wieder soll sich die Frau *etwas zurückgelegt* und dabei *viel verdient* haben.«

»›*Wie geht's?*‹ fragte der Blinde den *Lahmen*. ›Wie Sie *sehen*‹, antwortete der Lahme dem *Blinden*.«

»Zwei Juden treffen in der Nähe des Badehauses zusammen. ›*Hast du genommen ein Bad?*‹ fragt der eine. ›*Wieso?*‹ fragt der andere dagegen, ›*fehlt eins?*‹«

Denkfehler

»Ein Herr kommt in eine Konditorei und läßt sich eine Torte geben; bringt dieselbe aber bald wieder und verlangt an ihrer Statt ein Gläschen Likör. Dieses trinkt er aus und will sich entfernen, ohne gezahlt zu haben. Der Ladenbesitzer hält ihn zurück. ›Was wollen Sie von mir?‹ – ›Sie sollen den Likör bezahlen.‹ – ›Für den habe ich Ihnen ja die

Torte gegeben.‹ – ›Die haben Sie ja auch nicht bezahlt.‹ – ›*Die habe ich ja auch nicht gegessen.*‹«

Der Denkfehler liegt hier darin, daß der Kunde zwischen dem Zurückgeben der Torte und dem Bestellen des Likörs eine Beziehung herstellt, die nicht besteht. In Wirklichkeit handelt es sich um zwei getrennte Vorgänge.

Viele Witze leben von einer Absicht, d. h., sie sind tendenziös. Ihre soziale Funktion ist besonders ausgeprägt, wenn auch auf Kosten der Zielgruppe. Tendenziöse Witze funktionieren nur, wenn mindestens drei Personen anwesend sind: der Erzähler, der Betroffene und der Lachende. Typische Beispiele hierfür sind sexuelle Witze. Sie zielen auf Lustgewinn beim Erzähler und bei dem Nichtbetroffenen. Häufig sind auch soziale oder ethnische Minderheiten die Zielgruppe. Freud zitiert zum Beispiel folgende Witze mit Juden als »Opfern«:

»Zwei Juden sprechen über das Baden. ›Ich nehme jedes Jahr ein Bad‹, sagte der eine, ›*ob ich es nötig habe oder nicht.*‹«

»Ein Jude bemerkt Speisereste am Bart des anderen. ›*Ich kann dir sagen, was du gestern gegessen hast.*‹ – ›*Nun, sag'.*‹ – ›*Also Linsen.*‹ – ›*Gefehlt, vorgestern!*‹«

In einem theoretischen Abschlußkapitel weist Freud auf die Parallelen von Witz und Traumarbeit hin, nur daß letztere der Unlustvermeidung dient, der Witz hingegen dem Lustgewinn. Beide Phänomene beruhen auf den zum Teil gleichen Mechanismen, beim Traum funktionieren sie unbewußt, beim Witz werden sie unbewußt bzw. vorbewußt gebildet, aber bewußt eingesetzt und wahrgenommen.

Sexualität

Sigmund Freuds Frau Martha hat einmal geäußert, daß sie die Psychoanalyse für eine Art Pornographie halten würde, wüßte sie nicht, daß ihr Mann ein ernsthafter Mensch sei.[44] Auch die öffentlichen Vorwürfe vieler seiner ärztlichen Kollegen gingen in dieselbe Richtung. Das Schicksal, als pornographischer Schriftsteller denunziert zu werden, teilte Freud mit anderen Psychiatern und Psychologen, die sich mit der Erforschung der Sexualität beschäftigten. In den USA wurde sogar behauptet, die Psychoanalyse selbst sei eine Obszönität, eine sündhafte Haltung gegenüber dem Leben. Solche Urteile kamen besonders von seiten der Pfarrer und Journalisten.[45]

Freud selbst ist auf die Bedeutung der Sexualität durch seinen Lehrer gestoßen. Josef Breuer hatte ihm gegenüber einmal geäußert, daß neurotische Symptome auf »Geheimnisse des Ehebetts« zurückgeführt werden könnten. Und der Gynäkologe Rudolf Chrobak empfahl als einziges Rezept für bestimmte weibliche Leiden: »Penis normalis dosim repetatur!«: Normaler Penis, wiederholt zu verabreichen!

Später gelangte Freud zu der Überzeugung, daß bestimmte neurotische Symptome auf Störungen der psychosexuellen Entwicklung zurückzuführen seien. Nach über fünfzehn Jahren praktischer Erfahrung veröffentlichte er 1905 seine Überlegungen zur Sexualität in einem ersten Buch mit dem Titel »Drei Abhandlungen zur Sexualtheorie«.

44 Laforgue (1973), S. 342.

45 Coles (1995), S. 177.

Freud hielt die Tabuisierung der Sexualität für gefährlich, doch setzte er sich selbst Grenzen: »Die sexuelle Moralität, wie die Gesellschaft, am extremsten die amerikanische, sie definiert, scheint mir sehr verächtlich. Ich vertrete ein ungleich freieres Sexualleben, wenngleich ich selbst sehr wenig von solcher Freiheit geübt habe. Gerade nur so weit, daß ich mir selbst bei der Begrenzung des auf diesem Gebiet Erlaubten geglaubt habe.«[46]

Drei Abhandlungen zur Sexualtheorie (1905)

I. Die sexuellen Abirrungen
  1) Abweichungen in Bezug auf das Sexualobjekt
    a) Die Inversion
    b) Geschlechtsunreife und Tiere als Sexualobjekte
  2) Abweichungen in Bezug auf das Sexualziel
    a) Anatomische Überschreitungen
    b) Fixierungen von vorläufigen Sexualzielen
  3) Allgemeines über alle Perversionen
  4) Der Sexualtrieb bei Neurotikern
  5) Partialtriebe und erogene Zonen
  6) Erklären des scheinbaren Überwiegens perverser Sexualität bei den Psychoneurosen
  7) Verweis auf den Infantilismus der Sexualität

II. Die infantile Sexualität
  Die sexuelle Latenzperiode der Kindheit und ihre Durchbrechungen
  Die Äußerungen der infantilen Sexualität
  Das Sexualziel der infantilen Sexualität
  Die masturbatorischen Sexualäußerungen
  Die infantile Sexualforschung

46 Freud (1971a), S. 376.

Entwicklungsphasen der sexuellen Organisation
Quellen der infantilen Sexualität

III. Die Umgestaltungen der Pubertät
Das Primat der Genitalzonen und die Vorlust
Das Problem der Sexualerregung
Die Libidotheorie
Differenzierung von Mann und Weib
Die Objektfindung

In dieser Schrift legt Freud zu Beginn seine Auffassung über sexuelle Abweichungen dar, wobei er zwischen Abweichungen in bezug auf das *Sexualobjekt* und Abweichungen in bezug auf das *Sexualziel* unterscheidet. Zur ersten Gruppe zählt er die Homosexualität (»Inversion«) und sexuelle Akte mit Kindern und Tieren. Freud wendet sich gegen die Auffassung, Homosexuelle seien »Degenerierte«. Als Argument führt er u. a. an, daß Homosexualität eine wichtige Institution bei vielen alten Kulturvölkern war. Zudem ist er äußerst skeptisch, was extreme Positionen betrifft: Weder die Behauptung, Homosexualität sei angeboren, noch die Gegenposition, sie sei erworben, ist für ihn annehmbar. Er schreibt, »daß die später Invertierten in den ersten Jahren ihrer Kindheit eine Phase von sehr intensiver, aber kurzlebiger Fixierung an [...] die Mutter durchmachen, nach deren Überwindung sie sich mit dem Weib identifizieren und sich selbst zum Sexualobjekt nehmen, das heißt vom Narzißmus ausgehend jugendliche und der eigenen Person ähnliche Männer aufsuchen, die sie so lieben wollen, wie die Mutter sie geliebt hat. Wir haben ferner sehr häufig gefunden, daß angeblich Invertierte gegen den Reiz des Weibes keineswegs unempfindlich waren, sondern die durch das Weib hervorgerufene Erregung fortlaufend auf ein männliches Objekt transponierten. Sie wiederholten so während ihres ganzen Lebens den Mechanismus, durch welchen ihre Inversion entstanden war. Ihr zwanghaftes Streben nach dem Manne erwies sich als bedingt durch ihre ruhelose Flucht vor dem Weibe.«[47]

Viele Jahre später, in einem Brief an die Mutter eines Homosexuellen, hat Freud seine Position sehr schön zusammengefaßt und verständlich erläutert:

»Ich entnehme Ihrem Brief, daß Ihr Sohn ein Homosexueller ist. Den stärksten Eindruck machte mir die Tatsache, daß Sie dieses Wort in Ihrem Bericht über ihn nicht selber gebrauchen. Darf ich Sie fragen, warum Sie es vermeiden? Homosexualität ist gewiß kein Vorzug, aber es ist nicht etwas, dessen man sich schämen muß, kein Laster, keine Erniedrigung und kann nicht als Krankheit bezeichnet werden; wir betrachten sie als eine Abweichung der sexuellen Funktionen, hervorgerufen durch eine gewisse Stockung der sexuellen Entwicklung. Viele hochachtbare Personen in alten und neueren Zeiten sind Homosexuelle gewesen, unter ihnen viele der größten Männer (Plato, Michelangelo, Leonardo da Vinci, et cetera). Es ist eine große Ungerechtigkeit, Homosexualität als ein Verbrechen zu verfolgen und auch eine Grausamkeit. Wenn Sie mir nicht glauben, lesen Sie die Bücher von Havelock Ellis.

Mit Ihrer Frage, ob ich helfen kann, meinen Sie wohl, ob ich Homosexualität abschaffen kann und normale Heterosexualität an ihre Stelle setzen. Die Antwort ist, allgemein gesagt, daß wir dies nicht versprechen können. In einer gewissen Anzahl von Fällen gelingt es uns, die verkümmerten Keime der heterosexuellen Tendenzen, die ja in allen Homosexuellen vorhanden sind, zu entwickeln, in der Mehrzahl der Fälle ist dies nicht möglich. Es ist eine Frage der Charakterbeschaffenheit und des Alters der betreffenden Person. Der Erfolg der Behandlung kann nicht vorausgesagt werden.«[47a]

47 Freud (1905d), S. 44.
47a Freud (1960a) S. 438.

Zu den Abweichungen in bezug auf das *Sexualziel* zählt Freud alle Formen des oral-genitalen Kontakts (Fellatio, Cunnilingus), die »sexuelle Verwendung der Afteröffnung« und Formen des Fetischismus. Für Freud gibt es keine feste Grenze zwischen Normalem und Abnormem. Wiederholt weist er darauf hin, daß es die sich ändernden Konventionen sind, die diese Grenze festlegen. Wenn Goethe Faust sagen läßt: »Schaff' mir ein Halstuch von ihrer Brust, / Ein Strumpfband meiner Liebeslust!«, so hält Freud das für durchaus normal. Erst wenn sich der Fetisch von der Person löst und zum eigentlichen Sexualziel wird, spricht er von einem pathologischen Fall.

Sadismus und Masochismus behandelt er zusammen und schreibt: »Wer Lust daran empfindet, anderen Schmerz in sexueller Relation zu erzeugen, der ist auch befähigt, den Schmerz als Lust zu genießen, der ihm aus sexuellen Beziehungen erwachsen kann. Ein Sadist ist immer auch gleichzeitig ein Masochist, wenngleich die aktive oder die passive Seite der Perversion bei ihm stärker ausgebildet sein und seine vorwiegende sexuelle Betätigung darstellen kann.«[48] Seine Einstellung zu den sogenannten Perversionen ist sehr differenziert: »Die alltägliche Erfahrung hat gezeigt, daß die meisten dieser Überschreitungen [...] einen selten fehlenden Bestandteil des Sexuallebens der Gesunden bilden und von ihnen wie andere Intimitäten auch beurteilt werden.«[49]

Im zweiten Teil seiner »Abhandlungen« beschäftigt sich Freud eingehend mit der kindlichen Sexualität. Damals – und auch teilweise noch heute – war die Auffassung verbreitet, die menschliche Sexualität erwache in der Pubertät. Freud hielt das für einen »folgenschweren Irrtum«. Er glaubte, daß die sexuelle Entwicklung des Menschen im

48 Freud (1905d), S. 58 f.
49 Freud (1905d), S. 59.

Säuglingsalter einsetzt und bestimmte Phasen durchläuft. Diese »psychosexuellen« Phasen der frühen Kindheit sind besonders wichtig für die Entwicklung der Persönlichkeit. Kommt es im Laufe einer dieser Phasen zu Störungen, kann sich das auf das ganze weitere Leben auswirken, zum Beispiel durch das Auftreten neurotischer Symptome. Je früher die Störung auftritt, um so stärker ist die Persönlichkeitsentwicklung beeinträchtigt. Freud unterscheidet verschiedene Phasen, die heute allgemein als orale (1. Lebensjahr), anale (2.–3. Lebensjahr) und phallische Phase (4.–6. Lebensjahr) sowie als Latenzphase (6.–12. Lebensjahr) bezeichnet werden. An letztere schließt sich die genitale Phase, die Pubertät, an. Während der oralen Phase wird durch das Saugen an der Mutterbrust Lust gewonnen. In der analen Phase ist die Zurückhaltung bzw. Entleerung des Kots die Quelle sexueller Lust, und in der phallischen Phase wird das Genitale zur Lustzone, und es entwickeln sich die inzestuösen Wünsche des Ödipuskomplexes, d. h. als Sexualobjekt dient der gegengeschlechtliche Elternteil, und der gleichgeschlechtliche wird als Rivale betrachtet.

Welchen Einfluß die Sexualität und ihre Störungen auf die Entstehung der Neurosen hat, behandelt Freud in zwei weiteren Schriften, die in kurzen Abständen nach den »Drei Abhandlungen« erschienen.

Meine Ansichten über die Rolle der Sexualität in der Ätiologie der Neurosen (1906)

In den ersten Jahren seiner psychotherapeutischen Praxis war Freud von der Häufigkeit sexueller Störungen bei Neurotikern überrascht. Er gelangte zu der Erkenntnis, daß die Ursache vieler Neurosen oft in sexuellen Erlebnissen der frühen Kindheit liegt. Besonders sexuelle Verführung durch Erwachsene oder ältere Kinder schien eine Hauptrolle zu spielen. Allerdings überschätzte er die Häufigkeit dieser Vorkommnisse, weil er damals noch nicht imstande war, die Erinnerungstäuschungen seiner Patienten von den realen Vorfällen zu unterscheiden. Doch bald schon gelangte er zu der Überzeugung, Verführungsphantasien seien nichts anderes als ein Abwehrversuch gegen die Erinnerung der eigenen sexuellen Betätigung, z. B. der Masturbation.

Mit dieser Einsicht reduzierte sich die Bedeutung des sexuellen Traumas. Was blieb, war die Überzeugung, daß die kindliche Sexualität dem späteren Sexualleben »die Richtung vorschreibt«. Es kam für Freud nicht mehr darauf an, was ein Individuum in seiner Kindheit an sexuellen Erregungen erfahren hat, sondern vor allem auf seine Reaktion auf dieses Erleben, ob es verdrängt wird oder nicht.

Charakter und Analerotik (1908)

Freuds Annahme, daß bestimmte Fixierungen in den Phasen der psychosexuellen Entwicklung zu bestimmten Persönlichkeitsstrukturen führen, schloß die Auffassung aus, daß »Charakter« angeboren sei. Hat ein Mensch eine »glückliche« orale Phase an der Mutterbrust durchlebt, wird er eher ein sonniges Gemüt werden.

Ausführlich behandelt hat Freud die Rolle der analen Phase für die Charakterentwicklung. Ihm war aufgefallen, daß Personen, die besonders *ordentlich, sparsam* und *eigensinnig* sind, als Kleinkinder verhältnismäßig lange brauchten, bis sie ihren Stuhlgang kontrollieren konnten. Oft haben sie noch in der späteren Kindheit Probleme mit der Sauberkeit. Setzt man sie aufs Töpfchen, weigern sie sich, den Darm zu entleeren, weil sie aus der Zurückhaltung des Kots Lustgewinn erzielen. Wenn sie erwachsen sind und die Fixierung an die Analzone sich gelöst hat, fällt es diesen Personen immer noch schwer, etwas herzugeben: sie sind oft nicht nur sparsam, sondern geradezu geizig.

Die »kulturelle« Sexualmoral und die moderne Nervosität (1908)

Hatte sich Freud in seinen Äußerungen zur menschlichen Sexualität bisher auf das Individuum beschränkt, so nahm er 1908 eine Schrift von Christian von Ehrenfels über Sexualethik zum Anlaß, sich über die Folgen der »kulturellen« Sexualmoral für die »sich rasch ausbreitende Nervosität«, d. h. die Zunahme neurotischer Erkrankungen, zu äußern.

Seine These ist, daß die bei den »Kulturvölkern« herrschende Sexualmoral und die aus ihr folgende Unterdrückung des Sexuallebens schädigende Auswirkungen auf die Gesellschaft und den einzelnen hat: (Psycho-)Neurosen sind die Folge unbewußter (verdrängter) Vorstellungskomplexe; die unbewußten Vorstellungskomplexe haben in der Regel einen sexuellen Inhalt und entspringen den sexuellen Bedürfnissen unbefriedigter Menschen, d. h., die neurotischen Symptome sind eine Art Ersatzbefriedigung. Freuds Schlußfolgerung lautet: »Somit müssen wir in allen Momenten, welche das Sexualleben schädigen, seine Betätigung unterdrücken, seine Ziele verschieben, pathogene Faktoren auch der Psychoneurosen erblicken.«

Freud argumentiert wie folgt: Unsere Kultur ist auf der Unterdrückung von Trieben aufgebaut. Beim Menschen dient der Sexualtrieb nicht in erster Linie der Fortpflanzung, sondern dem Lustgewinn. Die sexuellen Normen der Gesellschaft – die »kulturelle« Sexualmoral – lassen aber nicht jede Art von Lustgewinn zu. Manche Menschen können ihren Sexualtrieb auf kulturelle Leistungen umlenken, sie können »sublimieren«. Aber: »Die Erfahrung lehrt, daß es für die meisten Menschen eine Grenze gibt, über die hinaus ihre Konstitution der Kulturanforderung nicht folgen kann. Alle, die edler sein wollen, als ihre Konstitution es ihnen gestattet, verfallen der Neurose; sie hätten sich wohler befunden, wenn es ihnen möglich geblieben wäre, schlechter zu sein.«[50] Somit bezahlt die Gesellschaft die Unterordnung ihrer Mitglieder unter ihre Sexualmoral mit einer Zunahme der »Nervosität«.

50 Freud (1908d), S. 154.

Neurosen und Behandlungstechnik

Der Grundgedanke der Neurosenlehre ist, daß etwas Psychisches krank machen kann, solange es unbewußt ist. Das neurotische Symptom wird zum Ersatz etwa für ein verdrängtes Erlebnis. Freud gewann diese Erkenntnis in den ersten Jahren seiner privatärztlichen Praxis, d. h. nach 1886. Sein ganzes weiteres Leben hat er an den Ausbau dieser Theorie gewandt und auch eine Behandlungstechnik für derartige Krankheiten entwickelt.

Zu Beginn der 1890er Jahre war Freud noch sehr unerfahren, wie er Jahre später der Tochter einer Patientin schrieb: »[...] unser aller Kunst das seelisch Verborgene zu lesen, war noch in den Kinderschuhen.«[51] Trotzdem hatte er bereits sehr genaue Vorstellungen über Neurosen und ihre Behandlung. Für einen Sammelband unter dem Titel »Die Gesundheit: Ihre Erhaltung, ihre Störung, ihre Wiederherstellung« schrieb er den Beitrag über »Psychische Behandlung«, der im Jahr 1905 erschien.

Psychische Behandlung (Seelenbehandlung) (1905)

Der Beitrag beginnt mit den Sätzen:

»Psyche ist ein griechisches Wort und lautet in deutscher Übersetzung *Seele*. Psychische Behandlung heißt demnach *Seelenbehandlung*. Man könnte also meinen, daß darunter

51 Tögel (1999), S. 1165.

verstanden wird: Behandlung der krankhaften Erscheinungen des Seelenlebens. Dies ist aber nicht die Bedeutung dieses Wortes. Psychische Behandlung will vielmehr besagen: Behandlung von der Seele aus, Behandlung – seelischer oder körperlicher Störungen – mit Mitteln, welche zunächst und unmittelbar auf das Seelische des Menschen einwirken.

Ein solches Mittel ist vor allem das Wort, und Worte sind auch das wesentliche Handwerkszeug der Seelenbehandlung.«[52]

Freud hatte beobachtet, daß viele Patienten, bei denen es keine erkennbaren Zeichen eines Krankheitsprozesses gibt, dennoch unter Kopfschmerzen leiden, daß ihre Beine beim Gehen ermüden oder ihre Verdauung gestört ist. Es handelt sich also um »funktionelle« Störungen des Nervensystems. Diese Funktionsstörungen werden durch einen »veränderten Einfluß des Seelenlebens auf den Körper« hervorgerufen. Besonders bei Affektzuständen fällt die Mitbeteiligung des Körpers auf. Unter dem Einfluß von Furcht oder Zorn beobachtet man deutliche Veränderungen des Gesichtsausdrucks, des Blutdrucks oder der willkürlichen Muskulatur. Als Beispiel für den Einfluß des Seelenzustands auf körperliche Erkrankungen weist Freud auf die Tatsache hin, daß die Angehörigen einer geschlagenen Armee häufiger unter Ruhr leiden als die Sieger.

Auch bereits bestehende Krankheiten können durch Affekte erheblich beeinflußt werden, sowohl zum Guten wie zum Schlechten. Der pathogene Faktor bestimmter psychischer Traumata wird oft auch in der Wortwahl deutlich. So sprechen wir von »Kränkung«, wenn wir in erster Linie einen psychischen Affekt meinen.

Für die Behandlung funktioneller Störungen ist die »gläubige Erwartung [...] eine wirkende Kraft, mit der wir

52 Freud (1890a), S. 289.

streng genommen bei allen unseren Behandlungs- und Heilungsversuchen zu rechnen haben. Wir könnten uns sonst die Eigentümlichkeiten der Wirkungen, die wir an den Medikamenten und Heileingriffen beobachten, nicht erklären.« Als Beispiel führt Freud Wunderheilungen bei Massenveranstaltungen oder dem Anblick von Reliquien an. Es gibt keinen anderen Grund für die Erklärungen von Wunderheilungen als das Wirken psychischer Kräfte. Ärzte haben sich von jeher dieser Mechanismen bedient, wenn sie versuchen, die für »Heilung günstigsten seelischen Zustände und Bedingungen hervorzurufen«. Durch den Einsatz von Zauberformeln, Orakelträumen und Tempelschlaf erwarben sich in der Antike Ärzte und Priester ein Ansehen, das sie direkt von der göttlichen Macht ableiteten. Es erscheint also keineswegs rätselhaft, daß Worte Krankheitserscheinungen beseitigen können, die ihrerseits in seelischen Zuständen gründen.

An dieser Stelle plädiert Freud für den Einsatz der Hypnose: »Die Hypnose schenkt dem Arzt eine Autorität, wie sie wahrscheinlich niemals ein Priester oder Wundermann besessen hat, indem sie alles seelische Interesse des Hypnotisierten auf die Person des Arztes vereinigt; sie schafft die Eigenmächtigkeit des Seelenlebens beim Kranken ab, in der wir das launenhafte Hemmnis für die Äußerung seelischer Einflüsse auf den Körper erkannt haben; sie stellt an und für sich eine Steigerung der Seelenherrschaft über das Körperliche her, die sonst nur unter den stärksten Affekteinwirkungen beobachtet wird, und durch die Möglichkeit, das in der Hypnose dem Kranken Eingegebene erst nachher im Normalzustand zum Vorschein kommen zu lassen (posthypnotische Suggestion), gibt sie dem Arzt die Mittel in die Hand, seine große Macht während der Hypnose zur Veränderung des Kranken im wachen Zustande zu verwenden. So ergäbe sich ein einfaches Muster für die Art der Heilung durch Seelenbehandlung. Der Arzt versetzt den Kranken in den Zustand der Hypnose, erteilt ihm die nach den jeweiligen Umständen abgeänderte Suggestion, daß er nicht krank ist, daß er nach dem Erwachen von seinen Leidenszeichen nichts verspüren wird, weckt ihn dann auf und darf sich der Erwartung hingeben, daß die Suggestion ihre Schuldigkeit gegen die Krankheit getan hat.«

Bei schwierigen Störungen reicht eine Sitzung freilich nicht aus, und die Hypnose muß wiederholt eingesetzt werden. Allerdings wußte Freud zu dieser Zeit bereits, daß ihre heilende Wirkung nicht lange anhält. Er schließt seinen Aufsatz mit den Worten: »Man darf sich der sicheren Erwartung hingeben, daß die zielbewußte moderne Seelenbehandlung, welche ja eine ganz junge Wiederbelebung alter Heilmethoden darstellt, den Ärzten noch weit kräftigere Waffen zum Kampfe gegen die Krankheit in die Hände geben wird. Eine tiefere Einsicht in die Vorgänge des Seelenlebens, deren erste Anfänge gerade auf den hypnotischen Erfahrungen ruhen, wird Mittel und Wege dazu weisen.« Ein Jahr später entwickelte Freud die Technik der freien Assoziation, die er bei Elisabeth von R. zum erstenmal erfolgreich angewandt hatte.[53]

Ratschläge für den Arzt bei der psychoanalytischen Behandlung (1912)

Dieser Artikel ist der dritte in einer Reihe von vier weiteren Arbeiten zur Behandlungstechnik, die Freud zwischen 1911 und 1915 veröffentlichte: »Die Handhabung der Traumdeutung in der Psychoanalyse« (1911), »Zur Dynamik der Übertragung« (1912), »Zur Einleitung der

53 Vgl. S. 27 ff. dieses Buches.

Behandlung« (1913), »Erinnern, Wiederholen und Durcharbeiten« (1914) und »Bemerkungen über die Übertragungsliebe« (1915).[54] Alle diese Schriften enthalten Empfehlungen für den Therapeuten. Sie weisen auf günstige Momente innerhalb der Behandlung hin, die man nicht verstreichen lassen sollte, oder warnen vor Gefahren, die der Therapeut leicht übersehen könnte.

Zu Beginn seiner »Ratschläge« betont Freud ausdrücklich, daß sich die von ihm entwickelte Behandlungstechnik als zweckmäßig für seine »Individualität« erwiesen habe, während andere Ärzte möglicherweise eine andere, ihnen entsprechende Technik finden müßten. Seine Erfahrungen faßt er in acht Empfehlungen zusammen:

1. Der Arzt soll nicht versuchen, sich alles zu merken, was während der Therapie passiert. Eine angespannte Aufmerksamkeit führt zu der Gefahr, aus dem dargebotenen Material bewußt auszuwählen und dabei seinen Neigungen und Erwartungen zu folgen. Auf diese Weise läuft man Gefahr, immer nur das zu finden, was man bereits weiß. Als Technik, die das vermeidet, schlägt Freud die sogenannte »gleichschwebende Aufmerksamkeit« vor. Sie bildet das Gegenstück zur »freien Assoziation«, der Forderung an den Patienten, alles zu erzählen, was ihm einfällt. Freud formulierte diese Regel so: »Man halte alle bewußten Einwirkungen von seiner Merkfähigkeit ferne und überlasse sich völlig seinem ›unbewußten Gedächtnisse‹, oder rein technisch ausgedrückt: Man höre zu und kümmere sich nicht darum, ob man sich etwas merke.«[55]

2. Während der analytischen Sitzungen fertige man keine Notizen oder Protokolle an. Es macht auf den Patienten einen ungünstigen Eindruck, führt zwangsläufig zu einer schädlichen Auswahl und bindet ein Stück der

54 Freud (1911e), Freud (1912b), Freud (1913c), Freud (1914g), Freud (1915a).

55 Freud (1912e), S. 378.

»Geistestätigkeit«, die besser für die Deutung des Gehörten eingesetzt werden sollte.

3. Ein Fall sollte nicht wissenschaftlich bearbeitet werden, bevor seine Behandlung abgeschlossen ist. Man läuft sonst leicht Gefahr, die weitere Entwicklung vorwegnehmen zu wollen, und läßt sich so beeinflussen. Erfolgreich behandelt man dann, wenn man absichtslos verfährt und sich von jeder neuen Entwicklung des Patienten überraschen läßt.

4. Der Psychoanalytiker sollte seine eigenen Affekte (z. B. Mitleid) beiseite drängen. Diese »Gefühlskälte« erlaubt die Schonung des Affektlebens des Analytikers und bietet damit die besten Voraussetzung, dem Patienten zu helfen.

5. Damit der Analytiker alle Mitteilungen des Patienten verwerten kann, ohne die vom Kranken vorgenommene Auswahl durch eine eigene Zensur zu ersetzen, ist eine psychoanalytische Ausbildung nötig, die in der eigenen Analyse besteht. »Das Opfer, sich ohne Krankheitszwang einer fremden Person eröffnet zu haben, wird reichlich gelohnt. Man wird nicht nur seine Absicht, das Verborgene der eigenen Person kennen zu lernen, in weit kürzerer Zeit und mit geringerem affektiven Aufwand verwirklichen, sondern auch Eindrücke und Überzeugungen am eigenen Leibe gewinnen, die man durch das Studium von Büchern und Anhören von Vorträgen vergeblich anstrebt.«[56]

6. Es empfiehlt sich für den Analytiker nicht, seinem Patienten Einblick in die eigenen »seelischen Defekte und Konflikte« zu gewähren. Ein solches Vorgehen verleitet den Patienten dazu, immer mehr erfahren zu wollen, um schließlich das Verhältnis umzukehren und die Analyse des Arztes interessanter zu finden als die eigene. Der Arzt soll für den Analysierten weitgehend undurchsichtig sein und

56 Freud (1912e), S. 382 f.

seinem Patienten wie ein Spiegel lediglich das zeigen, was ihm gezeigt wird.

7. Der Arzt muß gegenüber den Schwächen des Patienten tolerant sein und sich damit bescheiden, ein Stück von dessen Lebens- und Genußfähigkeit wiederhergestellt zu haben. Die wenigsten Patienten haben Talent zur Sublimierung und eignen sich nicht dazu, den Ehrgeiz des Therapeuten nach höheren Zielen zu befriedigen. Sie waren ja gerade daran erkrankt, daß sie ihre Triebe über das durch ihre Organisation gestattete Maß hinaus sublimieren wollten.

8. Der Patient hat vor allem zu lernen, daß intellektuelle Tätigkeit seine Neurose nicht zu heilen vermag. Er lernt an der eigenen Person mehr, als ihm die gesamte psychoanalytische Literatur vermitteln kann. In Ausnahmefällen allerdings kann psychoanalytische Lektüre der Vorbereitung auf die Behandlung dienen.

Wege der psychoanalytischen Therapie (1919)

Am 28. und 29. September 1918 fand in Budapest der V. Internationale Psychoanalytische Kongreß statt, der erste nach dem Krieg und nach Freuds Bruch mit C. G. Jung. Zehn Tage vorher hatte Freud an einen der Veranstalter geschrieben: »Betreffs des Kongresses habe ich noch zwei Bitten oder Mahnungen an Sie. Erstens, daß das offizielle Moment sich nicht hervordränge, Festbankett, Reden, Feierliche Ansprachen und so weiter, alles an sich höchst unsinnig, wollen wir doch einfach anderen Zusammenkünften überlassen. Zum mindesten aber muß es bekannt sein, daß ich an alledem nicht mittue, kein Wort rede, keine feierliche Fratze schneide und so weiter. Mit einem Wort: ich bleibe passiv. Was ich dazutun kann, wenn der Kongreß sich in einer solchen Weise hebt, kann nur darin bestehen, daß ich ein würdigeres und allgemein interessanteres Thema zum Vortrag wähle, als das im Programm angegebene.«[57]

Das neugewählte Thema hieß: »Wege der psychoanalytischen Therapie«. Für Freud war der Vortrag so wichtig, daß er zum erstenmal nicht frei sprach, sondern den ganzen Text ablas.

Der erste Teil enthält einen Überblick über Weiterentwicklungen der psychoanalytischen Technik. Er konzentriert sich auf das Problem der »Versagung«: »Die Aktivität des Arztes muß sich in all solchen Situationen als energisches Einschreiten gegen die voreiligen Ersatzbefriedigungen äußern. Leichter wird ihm aber die Verwahrung gegen die zweite, nicht zu unterschätzende Gefahr, von der die Triebkraft der Analyse bedroht wird. Der Kranke sucht vor allem die Ersatzbefriedigung in der Kur selbst im Übertragungsverhältnis zum Arzt und kann sogar danach streben, sich auf diesem Wege für allen ihm sonst auferlegten Verzicht zu entschädigen. Einiges muß man ihm ja wohl gewähren, mehr oder weniger, je nach der Natur des Falles und der Eigenart des Kranken. Aber es ist nicht gut, wenn es zu viel wird. Wer als Analytiker etwa aus der Fülle seines hilfsbereiten Herzens dem Kranken alles spendet, was ein Mensch von anderen erhoffen kann, der begeht denselben ökonomischen Fehler, dessen sich unsere nicht analytischen Nervenheilanstalten schuldig machen. Diese streben nichts anderes an, als es dem Kranken möglichst angenehm zu machen, damit er sich dort wohlfühle und gerne wieder aus den Schwierigkeiten des Lebens seine Zuflucht dorthin nehme. Dabei verzichten sie darauf, ihn für das Leben stärker, für seine eigentlichen Aufgaben leistungsfähiger zu machen. In der analytischen Kur muß jede solche Verwöhnung vermieden werden. Der Kranke

57 Freud (1960a), S. 339.

soll, was sein Verhältnis zum Arzt betrifft, unerfüllte Wünsche reichlich übrig behalten. Es ist zweckmäßig, ihm gerade die Befriedigungen zu versagen, die er am intensivsten wünscht und am dringendsten äußert.«[58]

Im zweiten Teil seines Vortrags plädiert Freud für eine Psychoanalyse für breite Volksschichten: »Irgend einmal wird das Gewissen der Gesellschaft erwachen und sie mahnen, daß der Arme ein ebensolches Anrecht auf seelische Hilfeleistung hat wie bereits jetzt auf lebensrettende chirurgische.«[59] Er entwickelt die Idee der Errichtung psychoanalytischer Ambulatorien – ein Vorschlag, der durch die großzügige Spende des neuen Zentralsekretärs der Internationalen Psychoanalytischen Vereinigung, Anton von Freund, später realisiert werden konnte.

Neurose und Psychose (1924)

In den späten 1880er Jahren gab es für Freud noch keine scharfe Trennung zwischen Neurose und Psychose, und auch in den folgende Jahrzehnten konnte er nur wenige Erfahrungen mit psychiatrischen Patienten sammeln. Nachdem er in seinem Buch »Das Ich und das Es« seine Instanzenlehre dargelegt hatte (vgl. das nächste Kapitel), nutzte er diese Theorie zur Unterscheidung von Neurosen und Psychosen. Demnach ist die Neurose das Ergebnis eines Konflikts zwischen dem Ich und dem Es, während die Psychose aus dem Konflikt zwischen Ich und Außenwelt hervorgeht.

Bei halluzinatorischen Psychosen wird die Außenwelt entweder gar nicht wahrgenommen, oder ihre Wahrneh-

58 Freud (1919a), S. 189.
59 Freud (1919a), S. 192.

mung bleibt völlig unwirksam. Freud weist hier wieder einmal auf die innere Verwandtschaft von Psychose und Traum hin. Schon in seiner »Traumdeutung« hatte er geschrieben: »Wer sich die Entstehung der Traumbilder nicht zu erklären weiß, wird sich auch um das Verständnis der Phobien, Zwangs- und Wahnideen, eventuell um deren therapeutische Beeinflussung, vergeblich bemühen.«[60] Und weiter: »Man wird indes nicht erwarten können, die endgültige Aufklärung über den Traum von den Seelenstörungen her zu empfangen [...]. Wohl aber ist es wahrscheinlich, daß eine veränderte Auffassung des Traumes unsere Meinungen über den inneren Mechanismus der Geistesstörungen mitbeeinflussen muß, und so dürfen wir sagen, daß wir an der Aufklärung der Psychosen arbeiten, wenn wir uns bemühen, das Geheimnis des Traumes aufzuhellen.«[61] Insofern betrachtet Freud bestimmte Psychosen als in das Wachleben verlagerte Träume und Träume als Psychosen ohne Krankheitswert.

Ob es zu einer Neurose oder einer Psychose kommt, hängt davon ab, »ob das Ich in solcher Konfliktspannung seiner Abhängigkeit von der Außenwelt treu bleibt und das Es zu knebeln versucht oder ob es sich vom Es überwältigen und damit von der Realität losreißen läßt«[62].

Schließlich folgert Freud, daß es auch einen Konflikt zwischen Ich und Über-Ich geben muß, aus dem die »narzißtische Psychose« hervorgeht. In seinem ätiologischen Schema steht sie zwischen Übertragungsneurose und Psychose: »Die Übertragungsneurose entspricht dem Konflikt zwischen Ich und Es, die narzißtische Neurose dem zwischen Ich und Über-Ich, die Psychose dem zwischen Ich und Außenwelt.«[63]

60 Freud (1900a), S. V.
61 Freud (1900a), S. 66.
62 Freud (1924b), S. 390.
63 Freud (1924b), S. 390.

Unbewußtes, Triebtheorie und »psychischer Apparat«

Dieser Themenkomplex gehört zu den schwierigsten in Freuds Theoriegebäude. Zwischen der Psychologie des Unbewußten, die Freud im 7. Kapitel der »Traumdeutung« entwickelt hatte, und der Struktur des psychischen Apparats, die in der Schrift »Das Ich und das Es« beschrieben wird, liegt ein Vierteljahrhundert.

Es fanden sich auch schnell Kritiker. In seiner kleinen Schrift »Scheinprobleme der Wissenschaft« schrieb Max Planck: »Eine Wissenschaft des Unbewußten oder Unterbewußten gibt es nicht. Sie wäre eine contradictio in adjecto, ein Widerspruch in sich. Was unterbewußt ist, weiß man nicht. Daher sind alle Probleme, die sich auf das Unterbewußtsein beziehen, Scheinprobleme.«[64] Freud hatte, diesen Einwand vorwegnehmend, geschrieben: »Wir nennen unbewußt einen psychischen Vorgang, dessen Existenz wir annehmen müssen, etwa weil wir ihn aus seinen Wirkungen erschließen, von dem wir aber nichts wissen.«[65] Insofern entspricht der Status des postulierten Unbewußten dem des Planeten Pluto, dessen Existenz aufgrund der Unregelmäßigkeiten der Uranusbewegung angenommen wurde.

In bezug auf die Triebtheorie war Freud sein eigener Kritiker. 1933 schrieb er: »Ich will nicht sagen, daß wir hierin große Fortschritte gemacht haben [...]. Nein, es ist ein Feld, auf dem wir mühsam nach Orientierung und Einsichten ringen [...]. Die Trieblehre ist sozusagen unsere

64 Planck (1947), S. 17.
65 Freud (1933a), S. 77.

Mythologie. Die Triebe sind mythische Wesen, großartig in ihrer Unbestimmtheit.«[66]

Das Unbewußte und das Bewußtsein (1899)

Im Abschnitt F des 7. Kapitels der »Traumdeutung« heißt es im Anschluß an Theodor Lipps: »Die Frage des Unbewußten in der Psychologie ist [...] weniger eine psychologische Frage als die Frage der Psychologie. Solange die Psychologie diese Frage durch die Worterklärung erledigte, das ›Psychische‹ sei eben das ›Bewußte‹, und ›unbewußte psychische Vorgänge‹ ein greifbarer Widersinn, blieb eine psychologische Verwertung der Beobachtungen, welche ein Arzt an abnormen Seelenzuständen gewinnen konnte, ausgeschlossen.«[67] Für Freud ist das Unbewußte das »eigentlich reale Psychische«. Es ist »bewußtseinsunfähig«, d. h., seine Inhalte können nicht ins Bewußtsein gelangen. Die Inhalte des »Vorbewußten« dagegen können nach dem Passieren der Zensur zu Bewußtseinsinhalten werden. Das *Vorbewußte* steht nach Freud wie ein Schirm zwischen *Unbewußtem* und *Bewußtsein*. Die *Zensur* ist eine Instanz, die bestrebt ist, den unbewußten Inhalten den Zugang zum Vorbewußten und zum Bewußtsein zu verwehren.

Das Unbewußte (1915)

Fast zwanzig Jahre nachdem Freud seine Psychologie des Unbewußten entworfen hatte, faßte er seine Theorie in einer eigens diesem Thema gewidmeten Schrift zusammen. Sie enthält sieben Abschnitte:

66 Freud (1933a), S. 101.
67 Freud (1900a), S. 616.

1. Die Rechtfertigung des Unbewußten. Die Annahme des Unbewußten ist notwendig, weil das Bewußtsein äußerst lückenhaft ist. Sowohl bei Gesunden als auch bei Kranken beobachten wir Akte, für deren Verständnis andere Akte vorauszusetzen sind, z. B. Träume und Fehlleistungen bei Gesunden, Symptome wie Zwangshandlungen bei Kranken. Alle diese bewußten Akte bleiben unverständlich und zusammenhanglos, will man sie nur innerhalb bewußter psychischer Aktivitäten erklären.

2. Die Vieldeutigkeit des Unbewußten und der topische Gesichtspunkt. Ein psychischer Akt durchläuft nach Freud zwei Phasen, zwischen denen eine *Zensur* eingeschaltet ist. In der ersten Phase ist er unbewußt und gehört dem System des »Unbewußten« (*Ubw*) an. Gelingt es ihm nicht, die Zensur zu passieren, dann nennt ihn Freud »verdrängt«, und er muß unbewußt bleiben. Gelangt er jedoch durch die Zensur, so tritt er in die zweite Phase ein und damit in das System »Bewußtsein« (*Bw*). Er ist damit noch nicht zwangsläufig bewußt, wohl aber bewußtseinsfähig oder vorbewußt (*Vbw*), d. h., er kann nunmehr ohne besonderen Widerstand zum Gegenstand des Bewußtseins werden. Das System *Vbw* teilt die Eigenschaften des Systems *Bw*. Neben der Zensur am Übergang vom *Ubw* zum *Vbw* führt Freud einige Seiten später auch eine Zensurinstanz zwischen *Vbw* und *Bw* ein.

3. Unbewußte Gefühle. Die Gegenüberstellung von Bewußtem und Unbewußtem ist auf Triebe nicht anwendbar. Ein Trieb kann nicht Gegenstand des Bewußtseins werden, lediglich die Vorstellung, die ihn repräsentiert. Ähnliches gilt für das Unbewußte. Wenn der Trieb sich nicht in Form eines Affekts oder Gefühls zeigte, könnten wir nichts über ihn wissen. Die Formulierung »unbewußter Affekt oder unbewußtes Gefühl« verweist nach Freud auf den quantitativen Faktor des Triebs infolge der Verdrängung. Dann gibt es drei Möglichkeiten: 1. der Affekt bleibt ganz oder teilweise bestehen; 2. er verwandelt sich in einen qualitativ anderen Affekt, z. B. in Angst; oder 3. er wird unterdrückt und seine Entwicklung wird verhindert. In jedem Falle erfolgreicher Verdrängung – wenn die Umsetzung des Triebs in einen Affekt gehemmt wird – nennt Freud den Affekt »unbewußt«.

4. Topik und Dynamik der Verdrängung. Die Verdrängung passiert an der Grenze vom Unbewußten zum Bewußtsein bzw. Vorbewußten (topischer Aspekt); die verdrängte Vorstellung bleibt im Unbewußten aktionsfähig (dynamischer Aspekt). Neben dem dynamischen und dem topischen Aspekt führt Freud dann den »ökonomischen« Aspekt ein, der versucht, die quantitativen Erregungsgrößen in etwa zu beschreiben. Die Zusammenschau dieser drei Aspekte nennt Freud »metapsychologische Darstellung«. Am Beispiel der Angsthysterie illustriert er diese seine Metapsychologie.

5. Die besonderen Eigenschaften des Systems Ubw. Der Kern des Unbewußten besteht aus Triebrepräsentanzen, d. h. Wunschregungen, die ihre Energie abführen wollen. Werden zwei unvereinbar erscheinende Wunschregungen gleichzeitig aktiviert, kommt es zu einer Kompromißbildung. Zweifel oder Unsicherheit gibt es im Unbewußten nicht, sie werden erst durch die Arbeit der Zensur in den Prozeß eingeführt. Die Vorgänge des Unbewußten sind nicht zeitlich geordnet, der Zeitbezug ist an das Bewußtsein geknüpft. Ebensowenig nimmt das Unbewußte Rücksicht auf die Realität. Alle seine Vorgänge sind ausschließlich der Lustgewinnung und der Unlustvermeidung, d. h. dem Lustprinzip unterworfen.

6. Der Verkehr der beiden Systeme. Die für Freud bedeutsamere Differenz liegt nicht zwischen dem Bewußtsein und dem Vorbewußten, sondern zwischen dem Vorbewußten und dem Unbewußten. Das Unbewußte wird an der Grenze des Vorbewußten durch die Zensur zurückgewiesen, allerdings können »Abkömmlinge« des Unbewußten die Zensur umgehen und im Vorbewußten eine gewisse Intensität erlangen. Wird diese Intensität zu stark und ihre Herkunft aus dem Unbewußten erkannt, führt eine erneute Zensur zwischen Vorbewußtem und Bewußtsein zu erneuter Verdrängung.

7. Die Agnoszierung des Unbewußten. In diesem Abschnitt versucht Freud anhand einiger Beispiele das Unbewußte »greifbar« zu machen.

Jenseits des Lustprinzips (1920)

In den »Drei Abhandlungen zur Sexualtheorie« standen die Sexualtriebe, die der Arterhaltung dienen, im Vordergrund. Das sexuelle Verlangen, d. h. die Kraft, mit der der Sexualtrieb auftritt, nannte Freud *Libido*. Später stellte er den Sexualtrieben eine Gruppe von Trieben gegenüber, die der Erhaltung des Individuums dienen, z. B. den Hunger. Im Rahmen seiner Trieblehre ging er von zwei grundlegenden Prinzipien menschlichen Verhaltens aus: dem Lustprinzip, das auf Lustgewinnung und Unlustvermeidung ausgerichtet ist, und dem Realitätsprinzip, das die Befriedigung von Trieben nicht mehr auf direktem Wege zuläßt, sondern eine Anpassung an die Anforderungen der Realität notwendig macht.

In dem Buch »Jenseits des Lustprinzips« führt Freud den Begriff des Todestriebs ein und stellt ihn den Lebenstrieben (Sexualtrieb, Selbsterhaltungstrieb) gegenüber. Bevor wir jedoch näher darauf eingehen, sei hier eine Episode erwähnt, die als Warnung davor dienen kann, vorschnell Zusammenhänge zwischen dem Leben und dem Werk eines Autors herzustellen.

Fritz Wittels, Freuds erster Biograph, hatte der Entdeckung des Todestriebs einige Zeilen gewidmet, an die er folgende Bemerkung anschloß: »Als Freud der aufhorchenden Welt diese Mitteilung machte, stand er unter dem Eindruck des Todes einer blühenden Tochter, die er verlor, nachdem er jahrelang um das Leben von einigen seiner nächsten Angehörigen hatte bangen müssen, die in den Krieg gezogen waren.«[68] Freud hatte von Wittels ein Exemplar geschenkt bekommen, bedankte sich bei ihm und korrigierte einige Fehler, die dem Biographen unterlaufen waren. Zu dessen Bemerkung über den Zusammenhang zwischen dem Tod der Tochter Sophie und der Konzeption des Todestriebs schrieb er: »Gewiß hätte ich in einer analytischen Studie über einen anderen denselben Zusammenhang zwischen dem Tod meiner Tochter und den Gedankengängen im *Jenseits* vertreten. Und doch ist er falsch. Das *Jenseits* wurde 1919 geschrieben, als meine Tochter gesund und blühend war. Sie starb im Jänner 1920.«[69] Und Freud schließt mit der Warnung: »Das Wahrscheinliche ist nicht immer das Wahre.«

»Jenseits des Lustprinzips« kann als Beginn einer neuen Phase in Freuds Theorieentwicklung gelten, in der das Thema Aggressivität bzw. Destruktivität eine zunehmende Rolle spielt. Nach einer Rekapitulation des Lustprinzips behandelt er traumatische Neurosen und das kindliche Spiel als Beispiele dafür, »daß es auch unter der Herrschaft des Lustprinzips Mittel und Wege genug gibt, um das an sich Unlustvolle zum Gegenstand der Erinnerung und seelischen Bearbeitung zu machen«[70]. Freud geht davon aus, daß das Bewußtsein nur eine besondere Funktion des Psychischen ist und keineswegs mit ihm zusammenfällt. Das Bewußtsein liefert Wahrnehmungen von Erregungen

68 Wittels (1924), S. 231.
69 Freud (1924g), S. 758.
70 Freud (1920g), S. 15.

und Reizen aus der Außenwelt und Lust- bzw. Unlustempfindung aus dem »Inneren des seelischen Apparats«. Für den lebenden Organismus ist nun der Reizschutz »eine beinahe wichtigere Aufgabe als die Reizaufnahme«. Eine Erregung, die stark genug ist, den Reizschutz zu durchbrechen, nennt Freud »Trauma«.

Mit der Einführung des »Todestriebs« postuliert er eine Kategorie von Trieben, die im Gegensatz zu den Lebenstrieben stehen. Ziel des Todestriebs ist es, das Lebewesen in den anorganischen Zustand zurückzuführen. Todestriebe wenden sich zunächst nach innen und streben nach Selbstdestruktion. Richten sie sich aber nach außen, treten sie in Gestalt des Aggressions- und Destruktionstriebs auf.

Freud führt mehrere Gründe für die Annahme eines Todestriebs an: 1. Die Tatsache, daß der Kranke genötigt ist, das Verdrängte als gegenwärtiges Erlebnis zu wiederholen, kann er nicht mit dem Streben der Libido nach Unlustvermeidung erklären. Er sieht darin vielmehr eine nicht unterdrückbare Macht, die vom Lustprinzip unabhängig ist. 2. Die an seinen Patienten beobachteten Phänomene wie »Ambivalenz«, »Aggressivität«, »Sadismus« und »Masochismus« und die Erfahrung des Ersten Weltkriegs legen die Existenz einer destruktiven Tendenz nahe. 3. Freud erscheint es wenig überzeugend, Haß z. B. von Sexualtrieben abzuleiten.

Freud ahnte wohl, daß die entwickelten Gedanken schwer verständlich seien – tatsächlich stießen sie bei seinen Schülern auf nur geringes Interesse und Verständnis –, weshalb er gegen Ende der Schrift eine erklärende Fußnote hinzufügte, die er für die zweite Auflage noch ausbaute:

»Anschließend hier einige Worte zur Klärung unserer Namengebung, die im Laufe dieser Erörterung eine gewisse Entwicklung durchgemacht hat. Was ›Sexualtriebe‹ sind, wußten wir aus ihrer Beziehung zu den Geschlechtern und zur Fortpflanzungsfunktion. Wir behielten dann diesen Namen bei, als wir durch die Ergebnisse der Psychoanalyse genötigt waren, deren Beziehung zur Fortpflanzung zu lockern. Mit der Aufstellung der narzißtischen Libido und der Ausdehnung des Libidobegriffes auf die einzelne Zelle wandelte sich uns der Sexualtrieb zum Eros, der die Teile der lebenden Substanz zueinanderzudrängen und zusammenzuhalten sucht, und die gemeinhin so genannten Sexualtriebe erschienen als der dem Objekt zugewandte Anteil dieses Eros. Die Spekulation läßt dann diesen Eros vom Anfang des Lebens an wirken und als ›Lebenstrieb‹ in Gegensatz zum ›Todestrieb‹ treten, der durch die Belebung des Anorganischen entstanden ist. Sie versucht das Rätsel des Lebens durch die Annahme dieser beiden von Uranfang an miteinander ringenden Triebe zu lösen. Unübersichtlicher ist vielleicht die Wandlung, die der Begriff der ›Ichtriebe‹ erfahren hat. Ursprünglich nannten wir so alle jene von uns nicht näher gekannten Triebrichtungen, die sich von den auf das Objekt gerichteten Sexualtrieben abscheiden lassen, und brachten die Ichtriebe in Gegensatz zu den Sexualtrieben, deren Ausdruck die Libido ist. Späterhin näherten wir uns der Analyse des Ichs und erkannten, daß auch ein Teil der ›Ichtriebe‹ libidinöser Natur ist, das eigene Ich zum Objekt genommen hat. Diese narzißtischen Selbsterhaltungstriebe mußten also jetzt den libidinösen Sexualtrieben zugerechnet werden. Der Gegensatz zwischen Ich- und Sexualtrieben wandelte sich in den zwischen Ich- und Objekttrieben, beide libidinöser Natur. An seine Stelle trat aber ein neuer Gegensatz zwischen libidinösen (Ich- und Objekt-)Trieben und anderen, die im Ich zu statuieren und vielleicht in den Destruktionstrieben aufzuzeigen sind. Die Spekulation wandelt diesen Gegensatz in den von Lebenstrieben (Eros) und von Todestrieben um.«[71]

71 Freud (1920g), S. 66.

An den Schluß seines vielleicht undurchsichtigsten Werkes stellte Freud ein Zitat von Friedrich Rückert: »Was man nicht erfliegen kann, muß man erhinken. / [...] / Die Schrift sagt, es ist keine Sünde zu hinken.«

Das Ich und das Es (1923)

I. Bewußtsein und Unbewußtes
II. Das Ich und das Es
III. Das Ich und das Über-Ich (Ichideal)
IV. Die beiden Triebarten
V. Die Abhängigkeiten des Ichs

Die Einteilung des psychischen Seelenlebens in Unbewußtes, Vorbewußtes und Bewußtsein bezeichnet man gemeinhin als »erste Topik«. Der Leser vermutet richtig, daß es folglich auch eine »zweite Topik« gibt, auch als Schichtenmodell oder Instanzenlehre bezeichnet. Diese zweite Topik hat Freud in seiner Schrift »Das Ich und das Es« entwickelt; sie überlagert die erste, ohne diese aufzugeben.

Schon seit einer Reihe von Jahren hatte Freud das Gefühl, daß die erste Topik – sie stammte immerhin aus dem Jahre 1899 – nicht allen Erklärungsanforderungen gerecht wurde. Der Begriff des »Ich« begann bei ihm eine immer größere Rolle zu spielen. Außerdem gelangte er zu der Erkenntnis, daß »alles Verdrängte *ubw* ist, aber nicht alles *Ubw* ist auch verdrängt«[72]. Und schließlich hatte er erkannt, daß es nichtfrühkindliche Identifizierungen mit Leitpersonen gibt, die zur Gewissensbildung beitragen. Diese Überlegungen führten allmählich zur Ausarbeitung

72 Freud (1923b), S. 244.

der Instanzenlehre. Danach gliedert sich das Psychische hierarchisch in »Es«, »Ich« und »Über-Ich«.

Den Es-Begriff entlehnte Freud von Georg Groddeck und dessen Buch »Das Buch vom Es. Psychoanalytische Briefe an eine Freundin«. Schon vorher hatte Nietzsche in »Also sprach Zarathustra« den Begriff verwendet.

Das »Es« ist die tiefste Schicht in Freuds Theorie des psychischen Apparats. Seine Inhalte sind unbewußt, teils ererbt, teils erworben. Das »Es« ist das Hauptreservoir der psychischen Energie und steht in ständigem Konflikt mit dem »Ich« und dem »Über-Ich«. Das »Ich« ist in Freuds vertikaler Instanzenlehre die mittlere Ebene und sowohl von den Ansprüchen des »Es« abhängig als auch von den Befehlen des »Über-Ichs« und den Anforderungen der Realität. Das »Über-Ich« spielt die Rolle eines Richters oder Zensors des »Ichs«, Funktionen des »Über-Ichs« sind u. a. das Gewissen und die Selbstbeobachtung.

Wie bei vielen psychoanalytischen Begriffen sind auch diese Instanzen von Anfang an nicht scharf definiert. Freuds Stärke liegt eher darin, ihre Funktionen in eindrücklichen Bildern zu beschreiben: »Die funktionelle Wichtigkeit des Ichs kommt darin zum Ausdruck, daß ihm normalerweise die Herrschaft über die Zugänge zur Motilität eingeräumt ist. Es gleicht so im Verhältnis zum Es dem Reiter, der die überlegene Kraft des Pferdes zügeln soll, mit dem Unterschied, daß der Reiter dies mit eigenen Kräften versucht, das Ich mit geborgten. Dieses Gleichnis trägt ein Stück weiter. Wie dem Reiter, will er sich nicht vom Pferd trennen, oft nichts anderes übrigbleibt, als es dahin zu führen, wohin es gehen will, so pflegt auch das Ich den Willen des Es in Handlung umzusetzen, als ob es der eigene wäre.«[73]

In der »Neuen Folge der Vorlesungen zur Einführung in die Psychoanalyse« hat Freud den Versuch unternommen,

73 Freud (1923b), S. 253.

die erste und die zweite Topik in einer »anspruchslosen Zeichnung« darzustellen:

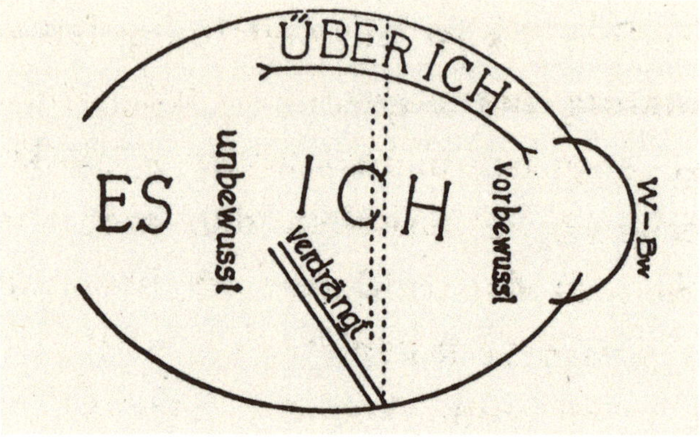

Das Ich und das Es (Skizze Freuds)

Die Zeichnung begleitete er mit der Mahnung: »Sie denken bei dieser Sonderung der Persönlichkeit in Ich, Über-Ich und Es gewiß nicht an scharfe Grenzen, wie sie künstlich in der politischen Geographie gezogen worden sind. Der Eigenart des Psychischen können wir nicht durch lineare Konturen gerecht werden wie in der Zeichnung oder in der primitiven Malerei, eher durch verschwimmende Farbenfelder wie bei den modernen Malern. Nachdem wir gesondert haben, müssen wir das Gesonderte wieder zusammenfließen lassen. Urteilen Sie nicht zu hart über einen ersten Versuch, das so schwer erfaßbare Psychische anschaulich zu machen. Es ist sehr wahrscheinlich, daß die Ausbildung dieser Sonderungen bei verschiedenen Personen großen Variationen unterliegt, möglich, daß sie bei der Funktion selbst verändert und zeitweilig rückgebildet werden.«[74]

74 Freud (1933a), S. 85 f.

Und Freud beschließt seine Zusammenfassung der Instanzenlehre mit einem Credo der Psychoanalyse, deren Absicht es sei, »das Ich zu stärken, es vom Über-Ich unabhängiger zu machen, sein Wahrnehmungsfeld zu erweitern und seine Organisation auszubauen, so daß es sich neue Stücke des Es aneignen kann. Wo Es war, soll Ich werden. Es ist Kulturarbeit etwa wie die Trockenlegung der Zuydersee.«[75]

75 Freud (1933a), S. 86.

Kunst und Literatur

Als Freud zwölf Jahre alt war, im Jahre 1868, beauftragte sein Vater einen Maler, die sieben Geschwister zu porträtieren. Dabei verwickelte der kleine Sigi den Maler in Unterhaltungen über Kunst: »Kunst hängt mit der Natur zusammen. Besonders die Malerei, aber auch die Musik spiegeln die Gedanken und Bewegungen der Menschen wider. Wenn ein Mensch zuviel liebt, so ist das wie ein Gedicht, und wenn er zuviel trauert, so ist das wie eine Tragödie.«[76] Das erstaunte den Maler so, daß er darauf bestand, Sigmund mit einem Buch in der Hand zu malen.

Ein Jahr später bekam er Ludwig Börnes »Gesammelte Werke« geschenkt und las sie mit großem Eifer. Sein Interesse an Literatur und bildender Kunst hat immer wieder Niederschlag in seinen Schriften gefunden. Über Musik dagegen hat er sich nie öffentlich geäußert, obwohl er gern in die Oper ging – Mozart war sein Lieblingskomponist.

Im Vordergrund seiner Schriften über Kunst und Literatur stehen weder kunsthistorische noch literaturwissenschaftliche Aspekte, sondern die Persönlichkeit des Künstlers oder Dichters und die Gründe für die Wirkung ihrer Werke auf den Betrachter bzw. Leser.

76 Vgl. Freud-Bernays (2004), S. 217 f.

Eine Kindheitserinnerung des Leonardo da Vinci (1910)

Im Herbst 1885 hatte Freud zum erstenmal Leonardos »Mona Lisa« im Louvre gesehen. Im September 1898, während seines ersten Aufenthalts in Mailand, besuchte er die Kirche Santa Maria delle Grazie und bewunderte Leonardos »Abendmahl«. Wenige Jahre später kaufte er sich die deutsche Übersetzung von Dmitri Mereschkowskis Buch »Leonardo da Vinci. Ein biographischer Roman aus der Wende des 15. Jahrhunderts«, das er zu den zehn Büchern zählte, »denen man ein Stück seiner Lebenskenntnis und Weltanschauung verdankt, die man selbst genossen hat und anderen gerne anpreist«[77].

Nachdem die Psychoanalyse begonnen hatte, sich auch nichtklinischen Fragen zuzuwenden, hielt es Freud für durchaus fruchtbar, die Lebensgeschichten berühmter Personen psychoanalytisch zu interpretieren. In diesem Zusammenhang schrieb er im Oktober 1909 an C. G. Jung: »Auch die Biographik muß unser werden. Seitdem ich zurück bin,[78] habe ich erst einen Einfall gehabt. Das Charakterrätsel Leonardo da Vinci ist mir plötzlich durchsichtig geworden. Das gäbe also einen ersten Schritt in die Biographik. Aber das Material über Leonardo ist so spärlich, daß ich daran verzweifle, meine gute Überzeugung anderen faßbar darzustellen. Ich warte jetzt mit Spannung auf ein italienisches Werk über seine Jugend, das ich bestellt habe. Unterdes will ich Ihnen das Geheimnis verraten. Erinnern Sie sich meiner Bemerkungen in den ›Infantilen Sexualtheorien‹ […] über das notwendige Fehlschlagen dieser primitiven Forschung der Kinder und der lähmenden Wirkung, die von diesem ersten Mißerfolg ausgehe? Lesen

77 Freud (1960a), S. 267.

78 Von einer Vortragsreise in die USA.

Sie die Worte nach; sie waren damals noch nicht so ernsthaft verstanden, wie ich sie jetzt verstehe. Nun so einer, der so früh seine Sexualität in Wißtrieb umgesetzt hat und an der Vorbildlichkeit des nicht Fertigwerdens hängengeblieben ist, ist auch der Leonardo, der sexuell inaktiv oder homosexuell war.«[79]

In den folgenden Wochen schrieb Freud seine Gedanken in ausführlicher Form nieder. Es wurde die erste psychoanalytische Biographie. Ausgangspunkt seiner Überlegungen ist folgende von Leonardo überlieferte Kindheitserinnerung: »Es scheint, daß es mir schon vorher bestimmt war, mich so gründlich mit dem Geier zu befassen, denn es kommt mir als eine ganz frühe Erinnerung in den Sinn, als ich noch in der Wiege lag, ist ein Geier zu mir herabgekommen, hat mir den Mund mit seinem Schwanz geöffnet und viele Male mit diesem seinen Schwanz gegen meine Lippen gestoßen.«

Freud versuchte nun, einen Zusammenhang zwischen Leonardos Erinnerung und den überlieferten Umständen seiner Kindheit herzustellen: Leonardo war ein uneheliches Kind und lebte mehrere Jahre bei seiner Mutter, bis sein Vater, der eine andere Frau geheiratet hatte, ihn zu sich nahm. Für Freud war der Schwanz des Geiers ein Symbol für Brustwarze und Penis. Leonardos Erinnerung habe die ihn säugende Mutter zu einem Geier gemacht und ihre Brust zu dessen Schwanz. Durch die ausgesprochen enge, erotische Beziehung zur Mutter wurde Leonardo homosexuell. Später hat er immer nur gut aussehende Jünglinge als Schüler angenommen und sie besonders zuvorkommend behandelt.

In einem der nächsten Abschnitte seiner Schrift geht Freud auf das Lächeln der weiblichen Figuren auf Leonardos Bildern ein. Er ergänzt seine Interpretation von Leo-

79 Freud (1974a), S. 280 f.

»Mona Lisa« von Leonardo da Vinci

»Hl. Anna Selbdritt« von Leonardo da Vinci

nardos Kindheitserinnerung durch die Bemerkung, daß sie gleichzeitig »Gesäugtwerden« und »Geküßtwerden« durch die Mutter symbolisiere. Im Lächeln der Mona Lisa finde sich die »vollkommenste Darstellung der Gegensätze, die das Liebesleben des Weibes beherrschen, der Reserve und der Verführung, der hingebungsvollen Zärtlichkeit und der rücksichtslos heischenden, den Mann wie etwas Fremdes verzehrenden Sinnlichkeit«[80]. Ähnliche Züge erkennt er in Leonardos Bild »Hl. Anna Selbdritt«, das die heilige Anna, Maria und das Jesuskind zeigt. In diesem Bild habe Leonardo seine frühe Kindheit verdichtet.

Die Einzelheiten werden wiederum nur aus den Lebensumständen verständlich: »Im Hause seines Vaters fand er nicht nur die gute Stiefmutter Donna Albiera, sondern auch die Großmutter, Mutter seines Vaters, Monna Lucia, die, wir wollen es annehmen, nicht unzärtlicher gegen ihn war, als Großmütter zu sein pflegen. Dieser Umstand mochte ihm die Darstellung der von Mutter und Großmutter behüteten Kindheit nahebringen. Ein anderer auffälliger Zug des Bildes gewinnt eine noch größere Bedeutung. Die heilige Anna, die Mutter der Maria und Großmutter des Knaben, die eine Matrone sein müßte, ist hier vielleicht etwas reifer und ernster als die heilige Maria, aber noch als junge Frau von unverwelkter Schönheit gebildet. Leonardo hat in Wirklichkeit dem Knaben zwei Mütter gegeben, eine, die die Arme nach ihm ausstreckt, und eine andere im Hintergrunde, und beide mit dem seligen Lächeln des Mutterglückes ausgestattet.«[81]

Wenige Arbeiten Freuds sind so viel analysiert und kritisiert worden wie seine Schrift über Leonardo. Schon 1923 wies Eric Maclagan, der spätere Direktor des Londoner Victoria and Albert Museum, darauf hin, daß Freud einem

80 Freud (1910c), S. 179 f.
81 Freud (1910c), S. 184 f.

Übersetzungsfehler aufgesessen und das Tier in Leonardos Erinnerung kein Geier, sondern ein Milan gewesen sei.[82] Das ist insofern von Bedeutung, als Freud seine Symboldeutung daraus ableitete, daß in der ägyptischen Religion die mütterliche Gottheit im Bild des Geiers beschrieben wurde.

In jüngerer Zeit kritisierte Han Israëls, Freud habe »einer theoretischen Konstruktion ohne Kontrolle den Vorrang vor einer Angabe in der Fachliteratur gegeben«[83]. Nun ist die Bevorzugung der Theorie vor empirischen Tatsachen nicht a priori negativ zu bewerten. Schon Albert Einstein hielt trotz der experimentellen Widerlegung durch Kaufmann und Miller an seiner speziellen Relativitätstheorie fest. Der Fehler des Millerschen Experiments wurde erst 1955 entdeckt. Er hielt die experimentellen Widerlegungen für »unwahrscheinlich, weil ihre Grundannahme, aus der die Masse des bewegten Elektrons abgeleitet wird, nicht durch theoretische Systeme nahegelegt wird, die größere Bereiche von Erscheinungen umfassen«[84]. Darin, daß er theoretischen Konstruktionen den Vorrang vor empirisch-experimentellen Untersuchungen gab, war er keine Ausnahme. In der Wissenschaftsgeschichte finden sich laut Galilei viele Beispiele, »daß die Vernunft in dem Maße die Sinne hat überwinden können, daß ihnen zum Trotz die Vernunft über ihre Leichtgläubigkeit triumphiert hat«[85]. Galilei meint hier Aristarch und Kopernikus, die trotz des Augenscheins, daß die Sonne auf- und untergeht, ein heliozentrisches Weltbild vertraten.

Freud befand sich also in bester Gesellschaft, wenn er der Theorie den Vorrang gegenüber der Empirie einräumte. Mir scheint es zweifelsfrei, daß das psychoanalytische

82 Maclagan (1923).
83 Israëls (1992), S. 17.
84 Einstein (1907), S. 439.
85 Galilei (1987 [1632]), S. 288.

Theoriegebäude für ihn oberste Priorität hatte. Publikationen und Äußerungen, in denen er versuchte, seine Theorien in direkten Zusammenhang mit Beobachtungen zu bringen, halte ich für ein Zugeständnis an das herrschende traditionelle Wissenschaftsverständnis, von dem abzuweichen nur den Argwohn gegenüber der Psychoanalyse verstärken würde. Diese Ambivalenz kommt auch in der Leonardo-Arbeit zum Ausdruck. Einerseits wandte er viel Mühe auf die historische, sprich: empirische Rekonstruktion, zum anderen ließ er Hermann Struck wissen: »Ein Büchlein über Leonardo da Vinci, das ich geschrieben habe, muß gerade nicht für Ihren Geschmack sein. [...] Es ist übrigens auch halb Romandichtung. Ich möchte nicht, daß Sie die Sicherheit unserer sonstigen Ermittlungen nach diesem Muster beurteilen.«[86]

Freud wußte wohl, daß seine Leonardo-Arbeit eine weitgehend in der Luft hängende theoretische Konstruktion war, die, an traditionellen methodologischen Maßstäben gemessen, nur schwerlich als »Wissenschaft« akzeptiert werden würde.

Der Moses des Michelangelo (1914)

Im Jahre 1505 erhielt der 31jährige Michelangelo von Papst Julius II. den Auftrag zur Errichtung seines Grabmals. Da es ursprünglich in der Peterskirche in Rom stehen sollte, plante der Künstler ein monumentales Werk aus über vierzig Skulpturen. Doch wurde das Projekt nicht so unterstützt, wie Michelangelo es erwartet hatte. Er floh aus Rom, kehrte 1508 zurück und übernahm die Deckenausmalung der Sixtinischen Kapelle. Julius II. starb 1513, und

86 Freud (1960a), S. 317 f.

Michelangelo wandte sich wieder dem Grabmal in einer nun stark reduzierten Form zu. 1545 wurde es in der Kirche San Pietro in Vincoli in Rom aufgestellt. Im Zentrum steht Moses als Allegorie des Pontifikats.

Freud sah den Moses zum erstenmal während seines Rom-Aufenthalts im Jahre 1901. Am 6. September schrieb er an seine Frau: »Heute Nachmittag einige Eindrücke, an denen man Jahre lang zehren wird. Im Pantheon gewesen [...], dann plötzlich in der Kirche S. Pietro in Vincoli den Moses von Michelangelo gesehen (plötzlich durch Mißverständnis).«[87] Von dieser Figur zehrte er besonders lange. 1912, als er zum fünftenmal in Rom weilte, schrieb er nach Hause: »Ich [...] besuche täglich den Moses in San Pietro in Vincoli, über den ich vielleicht einige Worte schreiben werde.«[88]

Das Ergebnis dieser Ankündigung erschien 1914 – allerdings anonym. Erst 1924 bekannte sich Freud zu seiner Arbeit. Später schrieb er an einen Kollegen: »Durch drei einsame September-Wochen bin ich [...] alltäglich in der Kirche vor der Statue gestanden, habe sie studiert, gemessen, gezeichnet, bis mir jenes Verständnis aufging, das ich in dem Aufsatz doch nur anonym auszudrücken wagte. Erst viel später habe ich dies nicht analytische Kind legitimiert.«[89]

Worum ging es Freud in seinem Aufsatz? In erster Linie um die Frage: Was macht die intensive Wirkung von Kunstwerken aus? Ihm war aufgefallen, daß »gerade einige der großartigsten und überwältigendsten Kunstschöpfungen unserem Verständnis dunkel geblieben sind. Man bewundert sie, man fühlt sich von ihnen bezwungen, aber man weiß nicht zu sagen, was sie vorstellen.« Eine vorläufige Antwort lautet: »Was uns so mächtig packt, kann nach

87 Freud (2002), S. 142.
88 Freud (2002), S. 370.
89 Freud (1960a), S. 431.

Der Moses des Michelangelo

meiner Auffassung doch nur die Absicht des Künstlers sein, insofern es ihm gelungen ist, sie in dem Werke auszudrücken und von uns erfassen zu lassen. Ich weiß, daß es sich um kein bloß verständnismäßiges Erfassen handeln kann; es soll die Affektlage, die psychische Konstellation, welche beim Künstler die Triebkraft zur Schöpfung abgab, bei uns wieder hervorgerufen werden.«[90]

90 Freud (1914b), S. 173.

Am Beispiel des Moses, der ihn wie kein anderes »Bildwerk« beeindruckt hatte, versuchte er diese These zu illustrieren. Er stellte sich die Frage, ob Michelangelo ein »zeitloses Charakter- und Stimmungsbild« schaffen wollte oder ob er Moses in einem entscheidenden Moment seines Lebens dargestellt habe – nämlich nach der Rückkehr vom Berg Sinai, wo er von Gott die Gesetzestafeln empfangen hatte, nun aber sehen muß, wie die Juden in seiner Abwesenheit ein goldenes Kalb gemacht hatten und es in Verehrung umtanzten. Die Kunsthistoriker waren sich weitgehend einig, daß es sich um die Darstellung dieser Szene handele und Moses kurz vor dem Aufspringen und dem Zerschmettern der Gesetzestafeln dargestellt sei.

Freuds erstes Argument gegen diese Deutung ist die Tatsache, daß Michelangelo ursprünglich ein Ensemble von fünf Skulpturen geplant hatte und es insofern nicht vorstellbar sei, daß Moses gleich aufspringen und davonstürmen werde. Es würde einen sehr üblen Eindruck machen, wenn er seinen Platz und die Genossen verließe und sich so der »Aufgabe im Gefüge des Denkmals« entzöge. Und Freud folgert: »Also dieser Moses darf nicht aufspringen wollen, er muß in hehrer Ruhe verharren können, wie die anderen Figuren, wie das beabsichtigte (dann nicht von Michelangelo ausgeführte) Bild des Papstes selbst. Dann aber kann der Moses, den wir betrachten, nicht die Darstellung des von Zorn erfaßten Mannes sein, der vom Sinai herabkommend, sein Volk abtrünnig findet und die heiligen Tafeln hinwirft, daß sie zerschmettern. Und wirklich, ich weiß mich an meine Enttäuschung zu erinnern, wenn ich bei früheren Besuchen in S. Pietro in Vincoli mich vor die Statue hinsetzte, in der Erwartung, ich werde nun sehen, wie sie auf dem aufgestellten Fuß emporschnellen, wie sie die Tafeln zu Boden schleudern und ihren Zorn entladen werde. Nichts davon geschah; anstatt dessen wurde der Stein immer starrer, eine fast erdrückende heilige Stille ging von ihm aus, und ich mußte fühlen, hier sei etwas dargestellt, was unverändert so bleiben könne, dieser Moses werde ewig so dasitzen und so zürnen.«[91] Damit gibt Freud die Deutung der Statue als Darstellung eines bestimmten historischen Moments auf und entscheidet sich für die Interpretation als Charakterbild.

Aufgrund einer ausführlichen Analyse bis dahin vernachlässigter Details, wie der Haltung der rechten Hand und der Stellung der beiden Gesetzestafeln, kommt Freud zu dem Schluß, daß Michelangelo den Moses nicht vor dem Zertrümmern der Tafeln dargestellt habe, sondern nach einer abgelaufenen Bewegung: »Er wollte es in einem Anfall von Zorn, aufspringen, Rache nehmen, an die Tafeln vergessen, aber er hat die Versuchung überwunden, er wird jetzt so sitzen bleiben in gebändigter Wut, in mit Verachtung gemischtem Schmerz. Er wird auch die Tafeln nicht wegwerfen, daß sie am Stein zerschellen, denn gerade ihretwegen hat er seinen Zorn bezwungen, zu ihrer Rettung seine Leidenschaft beherrscht.«[92]

Freud glaubt also, daß der Renaissancemensch Michelangelo den jähzornigen Moses der Bibel durch einen Moses ersetzte, der dem historischen durch eine psychische Leistung überlegen ist, die es ihm ermöglicht, im Auftrag einer Bestimmung seine Leidenschaft zu beherrschen: Moses wird nicht aufspringen und die Tafeln zertrümmern, sondern seinen Zorn im Dienst seiner historischen Mission bändigen. Diese Interpretation erinnere fast an einen »Frevel am Heiligen«, aber Freud stützt sie mit einer psychologischen Deutung: Sowohl Julius II. als auch Michelangelo seien jähzorning, ungeduldig, ja mitunter sogar gewalttätig gewesen. Der Moses des Michelangelo im Grabmal des Papstes sei somit ein »Vorwurf an den Verstorbenen« und eine »Mahnung für sich selbst«.

91 Freud (1914b), S. 183.
92 Freud (1914b), S. 194.

Eine Kindheitserinnerung aus »Dichtung und Wahrheit« (1917)

Freud war mit Goethes Werken von Kindheit an vertraut. Er besaß sowohl die Cottasche Ausgabe der »Sämtlichen Werke« von 1860 als auch die 1887 begonnene große Sophienausgabe. In seinen Schriften und Briefen finden sich zahlreiche Goethe-Zitate, und es war das Goethe zugeschriebene Fragment »Die Natur«, das seine Berufswahl mit bestimmte.

Selbstverständlich kannte er auch Goethes »Dichtung und Wahrheit«. Besonders die Beschreibung der frühen Kindheit hatte es ihm angetan. Aber erst im Dezember 1916 und im April 1917 stellte er eine erste Fassung seiner Überlegungen zu Goethes Kindheitserinnerung der Wiener Psychoanalytischen Vereinigung vor – warum, werden wir später sehen. Den für die Zeitschrift »Imago« bestimmten Aufsatz zu diesem Thema schrieb er am 30. August 1917 auf der Zugfahrt von Csorbató in der Hohen Tatra, wo er mit Frau und Tochter den Urlaub verbracht hatte, nach Budapest.

Goethes Lebensbeschreibung lautet mit vollständigem Titel »Aus meinem Leben. Dichtung und Wahrheit«, ist in vier Teile gegliedert und wurde zwischen 1809 und 1831 niedergeschrieben. Die Erinnerung, die Freud zum Gegenstand seiner Analyse machte, findet sich auf den ersten Seiten und bezieht sich auf die Zeit vor Goethes viertem Lebensjahr. Freud zitiert die Stelle wie folgt:

»[...] ›und mich gewannen drei gegenüber wohnende Brüder von Ochsenstein, hinterlassene Söhne des verstorbenen Schultheißen, gar lieb, und beschäftigten und neckten sich mit mir auf mancherlei Weise.‹

›Die Meinigen erzählten gern allerlei Eulenspiegeleien, zu denen mich jene sonst ernsten und einsamen Männer angereizt. Ich führe nur einen von diesen Streichen an. Es war eben Topfmarkt gewesen und man hatte nicht allein die Küche für die nächste Zeit mit solchen Waren versorgt, sondern auch uns Kindern dergleichen Geschirr im kleinen zu spielender Beschäftigung eingekauft. An einem schönen Nachmittag, da alles ruhig im Hause war, trieb ich im Geräms (der erwähnten gegen die Straße gerichteten Örtlichkeit) mit meinen Schüsseln und Töpfen mein Wesen, und da weiter nichts dabei herauskommen wollte, warf ich ein Geschirr auf die Straße und freute mich, daß es so lustig zerbrach. Die von Ochsenstein, welche sahen, wie ich mich daran ergötzte, daß ich so gar fröhlich in die Händchen patschte, riefen: Noch mehr! Ich säumte nicht, sogleich einen Topf und auf immer fortwährendes Rufen: Noch mehr! nach und nach sämtliche Schüsselchen, Tiegelchen, Kännchen gegen das Pflaster zu schleudern. Meine Nachbarn fuhren fort, ihren Beifall zu bezeigen und ich war höchlich froh, ihnen Vergnügen zu machen. Mein Vorrat aber war aufgezehrt, und sie riefen immer: Noch mehr! Ich eilte daher stracks in die Küche und holte die irdenen Teller, welchen nun freilich im Zerbrechen ein noch lustigeres Schauspiel gaben; und so lief ich hin und wider, brachte einen Teller nach dem anderen, wie ich sie auf dem Topfbrett der Reihe nach erreichen konnte, und weil sich jene gar nicht zufrieden gaben, so stürzte ich alles, was ich von Geschirr erschleppen konnte, in gleiches Verderben. Nur später erschien jemand zu hindern und zu wehren. Das Unglück war geschehen, und man hatte für so viel zerbrochene Töpferware wenigstens eine lustige Geschichte, an der sich besonders die schalkischen Urheber bis an ihr Lebensende ergötzten.‹«

Freud ging davon aus, daß das Erinnerte auch das Bedeutsamste des ganzen Lebensabschnitts war. Allerdings erschließe sich diese Bedeutung nicht immer auf den ersten Blick. Und anders als bei seinen Patienten konnte Goethe nicht mehr nach seinen mit dem Vorfall verknüpften Assoziationen befragt werden. Es ergab sich aber, daß Freud einen Patienten hatte, der aus seiner Kindheit eine ganz ähnliche Begebenheit erinnerte. Auch er hatte alles ihm erreichbare Geschirr aus dem Fenster der Wohnung geworfen. Der damals knapp vier Jahre alte Junge befand sich in einer Phase ausgesprochener Aggressivität gegen ein neugeborenes Brüderchen, das er in seiner Wiege sogar tätlich angriff. Der erwachsene Patient litt unter einem Konflikt mit der Mutter. In seiner Erinnerung an die Kindheit aber war das Verhältnis zu ihr von uneingeschränkter Zärtlichkeit.

Freud fragt sich nun, ob es in Goethes Kindheit ähnliche Umstände gegeben habe. Und tatsächlich: Als Goethes erster Bruder Hermann Jakob geboren wurde, war Wolfgang dreieinviertel Jahre alt. Hermann Jakob starb im Alter von reichlich sechs Jahren, als Wolfgang immerhin schon zehn Jahre alt war. Trotzdem findet sich in Goethes Autobiographie kein Wort der Erinnerung an den Bruder. Seiner Mutter war aufgefallen, daß er beim Tod des Brüderchens keine Träne vergossen hatte. Im Gegenteil, er ärgerte sich über die Trauer der Eltern.

Vor diesem Hintergrund interpretiert Freud das Geschirrhinauswerfen als eine symbolische Handlung, durch die das Kind seinen Wunsch nach Beseitigung des störenden Eindringlings zum Ausdruck bringt und zugleich seinen Groll gegenüber den Eltern, weiß er doch, daß das Zerschlagen von Geschirr etwas Schlechtes ist. Daß das Geschirr nicht einfach auf dem Boden zertrümmert, sondern aus dem Fenster geworfen wird, bedeutet nichts anderes, als daß der Eindringling das Haus wieder verlassen soll. Und im Falle Goethes ist es dann tatsächlich auch so gekommen: Der Bruder starb, und Johann Wolfgang mußte die Liebe der Mutter nicht mehr mit ihm teilen. Freud schließt seine Deutung mit den Sätzen: »Wenn man der unbestrittene Liebling der Mutter gewesen ist, so behält man fürs Leben jenes Eroberergefühl, jene Zuversicht des Erfolges, welche nicht selten wirklich den Erfolg nach sich zieht. Und eine Bemerkung solcher Art wie: Meine Stärke wurzelt in meinem Verhältnis zur Mutter, hätte Goethe seiner Lebensgeschichte mit Recht voranstellen dürfen.«[93]

Dostojewski und die Vatertötung (1928)

Im Februar 1910 schrieb Freuds Schüler und Freund Max Eitingon:

»Sehr geehrter Herr Professor!

Dürfte ich Sie bitten, einige eben an Ihre Adresse abgegangene Bände Dostojewski annehmen zu wollen?

Ich möchte Sie besonders auf die ›Dämonen‹ und die ›Gebrüder Karamasow‹ aufmerksam machen. Sollte es Ihnen Ihre Zeit erlauben, sich ein wenig mit D. zu beschäftigen, so dürfte uns vieles an diesem merkwürdigen und faszinierenden Problemsteller klar werden.«[94]

Freud war nicht in der Lage, die Bände gleich zu lesen, fühlte aber »die Verpflichtung für später, mich zum Kenner dieses russischen Genies auszubilden«[95]. In den folgenden zehn Jahren scheint er nicht viel Zeit an dieses Vorhaben gewandt zu haben. 1920 schenkte ihm dann Stefan Zweig sein Buch »Drei Meister. Balzac, Dickens, Dostojewski«. Nach der Lektüre schrieb Freud an Zweig:

»Fast alle Eigentümlichkeiten seiner Dichtung, von denen Ihnen kaum eine entgangen ist, sind auf seine für uns abnorme, für den Russen gewöhnlichere Seelenanlage, eigentlich richtiger: Sexualkonstitution zurückzuführen, was im einzelnen sehr schön zu zeigen wäre. Alles Quä-

93 Freud (1917b), S. 26.
94 Freud (2004), Bd. 1, S. 58.
95 Freud (2004), Bd. 1, S. 59.

lende und Befremdende in erster Linie. Er ist ohne Psychoanalyse nicht zu verstehen, das heißt, er bedarf ihrer nicht, da er sie mit jeder Gestalt und jedem Satz selbst erläutert. Daß ›Die Brüder Karamasow‹ eben das persönlichste Problem Dostojewskis, den Vatermord, behandeln und den analytischen Satz von der Gleichwertigkeit der Tat und des Vorsatzes zugrunde legen, wäre nur ein Beispiel. Auch die Sonderbarkeit seiner Geschlechtsliebe, die entweder triebhafte Brunst ist oder sublimiertes Mitleid, die Unsicherheit seiner Helden, ob sie lieben oder hassen, wenn sie lieben, wann sie lieben und so weiter zeigt, auf welch besonderem Boden seine Psychologie erwachsen ist.

Von Ihnen brauche ich das Mißverständnis nicht zu besorgen, daß diese Hervorhebung des sogenannten Pathologischen die Großartigkeit der poetischen Schöpfungskraft Dostojewskis verkleinern oder aufklären wollte.«[96]

Dennoch dauerte es noch sechs Jahre, bevor sich Freud an die Niederschrift seiner Gedanken zu Dostojewski machte. Der Anlaß war ein Angebot, für ein wissenschaftliches Werk über die »Brüder Karamasow« eine psychologische Einleitung zu schreiben. Im Frühjahr 1926 begann er daran zu arbeiten. Ende Juni las er Eitingon eine erste Fassung vor, unterbrach die Arbeit aber wieder zugunsten einer Abhandlung über die Laienanalyse. Als Freud auch nach Monaten den Essay noch immer nicht beendet hatte, drängte ihn Eitingon wiederholt zur Weiterarbeit. Er schickte ihm ein Buch nach dem anderen, u. a. eine vollständige Ausgabe der Briefe Dostojewskis. Anfang 1927 war es schließlich soweit, der Text war fertig und erschien im Jahr darauf.

Der Essay hat zwei Teile: Der erste beschäftigt sich mit Dostojewskis Persönlichkeit, seinem Masochismus, seinem Schuldgefühl und den psychogenen Anteilen seiner

96 Freud (1960a), S. 350.

epileptischen Anfälle. Im zweiten Teil erörtert Freud die Spielsucht des Dichters. Um ihr Entstehen und ihre Gründe verständlich zu machen, griff er auf Stefan Zweigs Novelle »Vierundzwanzig Stunden aus dem Leben einer Frau« zurück.

Gleich zu Beginn wird deutlich, daß trotz des langen Hinauszögerns der Publikation Dostojewski für Freud zu den ganz Großen gehört: er »hat seinen Platz nicht weit hinter Shakespeare. Die Brüder Karamasoff sind der großartigste Roman, der je geschrieben wurde, die Episode des Großinquisitors eine der Höchstleistungen der Weltliteratur, kaum zu überschätzen.«[97]

Es folgt eine ausführliche Erörterung der Umstände, unter denen Dostojewskis Anfallsleiden auftrat, wobei Freud seine Zweifel artikuliert, ob es sich überhaupt um reine Epilepsie gehandelt habe. Bevor er auf die »Brüder Karamasow« eingeht, weist er auf Parallelen zu zwei anderen Werken der Weltliteratur hin: zu »König Ödipus« von Sophokles und Shakespeares »Hamlet«. Alle drei haben dasselbe Thema: die Ermordung des Vaters aus sexueller Rivalität um eine Frau. Im griechischen Drama vollbringt der Held die Tat noch selbst. Im »Hamlet« wird sie von einem anderen ausgeführt, für den die Tat keinen Vatermord bedeutet. Auch bei Dostojewski mordet ein anderer, aber einer, der zum Ermordeten im selben Verwandtschaftsverhältnis steht wie der Held Dmitiri: der Bruder. Das Motiv der sexuellen Rivalität wird offen eingestanden. Ein anderer Bruder ist Epileptiker. Der Romanautor hat sich gleichsam in die beiden Brüder aufgespalten und damit gesagt: In mir steckt ein Vatermörder.

Das meisterhafte Plädoyer vor dem Gerichtshof als Spott auf die Psychologie ist nach Freud eine Verhüllung, die umgekehrt werden muß: Nicht die Psychologie ver-

97 Freud (1928b), S. 399.

diene den Spott, sondern das Ermittlungsverfahren. Es sei gleichgültig, wer die Tat wirklich ausgeführt hat. Für die Psychologie kommt es lediglich darauf an, wer sie emotional gewollt hat. Dostojewskis Sympathie für den Vatermörder ist laut Freud grenzenlos. Der Verbrecher erscheine fast wie ein Erlöser, der Schuld auf sich genommen hat, die ein anderer sonst hätte tragen müssen. Man muß nicht selbst morden, nachdem bereits gemordet wurde. Laut Freud hat die Identifizierung Dostojewskis mit dem Mörder die Stoffwahl entscheidend beeinflußt. Erst hat er den politischen, dann den religiösen Verbrecher in seinen Werken behandelt, und zum Ende seines Lebens ist er zum Urbild des Verbrechers, dem Vatermörder, zurückgekehrt.

Im zweiten Teil des Essays interpretiert Freud auf der Grundlage der Tagebücher von Dostojewskis Frau dessen Spielsucht während seines Deutschlandaufenthalts als Ersatz für zwanghafte Masturbation. Insofern überrasche es nicht, daß das Thema der Spielleidenschaft bei Dostojewski einen breiten Raum einnimmt. Bei allen schweren Neurotikern gebe es einen Zusammenhang zwischen der Anstrengung, die Masturbation zu unterdrücken, und der Angst vor dem Vater.

Religion

Freud war Atheist sein Leben lang. Strenge, aber auch ironische Religionskritik zieht sich durch seine sämtlichen Briefe und Schriften. Den letzten Grund des Bedürfnisses nach Religion sah er in der infantilen Hilflosigkeit des Menschen. »Seither kann er sich die elternlose Welt nicht vorstellen und leistet sich einen gerechten Gott und eine gütige Natur, die beiden ärgsten anthropomorphen Verfälschungen des Weltbildes, deren er sich überhaupt schuldig machen konnte.«[98] Freud hielt es sogar für folgerichtig, »alle irgendwie Gläubigen vom Besuch einer Universität auszuschließen«[99].

Die oft hervorgehobene Tatsache, daß sich Freud immer als Jude gefühlt habe, steht nicht im Widerspruch zu seiner Ablehnung jeder Religion: An Israel Cohen schrieb er 1938: »Dem Dank für Ihren Willkommensgruß in England füge ich die Bitte an, mich nicht wie einen ›Leader in Israel‹ behandeln zu wollen. Ich möchte nur als bescheidener Wissenschaftler betrachtet werden und in keiner anderen Weise hervortreten. Obwohl ein guter Jude, der das Judentum nie verleugnet hat, kann ich doch nicht übersehen, daß meine absolut negative Einstellung zu jeder Religion, auch der jüdischen, mich von der Mehrzahl unserer Genossen absondert und mich für die Rolle, die Sie mir zuweisen wollen, ungeeignet macht.«[100]

Freud machte die Religion auch zum Gegenstand seiner

98 Freud (1974a), S. 312.
99 Freud (1956l), S. 118.
100 Freud (1954e), S. 775.

theoretischen Überlegungen und widmete der Analyse ihres Entstehens und ihrer Äußerungen mehrere Schriften.

Zwangshandlungen und Religionsübungen (1907)

Anfang 1907 wurde Freud vom Herausgeber der »Psychiatrisch-Neurologischen Wochenschrift«, Johannes Bresler, aufgefordert, Mitherausgeber der von ihm gegründeten neuen »Zeitschrift für Religionspsychologie« zu werden. Freud sagte zu und schrieb für die erste Nummer einen Beitrag unter dem Titel »Zwangshandlungen und Religionsübungen«. Die Schrift beginnt mit der Feststellung: »Ich bin gewiß nicht der erste, dem die Ähnlichkeit der sogenannten Zwangshandlungen Nervöser mit den Verrichtungen aufgefallen ist, durch welche der Gläubige seine Frömmigkeit bezeugt. [...] Doch scheint mir diese Ähnlichkeit eine mehr als oberflächliche zu sein, so daß man aus einer Einsicht in die Entstehung des neurotischen Zeremoniells Analogieschlüsse auf die seelischen Vorgänge des religiösen Lebens wagen dürfte.«[101]

Das den Zwangshandlungen und dem religiösen Ritual Gemeinsame ist das schlechte Gewissen bei Unterlassung. Insofern ist die Zwangsneurose eine »halb komische, halb traurige« Privatreligion. Die Motive, die der Religionsübung zugrunde liegen, sind den Gläubigen unbekannt oder werden in ihrem Bewußtsein durch vorgeschobene Motive vertreten. Der Zwangskranke steht laut Freud unter der Herrschaft eines Schuldbewußtseins, von dem er allerdings nichts weiß. Dem entspricht das Selbstverständnis der Gläubigen, eigentlich Sünder zu sein. Das religiöse Ritual ist eine Art von Abwehr oder Schutzmaßnahme da-

101 Freud (1907b), S. 129.

gegen. Darüber hinaus stimmen Zwangshandlungen und Religionsübungen darin überein, daß sie auf dem Verzicht auf gewisse Triebregungen basieren: Bei der Neurose sind es in der Regel sexuelle Triebe, in der Religion eher egoistische bzw. sozial schädliche, meistens auch mit einer sexuellen Komponente. Der Triebverzicht in der Religion soll göttliche Strafen verhindern. Rückfälle, d. h. nicht gelungener Triebverzicht, führen zu neuen religiösen Betätigungen – den Bußhandlungen als Selbstbestrafung.

Für Freud ist die Zwangsneurose das pathologische Gegenstück zur Religionsübung, d. h., er faßt die Neurose als eine individuelle Religion und die Religion als eine universelle Zwangsneurose auf.

Totem und Tabu (1912/13)

Vorwort
I. Die Inzestscheu
II. Das Tabu und die Ambivalenz der Gefühlsregungen
III. Animismus, Magie und Allmacht der Gedanken
IV. Die infantile Wiederkehr des Totemismus

»Totem und Tabu« knüpft an den Grundgedanken des Artikels über »Zwangshandlungen und Religionsübungen« von 1907 an. Freud entwickelt hier seine Ideen von der Ähnlichkeit zwischen der Religion und den Bräuchen »primitiver« Völker und den unbewußten Phantasien seiner neurotischen Patienten. Der Untertitel formuliert das Anliegen des Werkes in einer Sprache, die heute wohl kaum mehr ein Verlag akzeptieren würde: »Einige Übereinstimmungen im Seelenleben der Wilden und der Neurotiker«.

Im Frühjahr 1911 begann Freud mit der Niederschrift, doch nach einem halben Jahr geriet die Arbeit ins Stocken, wie er C. G. Jung bekannte: »In meinen Totemarbeiten bin ich auf allerlei Schwierigkeiten, Stromschnellen, Katarakte, Sandbänke, u. dgl. gestoßen, weiß noch nicht, ob ich wieder flott werden kann.«[102] Und wenig später gesteht er Sándor Ferenczi: »Die Totemarbeit ist eine Schweinerei. Ich lese dicke Bücher ohne rechtes Interesse, da ich die Resultate schon weiß, mein Instinkt sagt mir so; sie müssen aber durch alles Material hindurchgeschleift werden, unterdes verdunkeln sich die Einsichten, es gibt viele Dinge, die nicht stimmen wollen und doch nicht gezwungen werden dürfen, ich habe nicht jeden Abend Zeit usw. Mitunter ist mir, als hätte ich nur eine kleine Liaison anknüpfen wollen und entdeckte in meinem Alter, daß ich ein neues Weib heiraten muß.«[103]

Obwohl ihm die Arbeit an dieser Schrift alles andere als leicht von der Hand ging, hatte Freud die »Empfindung, daß es mein Größtes, Bestes, vielleicht mein letztes Gutes ist«[104]. Am 12. Mai 1913 war »Totem und Tabu« fertig, und am 29. Juni feierte Freud mit Freunden und Anhängern in einem Restaurant auf dem Konstantinshügel im Wiener Prater ein »Totemfest« zum Erscheinen des Buches.[105]

Im ersten Abschnitt über die »Inzestscheu« erörtert Freud das außerordentlich komplizierte Geflecht von Verzichtsmaßnahmen, das Naturvölker entwickelt haben, um Inzest zu vermeiden. Diese Maßnahmen sind lebenswichtig, weil eine Verletzung des Tabus mit dem Tod bestraft wird. Aus der Tatsache der harten Bestrafung schloß Freud, daß die Inzestversuchung bei Naturvölkern größer sein müsse als bei Kulturvölkern, die sich auf ihre guten Verdrängungsmechanismen verlassen können. Er sah hier eine Analogie zwischen »Wilden« und Neurotikern, die oft

102 Freud (1974a), S. 518.

103 Freud (1992g), Bd. 1, S. 426 f.

104 Freud (1992g), Bd. 2, S. 215.

105 Einzelne Teile des Buches hatte Freud in der Zeitschrift »Imago« vorab veröffentlicht.

komplizierte Symptome, z. B. Zwangshandlungen, entwickeln, die demselben Zweck dienen wie die Tabus.

Der zweite Abschnitt, »Das Tabu und die Ambivalenz der Gefühlsregungen«, beschäftigt sich mit unterschiedlichen Varianten von Tabus, denen am ehesten das entspricht, was wir als Gewissen bezeichnen. Der Mensch oder der Gegenstand, der mit einem Tabu belegt ist, kann Träger sowohl von guten als auch von bösen Kräften sein. Kommt jemand mit dem tabuisierten Gegenstand oder Menschen in Berührung, gehen diese Kräfte auf ihn über. Handelt es sich um böse Kräfte, so kann man sich durch lange und komplizierte Prozeduren von ihnen reinigen. Deshalb ist das wichtigste Verbot beim Tabu die Berührung. Auch hier sieht Freud Parallelen: Der Zwangsneurotiker wird häufig von der Angst beherrscht, eine Berührung könne schreckliches Unheil zur Folge haben. Außerdem sind die Symptome – wie auch Tabus – verschiebbar und können auf andere Menschen übertragen werden, und schließlich gibt es Zeremonialhandlungen zur Abwendung des gefürchteten Unheils. Ein Tabu ist nach Freud ein Verzicht auf etwas, das ursprünglich eine Versuchung war, aber aus einem wichtigen Grund verboten wurde. Und wenn jemand ein Tabu überschreitet, wird er selbst tabu, damit er nicht bei anderen verbotene Wünsche weckt.

Auf drei Tabus geht Freud besonders ein: auf die Behandlung getöteter Feinde, das Tabu der Herrscher und das Tabu der Toten. Aus ihrer Analyse schließt er, daß bei »Primitiven« die Gefühlsambivalenz ausgeprägter sei als bei den »Kulturvölkern«. Bei letzteren habe eine Entwicklung stattgefunden, die es erleichtert, gegensätzliche Gefühle auszugleichen. Allerdings sieht Freud einen wichtigen Unterschied zwischen dem, was beim Neurotiker verdrängt wird, und dem, was der »Primitive« verdrängt: Bei ersterem handelt es sich hauptsächlich um sexuelle Triebanteile, die Tabus der »Primitiven« dagegen betreffen vorwiegend asoziale Triebe, vor allem Aggression und Mord.

Der dritte Abschnitt handelt von »Animismus, Magie und Allmacht der Gedanken«. Der Animismus ist ein Stadium in der Menschheitsentwicklung, in dem die Welt mit Seelen und Dämonen bevölkert ist und der Mensch seine Wünsche durch Projektion teilweise auf die Geister um ihn herum überträgt. Freud unterscheidet die Magie als eine Technik zur Beeinflussung anderer Menschen, vor allem von Feinden, und der Außenwelt von der Zauberei, d. h. von Methoden, um die Geister unter Kontrolle zu bringen. Unter den magischen Prozeduren ist eine der verbreitetsten, von einem Feind ein Ebenbild aus beliebigem Material herzustellen. Was man dann diesem Ebenbild antut, stößt auch dem verhaßten Feind zu. Oder man erzeugt Regen auf magischem Weg, indem man ihn imitiert bzw. die ihn erzeugenden Wolken nachahmt.

Das eigentliche Wesen der Magie sieht Freud jedoch in der »Allmacht der Gedanken«, dem übersteigerten Glauben an die Macht der Wünsche, wie er in den Phantasien der Neurotiker und den Wünschen von Kindern zu beobachten ist. Vor allem die Auseinandersetzung mit der Erfahrung des Todes sei der Grund, warum der Mensch böse Geister erfand, die sich als Vorläufer mythologischer Wesen und religiöser Gottheiten erwiesen. Auf Magie und »Allmacht der Gedanken« anspielend, schrieb Freud in seinem Glückwunschbrief zu Thomas Manns 60. Geburtstag: »Ich bin einer Ihrer ältesten Leser und Bewunderer. Ich sollte Ihnen ein langes und glückliches Leben wünschen, wie man es bei solchem Anlaß zu tun gewohnt ist. Aber ich enthalte mich dessen; Wünschen ist wohlfeil und es erscheint mir als Rückfall zu den Zeiten, da man an die magische Allmacht der Gedanken glaubte.«[106]

106 Freud (1988g), S. 186 f.

Im vierten und längsten Abschnitt, »Die infantile Wiederkehr des Totemismus«, resümiert Freud die Auffassung, »daß der Totemismus ein System ist, welches bei gewissen primitiven Völkern in Australien, Amerika, Afrika die Stelle einer Religion vertritt und die Grundlage der sozialen Organisation abgibt«[107]. Ursprünglich war das Totem wohl ein Tier, später konnte auch eine Pflanze als Totem dienen. Jeder Stamm hatte sein Totemtier, und den Stammesangehörigen war es streng verboten, ein solches Tier zu töten, weil es den Stamm schützte. Freud vertritt die Auffassung, daß Totemismus mit Exogamie verbunden sei, daß es also Mitgliedern desselben Stammes, d. h. desselben Totems und Totemnamens, verboten war, untereinander in sexuelle Beziehungen zu treten.

Im Laufe der weiteren Diskussion verweist Freud darauf, daß Kinder dazu neigen, sich mit Tieren zu identifizieren, sie aber auch fürchten. Die Psychoanalyse ist nun der Meinung, daß das gefürchtete Tier ein unbewußtes Symbol für den Vater ist, der sowohl geliebt als auch gehaßt wird. Nach Freud muß der totemistische »Urvater« eines primitiven Volksstamms eine ähnliche Bedeutung gehabt haben, und so werden Phänomene wie das Tabu und die Gefühlsambivalenz verständlich. Totemismus und Exogamie bilden zwei Seiten des Ödipuskomplexes: Zuneigung zur Mutter und Todeswunsch gegen den Vater.

Die anschließende Erörterung der Frage nach der Herkunft von Totemismus und Exogamie ist für Freud insofern wichtig, als sich alle späteren Religionen aus ihnen abzuleiten scheinen. Ausgehend von Darwins Hypothese, daß unsere Vorfahren ähnlich wie die Affen in kleinen Horden lebten, die aus einem starken Männchen und mehreren Weibchen bestanden, spekuliert er, daß die heranwachsenden Söhne periodisch den Vater erschlugen und

107 Freud (1912–13a).

verspeisten. Der zurückbleibende »Brüderclan« wurde von widersprechenden Gefühlen beherrscht, und zwangsläufige Rivalitätsstreitigkeiten steigerten die Ambivalenz. Reue und nachträglicher Gehorsam gegenüber dem Verbot des Vaters, sich den Frauen sexuell zu nähern, stellten sich ein – das Inzestverbot war entstanden.

Obwohl das Totemtier tabu ist, gibt es eine Ausnahme: das Opfermahl. Durch das gemeinsame Opfern und Essen des Totemtiers wird die Beziehung unter den Clangenossen gestärkt. Die Söhne, die ihren Vater erschlugen, wiederholen mit jeder Opferzeremonie den Vatermord. Auf diese Weise wird die Gemeinschaft nicht nur zwischen den Brüdern gestärkt und aufrechterhalten, sondern auch mit dem Urvater, dessen Kräfte sie sich durch seine Verspeisung und deren Wiederholung im Opfermahl aneignen. Freud sieht in der Totemmahlzeit die Wiederholung des Vatermords »und die Gedenkfeier dieser merkwürdigen, verbrecherischen Tat, mit welcher so vieles seinen Anfang nahm, die sozialen Organisationen, die sittlichen Einschränkungen und die Religion«[108].

Die Zukunft einer Illusion (1927)

Im Frühjahr 1927 begann Freud die Arbeit an seinem Buch »Die Zukunft einer Illusion«. Es behandelte im Gegensatz zu seinen bisherigen Arbeiten zu diesem Thema weniger den Ursprung der Religion als ihr Wesen und ihre Zukunft. Dabei legte er Wert auf die Unterscheidung, daß eine Illusion kein Irrtum sei, sondern ein im wesentlichen durch Wunscherfüllung motivierter Glaube – zum Beispiel wenn sich ein armes Mädchen der Illusion hingibt, ein Prinz

108 Freud (1912–13a), S. 172.

werde kommen und es heiraten. Freud war sich im klaren, daß er mit seinen Thesen auf starken Widerspruch stoßen würde, aber er wußte sich zu trösten: »In früheren Zeiten war es anders, da erwarb man durch solche Äußerungen eine sichere Verkürzung seiner irdischen Existenz und eine gute Beschleunigung der Gelegenheit, eigene Erfahrungen über das jenseitige Leben zu machen.«[109]

Im Einklang mit seiner These, daß der »letzte Grund des Bedürfnisses nach Religion die *infantile Hilflosigkeit*« des Menschen sei, schreibt Freud in seinem Buch: »Aber die Hilflosigkeit der Menschen bleibt und damit ihre Vatersehnsucht und die Götter. Die Götter behalten ihre dreifache Aufgabe, die Schrecken der Natur zu bannen, mit der Grausamkeit des Schicksals, besonders wie es sich im Tode zeigt, zu versöhnen und für die Leiden und Entbehrungen zu entschädigen, die dem Menschen durch das kulturelle Zusammenleben auferlegt werden.«[110]

Die Bedeutung der ersten Aufgabe nimmt mit wachsender Naturerkenntnis und -beherrschung ab. Allerdings greifen die Götter gelegentlich ein, gleichsam um zu demonstrieren, daß sie von ihrer ursprünglichen Machtsphäre nichts aufgegeben haben. Und Freud fährt fort: »Was die Austeilung der Schicksale betrifft, so bleibt eine unbehagliche Ahnung bestehen, daß der Rat- und Hilflosigkeit des Menschengeschlechts nicht abgeholfen werden kann. Hier versagen die Götter am ehesten; wenn sie selbst das Schicksal machen, so muß man ihren Ratschluß unerforschlich heißen; dem begabtesten Volk des Altertums dämmert die Einsicht, daß die Moira [das Schicksal] über den Göttern steht und daß die Götter selbst ihre Schicksale haben. Und je mehr die Natur selbständig wird, die Götter sich von ihr zurückziehen, desto ernsthafter

109 Freud (1927c), S. 359.
110 Freud (1927c), S. 339.

drängen alle Erwartungen auf die dritte Leistung, die ihnen zugewiesen ist, desto mehr wird das Moralische ihre eigentliche Domäne. Göttliche Aufgabe wird es nun, die Mängel und Schäden der Kultur auszugleichen, die Leiden in acht zu nehmen, die die Menschen im Zusammenleben einander zufügen, über die Ausführung der Kulturvorschriften zu wachen, die die Menschen so schlecht befolgen. Den Kulturvorschriften selbst wird göttlicher Ursprung zugesprochen, sie werden über die menschliche Gesellschaft hinausgehoben, auf Natur und Weltgeschehen ausgedehnt. So wird ein Schatz von Vorstellungen geschaffen, geboren aus dem Bedürfnis, die menschliche Hilflosigkeit erträglich zu machen, erbaut aus dem Material der Erinnerungen an die Hilflosigkeit der eigenen und der Kindheit des Menschengeschlechts.«[111]

Nach Erörterungen über die psychologische Bedeutung religiöser Vorstellungen und ihren illusionären Charakter geht Freud auf das Verhältnis von Gesellschaft und Religion ein. Er setzt sich mit dem Argument auseinander, daß man die Religion als Grundlage unserer Kultur nicht ungestraft hinterfragte, genausowenig wie man archäologische Ausgrabungen unter Wohnhäusern vornimmt, auf die Gefahr hin, daß diese dann einstürzen. Er ist dagegen der Ansicht, »daß es eine größere Gefahr für die Kultur bedeutet, wenn man ihr gegenwärtiges Verhältnis zur Religion aufrecht hält, als wenn man es löst«[112]. Freuds erstes Argument: Wäre es der Religion gelungen, die Mehrzahl der Menschen glücklich zu machen, sie zu trösten und mit dem Leben auszusöhnen, so würde es keinem einfallen, sie in Frage zu stellen. Zweitens führe der Fortschritt der Wissenschaft unweigerlich zum Niedergang der Religion. Bei Intellektuellen ist das nicht problematisch, wohl aber

111 Freud (1927c), S. 339 f.
112 Freud (1927c), S. 358.

bei den ungebildeten Massen: »Wenn man seinen Nebenmenschen nur darum nicht erschlagen darf, weil der liebe Gott es verboten hat und es in diesem oder jenem Leben schwer ahnden wird, man erfährt aber, es gibt keinen lieben Gott, man braucht sich vor seiner Strafe nicht zu fürchten, dann erschlägt man ihn gewiß unbedenklich und kann nur durch irdische Gewalt davon angehalten werden. Also entweder strengste Niederhaltung dieser gefährlichen Massen, sorgsamste Absperrung von allen Gelegenheiten zur geistigen Erweckung oder gründliche Revision der Beziehung zwischen Kultur und Religion.«[113]

Auf die Frage nach der Zukunft der Religion hat Freud zwei Antworten parat: eine ideale, die sich auf Rationalität, Wissenschaft und Religionsentzug gründet, doch für Freud ist die Zeit für den »Primat des Intellekts« noch nicht gekommen. Eine realistische Perspektive hingegen sieht er in der »Beibehaltung des religiösen Lehrsystems. Es ist ein praktisches Problem, nicht eine Frage des Realitätswerts. Da wir im Interesse der Erhaltung unserer Kultur mit der Beeinflussung des Einzelnen nicht warten können, bis er kulturreif geworden ist – viele würden es überhaupt niemals werden –, da wir genötigt sind, dem Heranwachsenden irgendein System von Lehren aufzudrängen, das bei ihm als der Kritik entzogene Voraussetzung wirken soll, erscheint mir das religiöse System dazu als das weitaus geeignetste. Natürlich gerade wegen seiner wunscherfüllenden und tröstenden Kraft [...]. Angesichts der Schwierigkeiten etwas von der Realität zu erkennen, ja der Zweifel, ob dies uns überhaupt möglich ist, wollen wir doch nicht übersehen, daß auch die menschlichen Bedürfnisse ein Stück der Realität sind, und zwar ein wichtiges, eines, das uns besonders nahe angeht.«[114]

113 Freud (1927c), S. 363.
114 Freud (1927c), S. 375 f.

Seine Hoffnung aber gibt Freud nicht auf. Langfristig glaubt er, daß die Vernunft sich gegen die Religion durchsetzen werde: »[...] die Stimme des Intellekts ist leise, aber sie ruht nicht, ehe sie sich Gehör geschafft hat.«[115]

Der Mann Moses und die monotheistische Religion (1939)

I Moses ein Ägypter

II Wenn Moses ein Ägypter war ...

III Moses, sein Volk und die monotheistische Religion

Erster Teil

- Vorbemerkung I (Vor dem März 1938)
- Vorbemerkung II (Im Juni 1938)
- A Die historische Voraussetzung
- B Latenzzeit und Tradition
- C Die Analogie
- D Anwendung
- E Schwierigkeiten

Zweiter Teil

- Zusammenfassung und Wiederholung
- a) Das Volk Israel
- b) Der große Mann
- c) Der Fortschritt in der Geistigkeit
- d) Triebverzicht
- e) Der Wahrheitsgehalt der Religion
- f) Die Wiederkehr des Verdrängten
- g) Die historische Wahrheit
- h) Die geschichtliche Entwicklung

115 Freud (1927c), S. 377.

Über die Umstände und Hintergründe seines Buches schrieb Freud Ende September 1934 an Arnold Zweig: »Ich habe nämlich in einer Zeit relativer Ferien aus Ratlosigkeit, was mit dem Überschuß an Muße anzufangen, selbst etwas geschrieben, und das nahm mich gegen ursprüngliche Absicht so in Anspruch, daß alles andere unterblieb. [...] Aber lassen Sie sich erklären, wie das zugeht. Der Ausgangspunkt meiner Arbeit ist ihnen vertraut; es war derselbe wie für Ihre ›Bilanz‹[116]. Angesichts der neuen Verfolgungen fragt man sich wieder, wie der Jude geworden ist und warum er sich diesen unsterblichen Haß zugezogen hat. Ich hatte bald die Formel heraus. Moses hat den Juden geschaffen, und meine Arbeit bekam den Titel: Der Mann Moses, ein historischer Roman.«[117]

Romanhaft ist allerdings nur der erste Teil. In ihm entwickelt Freud die These, daß Moses kein Jude, sondern ein Ägypter war. Daß der Name »Moses« ägyptisch ist, hatten zwar schon andere Leute vor ihm bemerkt, aber aus Respekt vor der biblischen Überlieferung daraus keine weiteren Schlüsse gezogen. Freud untermauert seine These durch eine Analyse des »Mythos von der Geburt des Helden«. Er glaubt, Moses sei ein vornehmer Ägypter gewesen, der von seinen Eltern ausgesetzt wurde. Die Sage habe ihn später zum Juden gemacht. Freuds Bedenken, die Juden könnten beleidigt auf die These reagieren, ihr Moses sei in Wirklichkeit ein Ägypter gewesen, waren berechtigt. Viele Juden warnten ihn vor der Veröffentlichung, und nach Erscheinen des Buches gingen ihm Drohungen und auch Beschimpfungen zu. So beschimpfte ihn ein Jude aus Boston als Schwachkopf und schloß seinen Brief mit den Sätzen: »Renegaten wie Sie hatten wir Tausende. Wir sind froh, daß wir sie wieder losgeworden sind, und wir hoffen

116 Zweig (1934).
117 Freud (1968a), S. 102.

auch Sie bald loszuwerden. Es ist nur schade, daß die Gangster in Deutschland Sie nicht in ein Konzentrationslager gesteckt haben. Dort gehören Sie hin.«[118]

Im zweiten Teil geht Freud der Frage nach, »was einen vornehmen Ägypter [...] bewegen sollte, sich an die Spitze eines Haufens von eingewanderten, kulturell rückständigen Fremdlingen zu stellen und mit ihnen das Land zu verlassen«[119]. Und Moses wurde nicht nur zum politischen Führer der in Ägypten ansässigen Juden, sondern stiftete ihnen eine neue Religion. Warum? Freud glaubte, Moses sei ein überzeugter Anhänger der Religion Ikhnatons (oder Echnatons) gewesen, der ursprünglich als Amenophis IV. von 1364 bis 1347 v. Chr. über Ägypten geherrscht und mittels einer Religionsreform den Monotheismus eingeführt hatte. Nach Ikhnatons Tod setzte eine Art Gegenreformation ein, und Moses sah sich vor die Frage gestellt, entweder zum Wendehals zu werden oder zu emigrieren. Als geborener Leader ging er nicht den stillen, einsamen Weg ins Exil, sondern erwählte sich ein Volk, das er mit sich nehmen konnte und das die von ihm so geschätzte Religion Ikhnatons zu seiner eigenen machen würde: das Volk Israel. Insofern übernahm Moses auch die Rolle des Religionsstifters. Nicht Gott, sondern Moses hat dieses Volk auserwählt. Er wollte es den Ägyptern ebenbürtig machen und aus der Gefangenschaft führen, und dazu sollte auch die neue monotheistische Religion dienen. Nach dem Auszug aus Ägypten kam es nach Freud, der sich auf die Studien des Alttestamentlers Ernst Sellin stützte, zu einigen Aufständen der Israeliten gegen Moses – die Geschichte vom »Tanz um das Goldene Kalb« könnte ein Indiz dafür sein –, als deren Ergebnis Moses schließlich ermordet wurde, so wie der Brüderclan den Urvater

118 N. N. – Sigmund Freud, 26. 5. 1939 [Freud Museum London].
119 Freud (1939a), S. 115.

ermordet hatte. Die Tatsache, daß der Monotheismus von Moses stammte, wurde in der Folge des Mords verleugnet und den Patriarchen zugeschrieben.

Im dritten Teil beschäftigt sich Freud u. a. mit den Folgen des Mords für die weitere Religionsgeschichte. Das Schuldbewußtsein der Israeliten wandelte sich schließlich in die Hoffnung, die Tat könne irgendwie ungeschehen gemacht werden – z. B. durch einen Messias. Dieser wurde dann im Christentum ja auch zum Erlöser von den Sünden. Für Freud ist das Christentum somit eine späte Reaktion auf das schlechte Gewissen, Moses getötet zu haben. Die Verallgemeinerung dieses Akts führt zu einer »willkommenen Entschuldigung Gottes. Man verdiente nichts Besseres, als von ihm bestraft zu werden, weil man seine Gebote nicht hielt, und im Bedürfnis, dieses Schuldgefühl, das unersättlich war und aus soviel tieferer Quelle kam, zu befriedigen, mußte man diese Gebote immer strenger, peinlicher und auch kleinlicher werden lassen. In einem neuen Rausch moralischer Askese legte man sich immer neue Triebverzichte auf und erreichte dabei wenigstens in Lehre und Vorschrift ethische Höhen, die den anderen alten Völkern unzugänglich geblieben waren.«[120] Doch die Juden sind nicht Christen geworden, weil sie durch Moses in ihrem Volkscharakter so stark geprägt wurden, daß sie immer ihre Sonderstellung beibehalten haben. Freud beschreibt diese Charakterzüge ausführlich und hebt besonders Selbstvertrauen, Zähigkeit und Vorliebe für geistige Betätigung hervor. Verbunden mit dem Umstand, daß sich die Juden für das »auserwählte Volk« halten, machte sie das zu einem idealen Sündenbock und führte zum Entstehen des Antisemitismus. Die Christenheit lastete den Juden dann 2000 Jahre lang die Schuld für alle sozialen und natürlichen Übel an.

120 Freud (1939a), S. 243.

Gesellschaft

Freud war zeit seines Lebens an gesellschaftlichen Entwicklungen interessiert. Mit vierzehn studierte er den Verlauf des Deutsch-Französischen Krieges anhand von Landkarten, mit dreiundzwanzig las er Macaulys »Geschichte Englands« und Adam Smiths Werk über den »Reichtum der Nationen«, und 1880 übersetzte er u. a. John Stuart Mills Arbeiten über »Frauenemanzipation«, »Die Arbeiterfrage« und »Sozialismus«. 1905 erschien von ihm eine »Stellungnahme zur Eherechtsenquete«, und 1911 unterzeichnete er einen Aufruf zur Gründung einer »Internationalen Vereinigung für Mutterschutz und Sexualreform«. In seinen Briefen ging er oft auf Wahlen, ihre Ergebnisse und ihre Hintergründe ein.

Sieht man von den frühen Schriften zu Religion und Sexualität und deren Einbettung in den gesellschaftlichen Kontext ab, dauerte es noch bis zum Ersten Weltkrieg, bevor sich Freud in einem eigenen Werk zu grundsätzlichen gesellschaftspolitischen Fragen äußerte.

Zeitgemäßes über Krieg und Tod (1915)

Zwei Tage vor der offiziellen Kriegserklärung Österreich-Ungarns an Serbien schrieb Freud: »Ich fühle mich aber vielleicht zum ersten Mal seit 30 Jahren als Österreicher und möchte es noch einmal mit diesem wenig hoffnungsvollen Reich versuchen. Die Stimmung ist überall eine ausgezeichnete. Das Befreiende der mutigen Tat, der sichere Rückhalt an Deutschland tut auch viel dazu.«[121] Doch schon bald wurde er viel zurückhaltender, und Anfang 1915 verfaßte er seinen Essay »Zeitgemäßes über Krieg und Tod«.

Im ersten Abschnitt, »Die Enttäuschung des Krieges«, gelangt Freud zu dem Ergebnis, daß wir eigentlich gar nicht berechtigt sind, vom »unkulturellen Benehmen unserer Weltmitbürger« im Krieg enttäuscht zu sein, denn: »In Wirklichkeit sind sie nicht so tief gesunken, wie wir fürchten, weil sie gar nicht so hoch gestiegen waren, wie wirs von ihnen glaubten.«[122] Der Text enthält zudem Freuds wohl schärfste Kritik an Politikern und Regierungen und ihrer Scheinheiligkeit: »Der einzelne Volksangehörige kann in diesem Kriege mit Schrecken feststellen, was sich ihm gelegentlich schon in Friedenszeiten aufdrängen wollte, daß der Staat dem Einzelnen den Gebrauch des Unrechts untersagt hat, nicht weil er es abschaffen, sondern weil er es monopolisieren will wie Salz und Tabak. Der kriegführende Staat gibt sich jedes Unrecht, jede Gewalttätigkeit frei, die den Einzelnen entehren würde. Er bedient sich nicht nur der erlaubten List, sondern auch der bewußten Lüge und des absichtlichen Betruges gegen den Feind, und dies zwar in einem Maße, welches das in früheren Kriegen Gebräuchliche zu übersteigen scheint. Der Staat fordert das Äußerste an Gehorsam und Aufopferung von seinen Bürgern, entmündigt sie aber dabei durch ein Übermaß von Verheimlichung und eine Zensur der Mitteilung und Meinungsäußerung, welche die Stimmung der so intellektuell Unterdrückten wehrlos macht gegen jede ungünstige Situation und jedes wüste Gerücht. Er löst sich los von Zusicherungen und Verträgen, durch die er sich

121 Freud (1965a), S. 180.
122 Freud (1915b), S. 336.

gegen andere Staaten gebunden hatte, bekennt sich ungescheut zu seiner Habgier und seinem Machtstreben, die dann der Einzelne aus Patriotismus gutheißen soll.«[123]

Im zweiten Abschnitt, überschrieben »Unser Verhältnis zum Tode«, behandelt Freud die Verleugnung unseres eigenen unausweichlichen Endes und das ausgesprochen rücksichtsvolle Verhalten einem bereits Verstorbenen gegenüber: »Wir stellen die Kritik gegen ihn ein, sehen ihm sein etwaiges Unrecht nach [...] und finden es gerechtfertigt, daß man ihm in der Leichenrede und auf dem Grabsteine das Vorteilhafteste nachrühmt. Die Rücksicht auf den Toten, deren er doch nicht mehr bedarf, steht uns über der Wahrheit, den meisten von uns gewiß auch über der Rücksicht für den Lebenden.«[124] Wir halten den Verstorbenen für unersetzbar, besonders wenn es sich um einen nahen Angehörigen handelt. Dieses Verhältnis zum Tod hat eine starke Wirkung auf unser Leben: Wir neigen dazu, Risiken zu vermeiden, auch wenn es eigentlich nötig wäre, sie einzugehen, oder wenn sie Lustgewinn versprechen. Ersatz dafür finden wir in der Welt der Fiktion. Im Theater und in der Literatur sterben Menschen, der Leser oder Zuschauer aber überlebt, auch wenn er sich mit dem gerade Dahingegangenen identifiziert hat. Und auch die eigene Aggressivität bis hin zur Tötung anderer läßt sich durch Identifikation mit Roman- oder Bühnenhelden in Grenzen ausleben. Freuds Vergleich zwischen unseren heutigen Vorstellungen und denen unserer Vorfahren mündet in das Fazit: »[...] unser Unbewußtes ist gegen die Vorstellung des eigenen Todes ebenso unzugänglich, gegen den Fremden ebenso mordlustig, gegen die geliebte Person ebenso zwiespältig (ambivalent) wie der Mensch der Urzeit. Wie weit haben wir uns aber in der konventionell-kulturellen

123 Freud (1915b), S. 329 f.
124 Freud (1915b), S. 342.

Einstellung gegen den Tod von diesem Urzustande entfernt!« Der Krieg »streift uns die späteren Kulturauflagerungen ab und läßt den Urmenschen in uns wieder zum Vorschein kommen«.[125]

Massenpsychologie und Ich-Analyse (1921)

I.	Einleitung
II.	Le Bon's Schilderung der Massenseele
III.	Andere Würdigungen des kollektiven Seelenlebens
IV.	Suggestion und Libido
V.	Zwei künstliche Massen: Kirche und Heer
VI.	Weiter Aufgaben und Arbeitsrichtungen
VII.	Die Identifizierung
VIII.	Verliebtheit und Hypnose
IX.	Der Herdentrieb
X.	Die Masse und die Urhorde
XI.	Eine Stufe im Ich
XII.	Nachträge

Erste Überlegungen zur Psychologie der Massen fallen in das Frühjahr 1919. Die Niederschrift erfolgte im August 1920 in Bad Gastein und die Publikation im Sommer 1921. In dieser Schrift behandelt Freud im wesentlichen zwei Themenkomplexe: die Art der Beziehungen, die die Mitglieder einer Masse aneinander binden, und das Verhältnis von Führerideal und Ichideal.

Unter »Masse« versteht Freud sowohl eine flüchtige Menschenansammlung als auch dauerhafte Institutionen wie Kirche und Armee oder ein Volk. Massen entstehen nicht allein aus gemeinsamen Interessen, vielmehr müssen

125 Freud (1915b), S. 354.

komplexe emotionale Faktoren hinzukommen. Aus der Tatsache, daß Mitglieder einer Masse z. B. besonders reizbar und unduldsam sind und ihre Moralvorstellungen sich auflösen, folgert Freud, daß der einzelne als Mitglied einer Masse auf eine primitivere Entwicklungsstufe zurückkehrt. Die Bindung an die Masse beeinträchtigt zudem seine »Denkarbeit« und Urteilsfähigkeit. Der emotionale Faktor, der in der Masse wirkt, müsse letzten Endes derselbe wie der bei der Suggestion sein: Wir geben der Ansteckung in der Masse nach, weil wir Gefühlsbindungen suchen, die Freud als wesentlichen Ausdruck der »Massenseele« begreift.

Sein besonderes Interesse gilt den hochorganisierten, dauerhaften Massen und ihren Führern. Exemplarisch behandelt er Kirche und Heer. Beides sind künstliche Massen, da ein äußerer Zwang aufgewendet werden muß, um sie vor der Auflösung zu bewahren und ihre Struktur stabil zu halten. Oft wird die Führerfigur durch eine Idee bzw. eine Ideologie ersetzt. Die gegenseitige Bindung und Identifizierung der Mitglieder einer Masse hängt entscheidend von ihrer gemeinsamen Bindung an den Führer bzw. die Ideologie ab. Läßt diese nach, kann es zu Auflösung und Panik kommen. So habe z. B. die lieblose Behandlung der einfachen deutschen Soldaten durch ihre Vorgesetzten im Ersten Weltkrieg den Glauben an die gemeinsame Sache untergraben.

Im Zusammenhang mit der Erörterung des Herdentriebs geht Freud auf den »Gemeingeist« oder das soziale Gewissen ein. Die Forderung nach sozialer Gerechtigkeit entstehe aus Neid und Angst vor der öffentlichen Meinung: »Soziale Gerechtigkeit will bedeuten, daß man sich selbst vieles versagt, damit auch die anderen darauf verzichten müssen, oder was dasselbe ist, es nicht fordern können. Diese Gleichheitsforderung ist die Wurzel des sozialen Gewissens und des Pflichtgefühls.«[126]

126 Freud (1921c), S. 134.

In den letzten Abschnitten des Buches erörtert Freud die Psychologie des Ichs, die er zwei Jahre später in seinem Werk »Das Ich und das Es« ausführlicher behandeln wird. Im Zusammenhang mit der Massenpsychologie hebt er hervor, daß ein Führer dann erfolgreich ist, wenn das von ihm vertretene Ideal bzw. die Ideologie dem Ichideal seiner Anhänger entspricht oder wenn »der Einzelne sein Ichideal aufgibt und es gegen das im Führer verkörperte Massenideal vertauscht«[127].

Das Unbehagen in der Kultur (1930)

Im November 1929 schrieb Freud an Thomas Mann: »In wenigen Wochen werden Sie eine neue kleine Schrift von mir erhalten (›Das Unbehagen in der Kultur‹). Sie wird viel Nachsicht beanspruchen, aber sie ist hoffentlich meine letzte. Ich bin kränklich und müde. Das soll keine Klage sein, es beschreibt einen natürlichen Ablauf.«[128]

Freud hatte seit der »Zukunft einer Illusion« aufgrund seiner Krebserkrankung nur wenig geschrieben. Im Sommer 1929 begann er mit der Niederschrift seiner Gedanken über den Antagonismus zwischen Triebforderungen und den von der Zivilisation auferlegten Einschränkungen. Als Titel hatte er »Das Glück und die Kultur« vorgesehen, änderte ihn aber noch auf dem Manuskript in »Das Unglück in der Kultur«. Erschienen ist das Buch schließlich unter dem Titel »Das Unbehagen in der Kultur«.

Anknüpfend an den Schluß seines Werkes »Die Zukunft einer Illusion«, schreibt er: »Nein, unsere Wissenschaft ist keine Illusion. Eine Illusion aber wäre es zu glauben, daß

127 Freud (1921c), S. 145
128 Freud (1988g), S. 184.

wir anderswoher bekommen könnten, was sie uns nicht geben kann«[129], und angeregt von Romain Rolland, der als Quelle der Religiosität ein »ozeanisches Gefühl« ausgemacht hatte, diskutiert Freud diese These, kommt aber zu dem Schluß: »Bis zum Gefühl der kindlichen Hilflosigkeit kann man den Ursprung der religiösen Einstellung in klaren Umrissen verfolgen. Es mag noch anderes dahinterstecken, aber das verhüllt einstweilen der Nebel.«[130]

Im nächsten Abschnitt stellt Freud die Frage nach dem Zweck des Lebens. Urteilt man nach dem Verhalten der Menschen, so scheint es das Streben nach Glück zu sein. In Freudscher Terminologie steht das Leben also unter der Herrschaft des Lustprinzips. Allerdings sind Glücksgefühle lediglich temporärer Natur, Situationen hingegen, in denen man sich unglücklich fühlt, weit häufiger. Die Quellen von Unglück und Leiden sind im wesentlichen körperlicher Schmerz, Gefahren aus der Außenwelt und Störungen in den Beziehungen zu unseren Mitmenschen. Freud erörtert dann die verschiedenen Methoden, mit denen der Mensch versucht, Glück zu erlangen und Unglück zu vermeiden, wie die Ersatzbefriedigungen Kunst und Rauschmittel.

Der eigentliche soziologische Teil des Buches behandelt die sozialen Beziehungen als Uranfang der Kultur. Im Zentrum steht die These, daß eine Gruppe von Menschen, die auf ihre (Trieb-)Befriedigung verzichtet bzw. sie einschränkt, stärker ist als ein einzelner, der seine Triebe ungehemmt auslebt. »Die Macht dieser Gemeinschaft stellt sich nun als ›Recht‹ der Macht des Einzelnen, die als ›rohe Gewalt‹ verurteilt wird, entgegen. Diese Ersetzung der Macht des Einzelnen durch die der Gemeinschaft ist der entscheidende kulturelle Schritt. Ihr Wesen besteht

129 Freud (1927c), S. 380.
130 Freud (1930a), S. 430.

darin, daß sich die Mitglieder der Gemeinschaft in ihren Befriedigungsmöglichkeiten beschränken, während der Einzelne keine solche Schranke kannte. Die nächste kulturelle Anforderung ist also die der Gerechtigkeit, d. h. die Versicherung, daß die einmal gegebene Rechtsordnung nicht wieder zu Gunsten eines Einzelnen durchbrochen werde.«[131]

Diese Situation führt zu einem Dauerkonflikt zwischen dem Freiheitsdrang des einzelnen und den Restriktionen der Gesellschaft. Ob dieser Konflikt sich lösen läßt oder nicht, ist für die Zukunft der menschlichen Kultur eine entscheidende Frage. Freud ist da eher skeptisch. Durch die Einschränkungen, die der Sexualität des Menschen auferlegt werden, wie Verbot der Masturbation, des Inzests, der Perversionen, der Homosexualität, wird das »Sexualleben des Kulturmenschen [...] schwer geschädigt, es macht mitunter den Eindruck einer in Rückbildung befindlichen Funktion«[132]. Als Folge dieser Einschränkungen entstehen Neurosen, die die zivilisatorischen Gestaltungsmöglichkeiten des Menschen behindern.

Warum aber, fragt Freud, könnte die Gesellschaft nicht aus Menschen bestehen, »die, in sich libidinös gesättigt, durch das Band der Arbeits- und Interessengemeinschaft miteinander verknüpft sind. In diesem Falle brauchte die Kultur der Sexualität keine Energie zu entziehen.«[133] Die Unmöglichkeit einer solchen Kultur sieht Freud in der Undurchführbarkeit der Maxime »Liebe deinen Nächsten wie dich selbst«. Diese Forderung sei darüber hinaus auch nicht wünschenswert und nur erhoben worden, weil der Mensch einen so starken Aggressionstrieb habe: »Infolge dieser primären Feindseligkeit der Menschen gegeneinander ist die Kulturgesellschaft beständig vom Zerfall be-

131 Freud (1930a), S. 454 f.
132 Freud (1930a), S. 465.
133 Freud (1930a), S. 467.

droht. […] Die Kultur muß alles aufbieten, um den Aggressionstrieben der Menschen Schranken zu setzen […].«[134]

Normalerweise wird der Aggressionstrieb verinnerlicht und zu einem Teil des Ichs oder des Über-Ichs (des Gewissens) gemacht. Besteht zwischen beiden Instanzen eine Spannung, entsteht Schuldbewußtsein oder, anders ausgedrückt, Angst vor der öffentlichen Meinung. Die meisten Menschen sind bereit, »Böses« zu tun, solange sie sicher sind, nicht ertappt zu werden. Ist aber das soziale Gewissen stark ausgeprägt, übt es eine stärkere Kontrollfunktion aus als andere Menschen oder Institutionen. Allerdings führt der Verzicht auf Verbotenes nicht allein schon zu einem guten Gewissen, wenn der Wunsch danach weiterhin existiert, ja, schlechtes Gewissen und Schuldgefühl werden durch den Verzicht oder auch durch Unglücksfälle – die oft als Strafe empfunden werden – sogar noch verstärkt.

Freud entwickelt die These, »daß das Schuldgefühl von unterdrückten Aggressionen herrührt«[135]. Im Unterschied zur Reue, die bewußt ist und sich eher auf eine konkrete Situation bezieht, ist das Schuldgefühl weitgehend unbewußt und drückt sich in allgemeinen Gefühlen von Unbehagen, Unzufriedenheit oder Unglücklichsein aus. Freuds Anliegen war es, »das Schuldgefühl als das wichtigste Problem der Kulturentwicklung hinzustellen«, und zu zeigen »daß der Preis für den Kulturfortschritt in der Glückseinbuße durch die Erhöhung des Schuldgefühls bezahlt wird«.[136]

Freud schließt sein Buch mit den Sätzen: »Die Schicksalsfrage der Menschenart scheint mir zu sein, ob und in welchem Maße es ihrer Kulturentwicklung gelingen wird, der Störung des Zusammenlebens durch den menschlichen

134 Freud (1930a), S. 471.
135 Freud (1930a), S. 491.
136 Freud (1930a), S. 493 f.

Aggressions- und Selbstvernichtungstrieb Herr zu werden. In diesem Bezug verdient vielleicht gerade die gegenwärtige Zeit ein besonderes Interesse. Die Menschen haben es jetzt in der Beherrschung der Naturkräfte so weit gebracht, daß sie es mit deren Hilfe leicht haben, einander bis auf den letzten Mann auszurotten. Sie wissen das, daher ein gut Stück ihrer gegenwärtigen Unruhe, ihres Unglücks, ihrer Angststimmung. Und nun ist zu erwarten, daß die andere der beiden ›himmlischen Mächte‹, der ewige Eros, eine Anstrengung machen wird, um sich im Kampf mit seinem ebenso unsterblichen Gegner zu behaupten. Aber wer kann den Erfolg und Ausgang voraussehen?«[137]

Warum Krieg? (1933)

Am 21. Juni 1932 hatte Leon Steinig, der Sekretär des Internationalen Instituts für geistige Zusammenarbeit – einer Einrichtung des Völkerbundes –, Freud gebeten, in einem Briefwechsel mit Albert Einstein die Frage »Warum Krieg?« zu diskutieren. Am 1. August besuchte Steinig Freud in Wien und überbrachte ihm den am 30. Juli im märkischen Caputh verfaßten Brief Einsteins.

Einstein bezeichnet die Frage »Gibt es einen Weg, die Menschen von dem Verhängnis des Krieges zu befreien?« als die wichtigste der Zivilisation. Sie sei durch den Fortschritt der Technik zu einer Existenzfrage für die zivilisierte Menschheit geworden. Aus organisatorischer Sicht sieht er die Lösung des Problems in der Schaffung einer internationalen, mit Machtbefugnissen ausgestatteten Behörde zur Schlichtung zwischenstaatlicher Konflikte. Deren Entscheidungen müßten von allen Staaten anerkannt

137 Freud (1930a), S. 506.

und durchgesetzt werden. Von einer solchen Behörde sei die Menschheit aber weit entfernt.

In bezug auf die bisherige Erfolglosigkeit beruft sich Einstein auf »mächtige psychologische Kräfte«, die all diese Bemühungen lähmen. So widersetzt sich z. B. das Machtbedürfnis eines Staates der Einschränkung seiner Hoheitsrechte. Besonders die Menschen, die aus Krieg und Waffenproduktion persönliche Vorteile ziehen und ihren persönlichen Machtbereich auf diese Weise erweitern, entwickeln beträchtliche Widerstände gegen eine solche friedenserhaltende Institution. Wie aber ist es möglich, fragt Einstein, daß diese Minderheit die Mehrheit des Volkes, die unter dem Krieg leidet, ihren Interessen unterwerfen kann. Der wohl entscheidende Grund liege darin, daß ebendiese Minderheit großen Einfluß auf die Schule, die Presse und in der Regel auch auf die religiösen Institutionen hat. So kann sie die Gefühle der Mehrheit manipulieren und die Masse zu einem »willenlosen Werkzeuge« machen.

Warum aber lassen sich Menschen bis zur Raserei und Selbstaufopferung manipulieren? Einstein glaubt, daß das Bedürfnis des Menschen, »zu hassen und zu vernichten«, in Friedenszeiten lediglich latent vorhanden sei, unter bestimmten Umständen aber »leicht geweckt und zur Massenpsychose gesteigert werden« könne.

Genau an dieser Stelle müsse der »Kenner der menschlichen Triebe« seine Arbeit aufnehmen und sich die Frage stellen: »Gibt es eine Möglichkeit, die psychische Entwicklung der Menschen so zu leiten, daß sie den Psychosen des Hasses und des Vernichtens gegenüber widerstandsfähiger werden?«

Freud benötigte reichlich vier Wochen für seine Antwort. In ihr faßte er wichtige, in seinen früheren soziologischen und religionspsychologischen Schriften entwickelte Gedanken in klarer und einfacher Form zusammen.

Auf das Verhältnis von Recht und Macht eingehend, ersetzt Freud das Wort »Macht« sofort durch das härtere »Gewalt«. Das eine habe sich aus dem anderen entwickelt, und Interessenkonflikte zwischen den Menschen werden in der Regel durch die Anwendung von Gewalt ausgetragen. In der Frühgeschichte der Menschheit war es die Muskelkraft, die über Besitz und wesentliche Entwicklungen entschied. Sie wurde bald ergänzt durch den Einsatz von Waffen. Der gründlichste Erfolg ist der, der den Gegner dauernd beseitigt, d. h. ihn tötet. Dann kann er zu keinem späteren Zeitpunkt den Kampf wiederaufnehmen, und außerdem wirkt sein Schicksal abschreckend. Unter bestimmten Bedingungen wird der Gegner, wenn er für konkrete Arbeiten oder Dienstleistungen nützlich ist, nicht getötet, sondern unterworfen. Allerdings muß der Sieger dann immer mit der schlummernden Rachsucht des Besiegten rechnen.

Aus diesem ursprünglichen Mechanismus, nämlich der Herrschaft dank größerer Macht, entwickelte sich langsam die Rechtsprechung: Die größere Stärke des einen wird kompensiert durch die Vereinigung vieler Schwacher. Die Gewalt der Gemeinschaft stellt sich gegen die Gewalt des einzelnen. Damit aber diese Gewalt zum Recht wird, muß sich die Gemeinschaft organisieren, sie muß Regeln formulieren, die z. B. Aufstände verhindern, und Institutionen gründen, die die Einhaltung der Regeln bzw. Gesetze überwachen. Auf diese Weise entstehen Gefühlsbindungen, die die eigentliche Stärke der Gemeinschaft ausmachen. Die Gewalt ist durch Übertragung der Macht an eine größere Einheit überwunden.

Das Ganze funktioniert, solange die Gemeinschaft aus einer Anzahl gleichstarker Individuen besteht, was der Idealfall wäre. Im allgemeinen ist die Sache äußerst kompliziert, weil die Mitglieder der Gemeinschaft von Anfang an unterschiedlich stark sind: Eltern und Kinder, Herren und Sklaven, Sieger und Besiegte. »Das Recht der Gemeinschaft wird dann zum Ausdruck der ungleichen Machtverhältnisse in ihrer Mitte, die Gesetze werden von und für die Herrschenden gemacht werden und den Unterworfenen wenig Rechte einräumen.« Das gewaltsame Austragen von Interessenkonflikten kann kaum mehr vermieden werden. Aus der Notwendigkeit des Zusammenlebens ergibt sich allerdings auch der Zwang, gewaltsam ausgetragene Machtkämpfe so schnell wie möglich zu beenden. Auch zwischen Stämmen, Völkern und Nationen werden Konflikte oft gewaltsam entschieden und enden mit der Unterwerfung des Besiegten. Aber auch Kriegserfolge sind in der Regel nicht dauerhaft. Die neuen Staatengebilde zerfallen oft wieder, meistens als Folge mangelnden Zusammenhalts der gewaltsam geeinigten Teile.

Laut Freud wäre eine »sichere Verhütung der Kriege [...] nur möglich, wenn sich die Menschen zur Einsetzung einer Zentralgewalt einigen, welcher der Richtspruch in allen Interessenkonflikten übertragen wird«. Allerdings hält er ein solches Unterfangen für unrealistisch, weil kein Staat bereit sei, ebendieser Zentralgewalt genügend eigene Souveränität abzutreten. Im Gegenteil, der zunehmende Einfluß nationaler Ideale erhöhe die Kriegsgefahr.

Im nächsten Teil seines Briefes kommentiert Freud Einsteins Klage, daß die Menschen so leicht für den Krieg zu begeistern sind. Ein Grund dafür sei tatsächlich der angeborene Destruktionstrieb, zudem bestünde wenig Aussicht, die aggressiven Neigungen der Menschen abschaffen zu können. Freud wird dann sehr ironisch: »Es soll in glücklichen Gegenden der Erde, wo die Natur alles, was der Mensch braucht, überreichlich zur Verfügung stellt, Völkerstämme geben, deren Leben in Sanftmut verläuft, bei denen Zwang und Aggression unbekannt sind. Ich kann es kaum glauben, möchte gern mehr über diese Glücklichen erfahren. Auch die Bolschewisten hoffen, daß sie die menschliche Aggression zum Verschwinden bringen können dadurch, daß sie die Befriedigung der materiellen Bedürfnisse verbürgen und sonst Gleichheit unter den Teilnehmern an der Gemeinschaft herstellen. Ich halte das für eine Illusion. Vorläufig sind sie auf das sorgfältigste bewaffnet und halten ihre Anhänger nicht zum mindesten durch den Haß gegen alle Außenstehenden zusammen.«

Es könne sich also nicht darum handeln, die menschliche Aggressionsneigung insgesamt zu beseitigen, man könne aber versuchen, »sie so weit abzulenken, daß sie nicht ihren Ausdruck im Kriege finden muß«. Hier sei der Gegenspieler des Destruktionstriebs – der Eros – gefordert, denn alles, was Gefühlsbindungen fördert, arbeitet gegen den Krieg. Alle Gemeinsamkeiten unter den Menschen führen zu Identifizierungen, auf denen der Aufbau der menschlichen Gesellschaft zu einem wesentlichen Teil ruht.

Neben diesem emotionalen Aspekt der Kriegsprävention erwähnt Freud einen intellektuellen. Seiner Meinung nach müßte man eine »Oberschicht selbständig denkender, der Einschüchterung unzugänglicher, nach Wahrheit ringender Menschen« erziehen, die eine Art Lenkung der eher unselbständigen Massen übernehmen sollten. Dem stünden allerdings die Staatsgewalt und das »Denkverbot der Kirche« entgegen. Der Idealzustand einer Gemeinschaft von Menschen, die ihr »Triebleben der Diktatur der Vernunft unterworfen haben«, sei leider wohl eine utopische Hoffnung.

Schließlich stellt Freud die Frage, warum wir uns so sehr gegen den Krieg empören. Den Hauptgrund sieht er darin, daß wir aus »organischen Gründen« Pazifisten seien. Der Zivilisationsprozeß führe durch die Beeinträchtigung der Sexualfunktion vielleicht zum Verschwinden des Homo sapiens. Damit verbundene körperliche Veränderungen machen uns mit der Vorstellung vertraut, daß die Kulturentwicklung eben auch ein organischer Prozeß sei. Zudem führe der Zivilisationsprozeß zu psychischen Veränderungen wie Verschiebung der Triebziele und Einschränkung der Triebregungen. Was für unsere Vorfahren lustvoll war, muß es für uns nicht mehr sein. Auch unsere ethischen und ästhetischen Vorstellungen haben sich geändert, und zwar gleichfalls aus »organischen Gründen«. Die wichtigsten psychischen Entwicklungen im Laufe des Zivilisationsprozesses sind für Freud die »Erstarkung des Intellekts«, der das Triebleben zurückdrängt, und die »Verinnerlichung der Aggressionsneigung«. Beiden Tendenzen widerspricht der Krieg in jeder Weise. Wir lehnen ihn nicht nur aus intellektuellen und emotionalen Gründen ab, sondern auch aus einer »konstitutionellen Intoleranz« heraus.

Freuds abschließendes Statement lautet: »Wie lange müssen wir nun warten, bis auch die Anderen Pazifisten werden? Es ist nicht zu sagen, aber vielleicht ist es keine utopische Hoffnung, daß der Einfluß dieser beiden Momente, der kulturellen Einstellung und der berechtigten Angst vor den Wirkungen eines Zukunftskrieges, dem Kriegführen in absehbarer Zeit ein Ende setzen wird. Auf welchen Wegen oder Umwegen, können wir nicht erraten. Unterdes dürfen wir uns sagen: Alles, was die Kulturentwicklung fördert, arbeitet auch gegen den Krieg.«

ANHANG

Chronik

1856 *6. Mai:* Freud wird in dem mährischen Städtchen Freiberg (heute Příbor) als Sohn von Amalia (1835 bis 1930) und Jakob Freud (1815–1896) geboren.
1857 *Oktober:* Geburt des Bruders Julius, der nach wenigen Monaten stirbt. Freud führt seine späteren Ohnmachtsanfälle auf diesen frühzeitig erlebten Tod zurück.
1858 *31. Dezember:* Geburt der Schwester Anna (gest. 1955 in New York).
1859 *August – 16. Oktober:* Die Familie verläßt Freiberg und zieht nach einem Aufenthalt in Leipzig nach Wien in die Weißgärberstraße 3, wo sie bis zum Frühjahr 1861 wohnt.
1861 *22. März:* Geburt der Schwester Maria, genannt Mitzi (ermordet 1942 in Treblinka).
1862 *23. Juli:* Geburt der Schwester Adolfine, genannt Dolfi (gest. 1942 in Theresienstadt).
1864 *3. Mai:* Geburt der Schwester Pauline Regine, genannt Paula (ermordet 1942 in Treblinka).
1865 *September:* Eintritt in das Leopoldstädter Realgymnasium, bis dahin Unterricht bei der Mutter.
1866 *22. Februar:* Freuds Onkel Josef wird wegen Verwicklung in eine Falschgeldaffäre zu zehn Jahren Haft verurteilt, nach vier Jahren jedoch begnadigt.
19. April: Geburt des Bruders Alexander (gest. 1943 in Toronto).
1869 *6. Mai:* Freud bekommt Ludwig Börnes »Gesammelte Werke« geschenkt und liest sie mit »großem Eifer«.

1870 *Herbst:* Beginn der Freundschaft mit Heinrich Braun, dem späteren Führer der österreichischen Sozialdemokraten.

1873 *April:* Freud beschließt, »Naturforscher« zu werden und nicht Jurist. An seinen Freund Emil Fluß schreibt er: »Ich werde Einsicht nehmen in die jahrtausendealten Akten der Natur, vielleicht selbst ihren ewigen Prozeß belauschen und meinen Gewinst mit jedermann teilen, der lernen will.«

9. Juni: Schriftliche Matura: Deutsch, Latein, Griechisch und Mathematik. Freuds Aufsatz zum Thema »Welche Rücksichten sollen uns bei der Wahl des Berufes leiten« wurde siebzig Jahre später von den Nazis entdeckt und vernichtet.

Juli: Carl Brühls Vorlesung über das Goethe zugeschriebene Fragment »Die Natur« gibt den entscheidenden Anstoß zu Freuds Entscheidung, Medizin zu studieren.

9. Juli: Mündliche Matura, erhält in Geschichte »durch einen kühnen Streich« die Note »vorzüglich«.

Oktober: Immatrikulation an der Medizinischen Fakultät der Universität Wien.

1874 *Anfang Dezember:* Liest Georg Christoph Lichtenbergs Werke »mit großem Vergnügen«.

1875 *Januar:* Lektüre von Werken Goethes und Lessings sowie eines Kapitels aus Cervantes' »Don Quijote«.

Mitte Januar: Freud beabsichtigt, das Wintersemester 1875/76 in Berlin zu verbringen, um Hermann von Helmholtz, Emil Du Bois-Reymond und Rudolf Virchow zu hören.

Februar–März: Zusammen mit seinem Freund Joseph Paneth schreibt Freud an den Wiener Philosophieprofessor Franz Brentano, der sie daraufhin zu sich nach Hause einlädt. Unter seinem Einfluß reift in Freud der Entschluß, »das Doktorat der Philosophie auf Grund von Philosophie und Zoologie zu erwerben«.

1875 *März:* Beginnendes Interesse für den englischen Philosophen John Stuart Mill.

1875 *Juli – August:* Besuch bei den Halbbrüdern Emanuel und Philipp in Manchester.

1876 *Frühjahr:* Arbeit bei dem Zoologen Carl Claus im Institut für vergleichende Anatomie; erhält ein Stipendium von 180 Gulden für zwei Forschungsaufenthalte in Triest.

27. März – Ende April: Forscht in der zoologischen Meeresstation in Triest über die Geschlechtsorgane des Aals. Ergebnis dieses und des nächsten Aufenthalts im September ist Freuds erste Publikation: »Beobachtungen über Gestaltung und feineren Bau der als Hoden beschriebenen Lappenorgane des Aals«.

2. September – 1. Oktober: Zweiter Aufenthalt in Triest.

Oktober: Famulus (Assistent) im Physiologischen Institut bei Ernst von Brücke; möglicherweise begegnet Freud hier zum erstenmal Josef Breuer, seinem späteren väterlichen Freund und Mentor.

1877 *April:* Veröffentlichung der Aalstudien.

1878 *August – September:* Gemeinsam mit Gustav Gärtner Arbeit in Salomon Strickers Laboratorium über die Nerven der Speicheldrüse und die Speichelsekretion bei Hunden.

1879 Übersetzt den letzten Band der von Theodor Gomperz herausgegebenen Gesamtausgabe der Werke John Stuart Mills.

1880 *November:* Der bekannte Wiener Arzt und Physiologe Josef Breuer beginnt mit der Behandlung der Anna O. (Bertha Pappenheim).

1881 *30. März:* In der Aula der alten Universität Promotion zum Doktor der gesamten Heilkunde.
Sommer: Veröffentlichung der »Beobachtungen über den Bau der Nervenfasern und Nervenzellen von Flußkrebsen«.

1882 *24. Februar:* Erwirbt Immanuel Kants »Kleinere Schriften zur Naturphilosophie«.
April: Erste Begegnung mit seiner späteren Frau Martha Bernays (1861–1951), als diese zusammen mit ihrer Schwester Minna die Freud-Schwestern besuchte, mit denen sie befreundet waren.
17. Juni: Verlobung mit Martha Bernays.
31. Juli: Secundarius aspirans (Sekundararztanwärter) am Wiener Allgemeinen Krankenhaus, vermutlich an der III. Chirurgischen Abteilung von Leopold Dittel.
Herbst: Arbeit in Theodor Meynerts hirnanatomischem Laboratorium (bis Herbst 1885).
12. Oktober: Aspirant an der I. Medizinischen Klinik von Hermann Nothnagel (bis 30. April 1883).
18. November: Hört von Josef Breuer zum erstenmal über den Fall der Anna O. (Bertha Pappenheim): »Gestern abends war ich bis 12 Uhr bei Breuer, der mir unter anderem die hochinteressante Geschichte von Fräulein Pappenheims Krankheit erzählte.«

1883 *1. Mai – 30. September:* Sekundararzt an der Psychiatrischen Klinik Theodor Meynerts.
1. Oktober: Zweiter Sekundararzt an der II. Abteilung für Syphilis des Allgemeinen Krankenhauses.

1884 *1. Januar:* Versetzung an die IV. Medizinische Abteilung von Franz Scholz (bis Ende Februar 1885).
9./10. November: Selbstversuche mit Kokain. Freud dokumentiert den Einfluß der Droge u. a. auf Ermüdung und Reaktionszeit in seiner Schrift »Beitrag zur Kenntnis der Cocawirkung«.

1885 *5. Juli:* Die Medizinische Fakultät beschließt die Verleihung des Universitäts-Jubiläums-Reisestipendiums an Freud.
5. September: Der Minister für Kultus und Unterricht bestätigt Freuds Ernennung zum Privatdozenten.
13. Oktober: Ankunft in Paris zu einem knapp fünfmonatigen Studienaufenthalt bei Jean-Martin Charcot, dem berühmten Direktor der Nervenklinik der Salpêtrière.

1886 *3. März – 3. April:* Aufenthalt in Berlin bei Albert Eulenburg (Private Poliklinik für Nervenkranke), Emanuel Mendel (»Privatirrenanstalt«) und Adolf Baginsky (Poliklinik für Kinderkrankheiten). In dieser Zeit Arbeit an der Übersetzung von Charcots »Neuen Vorlesungen über die Krankheiten des Nervensystems, insbesondere über Hysterie«.
Mitte April: Freud wird Leiter der neurologischen Abteilung am I. Öffentlichen Kinderkrankeninstitut in Wien.
25. April: Eröffnung einer nervenärztlichen Praxis in der Rathausstraße 7, wo Freud auch wohnte.
13. September: Eheschließung mit Martha Bernays im Rathaus von Wandsbek (Ziviltrauung), der tags darauf die jüdische Trauung folgt.
Anfang Oktober: Umzug in das Kaiserliche Stiftungshaus (»Sühnhaus») in der Maria-Theresien-Straße 8.

1887 *16. Oktober:* Geburt der Tochter Mathilde (gest. 1978 in London). Aus diesem Anlaß schickt der Kaiser eine Vase aus der Porzellanmanufaktur; Mathilde war das erste Kind, das im Sühnhaus geboren wurde, dem Haus, das an der Stelle des abgebrannten Ringtheaters errichtet worden war.
24. November: Beginn eines intensiven Briefwechsels mit dem Berliner HNO-Arzt Wilhelm Fließ.

1888 *Sommer:* Beginn der Behandlung von Cäcilie M. (Anna von Lieben).

1889 *1. Mai:* Beginn der Behandlung von Emmy von N. (Fanny Moser).
7. Dezember: Geburt des Sohns Jean-Martin (gest. 1967 in London).

1890 Josephine Benvenisti, eine dankbare Patientin, schenkt Freud eine Couch, die er bis an sein Lebensende benutzt.

1891 *19. Februar:* Geburt des Sohns Oliver (gest. 1969 in North Adams, Mass.).
September: Freud wird von einem Kollegen gebeten, Elisabeth von R. (Ilona Weiß) zu untersuchen. Ihre Weigerung, sich hypnotisieren zu lassen, führt zur Entdeckung der Psychoanalyse.
12. September: Umzug in die Berggasse 19, wo die Familie bis zum 4. Juni 1938 wohnt.
Ende November: Lucy R. wird von einem »befreundeten Kollegen« an Freud überwiesen und neun Wochen lang von ihm behandelt. Ihre Krankengeschichte geht in die »Studien über Hysterie« ein.

1892 *6. April:* Geburt des Sohns Ernst (gest. 1970 in London).
2. November: Freuds Schwester Anna und ihr Mann Eli Bernays wandern nach Amerika aus.

1893 *12. April:* Geburt der Tochter Sophie (gest. 1920 in Hamburg).

1894 *Ende Mai:* Niederschrift der letzten Krankengeschichte für die »Studien über Hysterie«.

1895 *24. Juli:* Freud analysiert zum erstenmal einen eigenen Traum: »Irmas Injektion«. Fünf Jahre später schreibt er an seinen Freund Wilhelm Fließ: »Glaubst Du eigentlich, daß an dem Haus dereinst auf einer Marmortafel zu lesen sein wird: ›Hier enthüllte sich am 24. Juli 1895 dem Dr. Sigm. Freud das

Geheimnis des Traumes‹? Die Aussichten sind bis jetzt hiefür gering.«

1895 *22. September – 1. August:* Reise nach Venedig mit Bruder Alexander.

Ende Dezember: Arbeit an einem Manuskript mit den Abschnitten: »Die Abwehrneurosen«, »Die Zwangsneurose«, »Paranoia«, »Hysterie«.

3. Dezember: Geburt der Tochter Anna (gest. 1982 in London).

1896 *15. Mai:* Zum erstenmal Verwendung des Begriffs »Psychoanalyse« in dem Aufsatz »Weitere Bemerkungen über die Abwehr-Neuropsychosen«.

23. Oktober: Tod des Vaters. Freud schreibt an Wilhelm Fließ: »Auf irgendeinem der dunkeln Wege hinter dem offiziellen Bewußtsein hat mich der Tod des Alten sehr ergriffen. Ich hatte ihn sehr geschätzt, sehr genau verstanden, und er hatte viel in meinem Leben gemacht, mit der ihm eigenen Mischung von tiefer Weisheit und phantastisch leichtem Sinn. [...] Ich habe nun ein recht entwurzeltes Gefühl.«

Anfang Dezember: Ankauf einiger Kopien von Florentiner Statuen, u. a. Michelangelos »Sterbenden Sklaven«.

1897 *10. Mai:* Das Komitee für den »Beförderungsantrag bezüglich des Dozenten Dr. Freud« beantragt seine Beförderung zum a. o. Professor für Neuropathologie.

Mitte Juni: Freud legt eine Sammlung jüdischer Geschichten an, wohl als Vorarbeit zu seiner Monographie »Der Witz und seine Beziehung zum Unbewußten«.

19. August – 18. September: Reise durch Südtirol und Oberitalien zunächst mit seiner Frau, dann mit Bruder Alexander und dem Berliner Arzt Felix Gattel.

1897 *Mitte Oktober:* Entdeckung des Ödipuskomplexes.
22. Dezember: Zum erstenmal Verwendung des Begriffs »Zensur«. Freud schreibt an Wilhelm Fließ: »Hast Du einmal eine ausländische Zeitung gesehen, welche die russische Zensur an der Grenze passiert hat? Worte, ganze Satzstücke und Sätze schwarz überstrichen, so daß der Rest unverständlich wird. Solche *russische Zensur* kommt zustande bei Psychosen und ergibt die scheinbar sinnlosen *Delirien.*«

1898 *Mitte Februar:* Freud verfolgt mit großem Interesse den Prozeß gegen Emile Zola, der wegen seiner Verteidigung von Alfred Dreyfus in Paris angeklagt ist. Über Zola schreibt er: »Der brave Kerl, das wär' einer, mit dem man sich verständigen könnte.«
10. Mai: Das Unterrichtsministerium schlägt Kaiser Franz Joseph eine Reihe von Privatdozenten zur Ernennung zum a. o. Professor vor; Freud wird übergangen.
Sommer: Ida Bauer, die spätere Patientin »Dora«, kommt zum erstenmal in Freuds Praxis.
August: Reise durch Bayern, Tirol und die Schweiz mit Schwägerin Minna Bernays.
20. August: Freud liest Fritjof Nansens »In Nacht und Eis« und hofft, Nansens »geradezu durchsichtige« Träume gut verwenden zu können.
31. August – 18. September: Reise nach Dalmatien mit seiner Frau; anschließend reist Freud allein durch Oberitalien.

1899 *Mitte Mai:* Verfaßt den Aufsatz »Über Deckerinnerungen«.
Ende Mai: Liest Heinrich Schliemanns »Kindheitsgeschichte« und schreibt: »Der Mann war glücklich, als er den Schatz des Priamos fand, denn Glück gibt es nur als Erfüllung eines Kinderwunsches.«

1899 *4. November:* Die »Traumdeutung« erscheint (mit der Jahreszahl 1900) in einer Auflage von 600 Exemplaren bei Franz Deuticke, Leipzig und Wien.

1900 *6. Januar:* Der erste Teil von Max Burckhardts Rezension der »Traumdeutung« erscheint in der »Zeit«; Freud nennt sie »ungemein verständnislos« und »blöd«.

August: Freud ist bei der Beförderung zum Professor wieder übergangen worden.

26. August – 10. September: Reise durch Südtirol mit Schwägerin Minna.

Mitte Oktober: Beginn der Behandlung von »Dora« (Ida Bauer).

1901 *Juli/August:* Veröffentlichung der »Psychopathologie des Alltagslebens«.

4. Juli: Freud liest einen Bericht über die Ausgrabung von Knossos durch Arthur Evans.

1.–14. September: Reise nach Rom mit Bruder Alexander.

5. September: Besuch der Kirche San Pietro in Vincoli mit der Moses-Statue des Michelangelo.

1902 *5. März:* Ernennung zum außerordentlichen Professor durch Kaiser Franz Joseph. Freud schreibt an Wilhelm Fließ: »Die Teilnahme der Bevölkerung ist groß. Es regnet […] Glückwünsche und Blumenspenden, als sei die Rolle der Sexualität plötzlich von Sr. Majestät amtlich anerkannt, die Bedeutung des Traums vom Ministerrat bestätigt und die Notwendigkeit einer psychoanalytischen Therapie der Hysterie mit 2/3 Majorität im Parlament durchgedrungen.«

26. August – 15. September: Reise nach Rom und Neapel mit Bruder Alexander.

Oktober: Gründung der »Psychologischen Mittwoch-Gesellschaft« (ab 8. April 1908 »Wiener

Psychoanalytische Vereinigung«) mit den Mitgliedern Alfred Adler, Wilhelm Stekel, Max Kahane und Rudolf Reitler. Die Sitzungen finden jeden Mittwoch um 20.30 Uhr in Freuds Wohnung statt.

1903 *6. – 20. September:* Reise durch Bayern und Südtirol mit Schwägerin Minna.

1904 *28. August – 10. September:* Reise durch Griechenland mit Bruder Alexander.

1905 Veröffentlichung der »Drei Abhandlungen zur Sexualtheorie« und des Buches »Der Witz und seine Beziehung zum Unbewußten«.

3. – 23. September: Reise durch Oberitalien und die Schweiz mit Schwägerin Minna.

1906 Beginn der Behandlung des »kleinen Hans« (Herbert Graf war später Direktor der Metropolitan Opera in New York und starb am 6. April 1973).

6. Mai: Zu seinem 50. Geburtstag erhält Freud von seinen Schülern eine von Karl Maria Schwerdtner angefertigte Medaille mit seinem Bildnis; auf der Rückseite steht der griechische Vers aus dem Schlußchor des »König Ödipus« von Sophokles: »Der das berühmte Rätsel löste und ein gar mächtiger Mann war.«

15. Juli–Mitte September: Urlaub in Lavarone und Riva, für Freud »eine Art Paradies«.

1. November: Auf eine Umfrage des Wiener Verlegers und Buchhändlers Hugo Heller nach zehn »guten Büchern« nennt Freud folgende Titel: Multatuli (eigentlich Eduard Douwes Dekker): Briefe und Werke; Rudyard Kipling: Jungle Book; Anatole France: Sur la pierre blanche; Emile Zola: Fécondité; Dmitrij Mereschkowsky: Leonardo da Vinci; Gottfried Keller: Die Leute von Seldwyla; Conrad Ferdinand Meyer: Huttens letzte Tage; Thomas Macaulay: Essays; Theodor Gomperz: Griechische Denker; Mark Twain: Sketches.

1907 *3. März:* Beginn der engen Beziehung zu dem Schweizer Psychiater Carl Gustav Jung.

14. Juli–Mitte August: Urlaub in Lavarone.

12.–29. September: Reise durch die Toskana und nach Rom, zum Teil mit Schwägerin Minna.

2. Oktober: Beginn der Behandlung des »Rattenmanns« (Ernst Lanzer).

1908 *4. März:* Verleihung des Heimat- und Bürgerrechts durch das Magistratische Bezirksamt für den IX. Bezirk der Stadt Wien.

26.–28. April: Auf dem 1. Internationalen Psychoanalytischen Kongreß in Salzburg Vortrag über den »Rattenmann«.

Ende April: Erster Besuch von Ernest Jones, Freuds späterem »offiziellem« Biographen.

15. Juli–30. August: Urlaub in Berchtesgaden. Freud schreibt hier an der Krankengeschichte des »Kleinen Hans« und korrigiert die zweite Auflage der »Traumdeutung«.

30. August–15. September: Zu Besuch bei den Halbbrüdern Emanuel und Philipp in Manchester.

1909 *7. Februar:* Heirat von Freuds ältester Tochter Mathilde mit Robert Hollitscher.

14. Juli–19. August: Urlaub bei Reutte in Tirol.

19. August–30. September: Vortragsreise nach Amerika auf Einladung des Präsidenten der Clark University in Worcester, Stanley Hall, anläßlich des Universitätsjubiläums.

10. September: Verleihung des Ehrendoktorats der Rechte.

1910 *Februar:* Beginn der Behandlung des Wolfsmannes (Sergej Pankejeff).

30.–31. März: Auf dem 2. Internationalen Psychoanalytischen Kongreß in Nürnberg Vortrag über »Die zukünftigen Chancen der Psychotherapie«.

Gründung der Internationalen Psychoanalytischen Vereinigung.

1910 *16. – 31. Juli:* Reise durch Holland mit den Söhnen Oliver und Ernst.

31. Juli – 30. August: Urlaub in Noordwijk und Leiden.

23. August: Analyse der »Liebesbedingungen« (»Marienkomplex«, »Mutterbindung«) des Komponisten Gustav Mahler.

31. August – 27. September: Reise nach Sizilien mit Sándor Ferenczi.

27. Oktober: Tod von Freuds Schwiegermutter Emmeline Bernays (geb. 1830 in Hamburg).

1911 *Mitte Juni:* Alfred Adler tritt aus der Wiener Psychoanalytischen Vereinigung aus.

31. Juli–16. September: Urlaub und Silberhochzeit in Klobenstein (Collalbo) in Südtirol.

29. August: Tod des Halbbruders Philipp in Manchester (geb. 1834 in Tysmenitz).

September: Unterzeichnung eines Aufrufs zur Gründung einer »Internationalen Vereinigung für Mutterschutz und Sexualreform«.

21./22. September: Auf dem 3. Internationalen Psychoanalytischen Kongreß in Weimar Vortrag über die »Analyse Schrebers«.

1912 *Sommer:* Ernest Jones gründet das »Geheime Komitee«, das inoffizielle Führungsgremium der Internationalen Psychoanalytischen Vereinigung, mit den Mitgliedern Freud, Sándor Ferenczi, Otto Rank, Karl Abraham, Hanns Sachs, Ernest Jones und ab 1919 Max Eitingon.

Anfang Juli–12. August: Kur in Karlsbad. Max Halberstadt, der Verlobte von Freuds Tochter Sophie, besucht die Familie in Karlsbad.

12.–30. August: Urlaub in Karersee.

8.–14. September: Urlaub in San Cristoforo.

1912 *15.–28. September:* Reise nach Rom, täglicher Besuch der Moses-Statue des Michelangelo in San Pietro in Vincoli.

1913 *26. Januar:* Heirat Sophie Freuds mit dem Fotografen Max Halberstadt.

Juni: Veröffentlichung von »Totem und Tabu«.

13. Juli–11. August: Kur in Marienbad.

13. August–5. September: Urlaub in San Martino di Castrozza.

7.–8. September: Auf dem 4. Internationalen Psychoanalytischen Kongreß in München Vortrag über »Die Disposition zur Zwangsneurose«; endgültiger Bruch mit C. G. Jung.

8. September: Rainer Maria Rilke besucht den Kongreß und sitzt »fast neben Freud«, Lou Andreas-Salomé macht beide miteinander bekannt.

9.–29. September: Reise nach Bologna und Rom mit Minna Bernays; täglicher Besuch der Moses-Statue des Michelangelo in San Pietro in Vincoli.

1914 *11. März:* Geburt des Enkels Ernst Halberstadt, Sohn von Tochter Sophie; er nennt sich später W. Ernest Freud.

Juni: Veröffentlichung der Schrift »Zur Geschichte der psychoanalytischen Bewegung«, der ersten historiographischen Arbeit zur Psychoanalyse.

28. Juni: Ermordung des österreichisch-ungarischen Thronfolgers Franz Ferdinand in Sarajevo.

29. Juni: Sergej Pankejeff, der »Wolfsmann«, verabschiedet sich von Freud nach Beendigung seiner Analyse.

13. Juli–25. August: Kur in Karlsbad.

1. August: Beginn des Ersten Weltkriegs.

1915 *17. Juli–12. August:* Kur in Karlsbad.

13. August–13. September: Urlaub in Schönau bei Königssee.

1915 *20. Dezember:* Besuch von Rainer Maria Rilke: Er war »ein reizender Gesellschafter«.

1916 Veröffentlichung der »Vorlesungen zur Einführung in die Psychoanalyse«.
16. Juli–20. August: Urlaub in Badgastein und Salzburg.

1917 *25. April:* Freud vermerkt in seinem Kalender: »Kein Nobelpreis 1917.«
Ende Juni: Hermann Graf, der Sohn von Freuds Schwester Rosa, fällt an der Front.
1. Juli – 30. August: Urlaub in Csorbató in der Hohen Tatra.

1918 Freud verliert sein ganzes in österreichischen Staatspapieren angelegtes Vermögen (150000 Kronen) und 100000 Kronen der Lebensversicherung seiner Frau.
28.–29. September: Auf dem 5. Internationalen Psychoanalytischen Kongreß in Budapest Vortrag über »Wege der psychoanalytischen Therapie«.
30. Oktober: Eintrag in seinem Kalender: »Revolution Wien & Budapest«.

1919 *Mitte Januar:* Gründung des Internationalen Psychoanalytischen Verlags.
16. Juli: Julius von Wagner-Jauregg schlägt Freud zur Ernennung zum ordentlichen Professor vor. Sein Gutachten vom 6. Juli enthält folgende Fehlleistung: Statt Ordinarius schreibt er Extra-Ordinarius, einen Titel, über den Freud schon lange verfügte. Die »Ständige Kommission für Habilitierungen« des Professoren-Kollegiums schlägt Freud mit 18 gegen 7 Stimmen zum ordentlichen Professor vor. Der Vorschlag wird an das Unterrichtsministerium weitergeleitet.
Oktober: Freud wird »Titular-Ordinarius«.
23. Dezember: Verleihung des Titels eines ordentlichen Professors durch den Präsidenten der österreichischen Nationalversammlung.

1920 *25. Januar:* Tod von Freuds Tochter Sophie.
Mitte Juli: Max Eitingon läßt von Paul Königsberger eine Büste von Freud anfertigen, »die sehr gut zu werden verspricht«.
30. Juli–26. August: Kur in Badgastein mit Schwägerin Minna; hier schreibt er an dem Buch »Massenpsychologie und Ich-Analyse«.
8.–11. September: Auf dem 6. Internationalen Psychoanalytischen Kongreß in Den Haag Vortrag über »Ergänzungen zur Traumlehre«.
13.–28. September: Reise durch Holland mit Tochter Anna.
Anfang Oktober: Freud erhält von Stefan Zweig dessen Buch »Drei Meister« mit der Widmung: »Herrn Professor Siegmund Freud / Dem großen Wegweiser ins Unbewußte/In immer wieder neuer Verehrung/ Stefan Zweig/Salzburg 1920.«
Herbst: Veröffentlichung von »Jenseits des Lustprinzips«.

1921 Veröffentlichung von »Massenpsychologie und Ich-Analyse«.
3. April: Geburt des Enkels Anton Walter, Sohn von Martin Freud.
15. Juli–13. August: Kur in Badgastein mit Schwägerin Minna.
31. Juli: Geburt des Enkels Stephan Gabriel, Sohn von Ernst Freud.
14. August–14. September: Urlaub in Seefeld in Tirol.

1922 *22. Mai:* Eröffnung des psychoanalytischen Ambulatoriums in Wien.
1. Juli–1. August: Kur in Badgastein mit Schwägerin Minna; Arbeit an der Schrift »Das Ich und das Es« und Niederschrift der »Bemerkungen zur Theorie und Praxis der Traumdeutung«.

1922 *1. August–13. September:* Urlaub auf dem Obersalzberg bei Berchtesgaden.

18. August: Cäcilie (»Mausi«) Graf, die Tochter von Freuds Schwester Rosa, begeht Selbstmord mit Veronal.

25.–27. September: Auf dem 7. Internationalen Psychoanalytischen Kongreß in Berlin Vortrag zum Thema »Etwas zum Unbewußten«.

8. Dezember: Geburt des Enkels Lucian Michael, Sohn von Ernst Freud.

1923 Veröffentlichung von »Das Ich und das Es«.

28. April: Freud konsultiert den Rhinologen Markus Hajek und den Dermatologen Maximilian Steiner wegen einer Geschwulst am Gaumen; er wird von Hajek in dessen Klinik operiert.

19. Juni: Tod des Lieblingsenkels Heinz Rudolf Halberstadt, Sohn von Freuds Tochter Sophie.

30. Juni–Ende Juli: Kur in Badgastein mit Schwägerin Minna.

Anfang August–31. August: Urlaub in Lavarone.

1. September – Mitte September: Reise nach Verona und Rom mit Tochter Anna; im Zug bekommt Freud eine starke Blutung im Mund.

11. Oktober: Hans Pichler führt im Sanatorium Auersperg eine radikale Operation an Oberkiefer und Gaumen aus. Seitdem ist Freud gezwungen, eine Prothese zu tragen, die ihn beim Sprechen und Essen schwer behindert. In den nächsten 15 Jahren folgen weitere dreißig Operationen.

1924 *21.–23. April:* 8. Internationaler Psychoanalytischer Kongreß in Salzburg; Freud fehlt wegen Grippe.

24. April: Geburt des Enkels Clemens Raphael, Sohn von Ernst Freud.

25. April: Verleihung des Ehrentitels »Bürger der Stadt Wien«.

1924 *14. Mai:* Besuch von Stefan Zweig und Romain Rolland.

1925 Veröffentlichung der »Selbstdarstellung«.
2.–5. September: 9. Internationaler Psychoanalytischer Kongreß in Homburg; Freud nimmt nicht teil.
30. September: Erster Besuch von Marie Bonaparte, einer Urgroßnichte Napoleons I. (Ururenkelin von Lucien Bonaparte) und Schwiegertochter König Georgs I. von Griechenland.

1926 *6. Mai:* 70. Geburtstag. Sándor Ferenczi hält die Festansprache. Der sozialdemokratische Bürgermeister von Wien, Karl Seitz, überbringt Freud das Diplom zu dem ihm vor zwei Jahren verliehenen Ehrentitel »Bürger der Stadt Wien«. Der österreichische Rundfunk strahlt eine Würdigung von Freuds Leben und Werk aus.
25. Oktober: Freud besucht Rabindranath Tagore in einem Wiener Hotel und ist von seinem Äußeren beeindruckt.
25. Dezember–2. Januar: Besuch bei den Söhnen Ernst und Oliver in Berlin. Freud wohnt im Hotel »Esplanade« und trifft sich am 29. Dezember mit Albert Einstein und dessen Frau.

1927 Veröffentlichung von »Die Zukunft einer Illusion«.
20. April: Ein von Freud mitunterzeichneter Wahlaufruf für die Sozialdemokraten Wiens erscheint in der »Arbeiter-Zeitung«.
1.–3. September: 10. Internationaler Psychoanalytischer Kongreß in Innsbruck; Freud nimmt nicht teil.

1928 *Ende April:* Freud bekommt als Geschenk von Stefan Zweig dessen Buch »Drei Dichter ihres Lebens. Casanova – Stendhal – Tolstoi« mit der Widmung: »Professor Sigmund Freud / In unveränderlicher Liebe / und Verehrung / Stefan Zweig / 1928.«

1929 *Anfang März–23. März:* Freud hält sich zu Konsultationen bei dem Berliner Kieferchirurgen Hermann Schröder im Psychoanalytischen Sanatorium Tegel auf; er wird von seiner Tochter Anna begleitet.

Frühjahr: Auf Empfehlung Marie Bonapartes wird der 32jährige Max Schur Freuds »Leibarzt«.

27.–31. Juli: 11. Internationaler Psychoanalytischer Kongreß in Oxford; Freud nimmt nicht teil.

14. September–26. Oktober: Erneuter Aufenthalt in Tegel in Begleitung Anna Freuds.

Mitte September: Freud bekommt als Geschenk von Stefan Zweig dessen Buch »Joseph Fouché. Bildnis eines politischen Menschen« mit der Widmung: »Dem Meister der Seelenkunde / Unserm Lehrer im Wissen / um den Menschen / Siegmund Freud / Dieses Bildnis eines Politikers / In Verehrung / Stefan Zweig.«

31. Oktober: Notiz im Tagebuch: »im Nobelpreis übergangen«.

1930 Veröffentlichung von »Das Unbehagen in der Kultur«.

5. Mai–24. Juli: Zu Prothesenproben bei Hermann Schröder in Tegel.

29. Juli: Erhält die Nachricht von der Verleihung des mit 10 000 Reichsmark dotierten Goethepreises der Stadt Frankfurt.

12. September: Tod der Mutter Amalia Freud.

6. November: Eintrag im Tagebuch: »Im Nobelpreis endgiltig übergangen.«

1932 Briefwechsel mit Einstein zur Frage »Warum Krieg?«. Einsetzende Massenemigration von Psychoanalytikern aus dem faschistischen Deutschland. Freud beginnt mit der Arbeit an dem Buch »Der Mann Moses und die monotheistische Religion«.

1932 *10. April:* Eintrag im Tagebuch: »Hindenburg gewählt.«
Mitte August: Freud gewährt der »Neuen Freien Presse« ein Interview zum Thema »Neurosen als Zeitkrankheit. Welche Heilerfolge hat die Psychoanalyse?«.
4.–7. September: 12. Internationaler Psychoanalytischer Kongreß in Wiesbaden; Freud nimmt nicht teil.

1933 *10. Mai:* Bücherverbrennung in Berlin. Freuds Bücher werden unter folgender Parole ins Feuer geworfen: »Gegen die seelenzerstörende Überschätzung des Sexuallebens – und für den Adel der menschlichen Seele – übergebe ich den Flammen die Schriften eines gewissen Sigmund Freud!«

1934 *30. Juni:* Eintrag im Tagebuch: »S. A. Revolte in Deutschland«.
26.–31. August: 13. Internationaler Psychoanalytischer Kongreß in Luzern; Freud nimmt nicht teil.
9. Oktober: Die Universität Wien teilt dem Dekanat der Medizinischen Fakultät mit, daß Freuds Lehrbefugnis erlischt.

1935 *21. Mai:* Wahl zum Ehrenmitglied der »Royal Society of Medicine«.

1936 *8. Mai:* Thomas Mann spricht vor dem Akademischen Verein für medizinische Psychologie in Wien über »Freud und die Zukunft«.
14. Juni: Thomas Mann wiederholt seinen Vortrag für Freud persönlich in dessen Sommerhaus in Grinzing.
30. Juni: Wahl zum auswärtigen Mitglied der »Royal Society of Medicine«.
2.–8. August: 14. Internationaler Psychoanalytischer Kongreß in Marienbad; Freud nimmt nicht teil.
15. November: Freud läßt den Wert seiner Antiquitätensammlung durch den Direktor der ägyptischen

Abteilung des Kunsthistorischen Museums, Hans von Demel, schätzen.

1937 *November:* Der französische Analytiker René Laforgue versucht Freud zur Emigration zu bewegen, doch Freud lehnt ab.

1938 *13. März:* Eintrag im Tagebuch: »Anschluß an Deutschland.«

14. März: Eintrag im Tagebuch: »Hitler in Wien.«

22. März: Freuds Tochter Anna wird von der Gestapo verhört und auf Intervention des amerikanischen Generalkonsuls John Wiley nach etwa zwölf Stunden freigelassen.

28. März: Eintrag im Tagebuch: »Aufnahme in England gesichert.«

Ende April: Marie Bonaparte und Anna Freud verbrennen in der Berggasse 19 Stöße von Briefen und Schriften.

Mai: Der Fotograf Edmund Engelmann macht Fotos von Freud und der Wohnung in der Berggasse 19.

1. Mai: Eintrag im Tagebuch: »Pässe bekommen.«

23. Mai: Die Antiquitätensammlung wird von den Nazis zur Ausfuhr freigegeben.

4. Juni: Freud verläßt Wien in Begleitung seiner Frau Martha, seiner Tochter Anna, der Haushälterin Paula Fichtl und der Ärztin Josefine Stroß und reist mit dem Zug über Paris nach London, wo er am 6. Juni eintrifft.

19. Juli: Besuch von Stefan Zweig und Salvador Dalí.

August: Veröffentlichung von »Der Mann Moses und die monotheistische Religion«.

1.–5. August: 15. Internationaler Psychoanalytischer Kongreß in Paris; Freud nimmt nicht teil.

1939 *Februar:* Inoperables Krebsrezidiv.

1939 *23. September:* Tod nach Koma infolge einer Morphiuminjektion.
26. September: Einäscherung im Krematorium Golders Green. Ernest Jones hält die Grabrede und Stefan Zweig die Trauerrede.

Autobiographisches

In einige seiner Schriften hat Freud Autobiographisches eingefügt. Die wichtigsten Passagen werden im folgenden wiedergegeben. Band- und Seitenzahlen beziehen sich auf die Gesammelten Werke.

Über Deckerinnerungen (1899)[138]

Im Alter von voll drei Jahren habe ich [...] meinen kleinen Geburtsort verlassen, um in eine große Stadt zu übersiedeln [...]. Von der Geburt einer Schwester, die zweieinhalb Jahre jünger ist als ich, weiß ich nichts; die Abreise, der Anblick der Eisenbahn, die lange Wagenfahrt vorher haben keine Spur in meinem Gedächtnis hinterlassen. [...]

Ich sehe eine viereckige, etwas abschüssige Wiese, grün und dicht bewachsen; in dem Grün sehr viele gelbe Blumen, offenbar der gemeine Löwenzahn. Oberhalb der Wiese ein Bauernhaus, vor dessen Tür zwei Frauen stehen, die miteinander angelegentlich plaudern, die Bäuerin im Kopftuch und eine Kinderfrau. Auf der Wiese spielen drei Kinder, eines davon bin ich (zwischen zwei und drei Jahren alt), die beiden anderen mein Vetter, der um ein Jahr älter ist, und meine fast genau gleichaltrige Cousine, seine Schwester. Wir pflücken die gelben Blumen ab und halten jedes eine

138 Freud (1899a). Die einem Patienten in den Mund gelegte Schilderung wurde von Siegfried Bernfeld als verkapptes autobiographisches Fragment identifiziert.

Anzahl von bereits gepflückten in den Händen. Den schönsten Strauß hat das kleine Mädchen; wir Buben aber fallen wie auf Verabredung über sie her und entreißen ihr die Blumen. Sie läuft weinend die Wiese hinauf und bekommt zum Trost von der Bäuerin ein großes Stück Schwarzbrot. Kaum daß wir das gesehen haben, werfen wir die Blumen weg, eilen auch zum Haus und verlangen gleichfalls Brot. Wir bekommen es auch, die Bäuerin schneidet den Laib mit einem langen Messer. Dieses Brot schmeckt mir in der Erinnerung so köstlich und damit bricht die Szene ab. (GW 1, S. 539–541)

Mit siebzehn Jahren nämlich bin ich zuerst wieder als Gymnasiast zum Ferienaufenthalte in meinen Heimatsort gekommen, und zwar als Gast einer uns seit jener Vorzeit befreundeten Familie. Ich weiß sehr wohl, welche Fülle von Erregungen damals Besitz von mir genommen hat. [...] Ich bin das Kind von ursprünglich wohlhabenden Leuten, die, wie ich glaube, in jenem kleinen Provinznest behaglich genug gelebt hatten. Als ich ungefähr drei Jahre alt war, trat eine Katastrophe in dem Industriezweig ein, mit dem sich der Vater beschäftigte. Er verlor sein Vermögen, und wir verließen den Ort notgedrungen, um in eine große Stadt zu übersiedeln. Dann kamen lange harte Jahre; ich glaube, sie waren nicht wert, sich etwas daraus zu merken. In der Stadt fühlte ich mich nie recht behaglich; ich meine jetzt, die Sehnsucht nach den schönen Wäldern der Heimat, in denen ich schon, kaum daß ich gehen konnte, dem Vater zu entlaufen pflegte, wie eine von damals erhaltene Erinnerung bezeugt, hat mich nie verlassen. Es waren meine ersten Ferien auf dem Lande, die mit siebzehn Jahren, und ich war, wie gesagt, Gast einer befreundeten Familie, die seit unserer Übersiedlung groß empor gekommen war. Ich hatte Gelegenheit, die Behäbigkeit, die dort herrschte, mit der Lebensweise bei uns zu

Hause in der Stadt zu vergleichen. [...] in der gastlichen Familie war eine fünfzehnjährige Tochter, in die ich mich sofort verliebte. Es war meine erste Schwärmerei, intensiv genug, aber vollkommen geheim gehalten. Das Mädchen reiste nach wenigen Tagen ab in das Erziehungsinstitut, aus dem sie gleichfalls auf Ferien gekommen war, und diese Trennung nach so kurzer Bekanntschaft brachte die Sehnsucht erst recht in die Höhe. Ich erging mich viele Stunden lang in einsamen Spaziergängen durch die wiedergefundenen herrlichen Wälder mit dem Aufbau von Luftschlössern beschäftigt, die seltsamerweise nicht in die Zukunft streben, sondern die Vergangenheit zu verbessern suchten. Wenn der Zusammenbruch damals nicht eingetreten wäre, wenn ich in der Heimat geblieben wäre, auf dem Lande aufgewachsen, so kräftig geworden wie die jungen Männer des Hauses, die Brüder der Geliebten, und wenn ich dann den Beruf des Vaters fortgesetzt hätte und endlich das Mädchen geheiratet, das ja all die Jahre über mir hätte vertraut werden müssen! Ich zweifelte natürlich keinen Augenblick, daß ich sie unter den Umständen, welche meine Phantasie schuf, ebenso heiß geliebt hätte, wie ich es damals wirklich empfand. Sonderbar, wenn ich sie jetzt gelegentlich sehe – sie hat zufällig hieher geheiratet, – ist sie mir ganz außerordentlich gleichgültig, und doch kann ich mich genau erinnern, wie lange nachher die gelbe Farbe des Kleides, das sie beim ersten Zusammentreffen trug, auf mich gewirkt, wenn ich dieselbe Farbe irgendwo wieder sah. (GW 1, S. 542 f.)

Die Traumdeutung (1900)

Mein Vater machte sich einmal den Scherz, mir und meiner ältesten Schwester ein Buch mit farbigen Tafeln (Beschreibung einer Reise in Persien) zur Vernichtung zu überlassen. Es war erziehlich kaum zu rechtfertigen. Ich war damals fünf Jahre, meine Schwester unter drei Jahren alt, und das Bild, wie wir Kinder überselig dieses Buch zerpflücken (wie eine Artischocke, Blatt für Blatt, muß ich sagen), ist nahezu das einzige, was mir aus dieser Lebenszeit in plastischer Erinnerung geblieben ist. Als ich dann Student wurde, entwickelte sich bei mir eine ausgesprochene Vorliebe, Bücher zu sammeln und zu besitzen (analog der Neigung, aus Monographien zu studieren, eine Liebhaberei, wie sie in den Traumgedanken betreffs Zyklamen und Artischocke bereits vorkommt). Ich wurde ein Bücherwurm. Ich habe diese erste Leidenschaft meines Lebens, seitdem ich über mich nachdenke, immer auf diesen Kindereindruck zurückgeführt, oder vielmehr, ich habe erkannt, daß diese Kinderszene eine »Deckerinnerung« für meine spätere Bibliophilie ist. Natürlich habe ich auch frühzeitig erfahren, daß man durch Leidenschaften leicht in Leiden gerät. Als ich siebzehn Jahre alt war, hatte ich ein ansehnliches Konto beim Buchhändler und keine Mittel, es zu begleichen, und mein Vater ließ es kaum als Entschuldigung gelten, daß sich meine Neigungen auf nichts Böseres geworfen hatten. (GW 2/3, S. 178)

Ich habe die Szene Brutus und Cäsar aus Schillers Gedichten vor einem Auditorium von Kindern aufgeführt, und zwar als vierzehnjähriger Knabe im Verein mit einem um ein Jahr älteren Neffen, der damals aus England zu uns gekommen war, – auch so ein Revenant – denn es war der Gespiele meiner ersten Kinderjahre, der mit ihm wieder auftauchte. Bis zu meinem vollendeten dritten Jahre waren wir unzertrennlich gewesen, hatten einander geliebt und miteinander gerauft [...]. (GW 2/3, S. 427)

[Gymnasialszene aus meinem fünfzehnten Jahr] Wir hatten gegen einen mißliebigen und ignoranten Lehrer eine

Verschwörung angezettelt, deren Seele ein Kollege war, der sich seitdem Heinrich VIII. von England zum Vorbilde genommen zu haben scheint. Die Führung des Hauptschlags fiel mir zu, und eine Diskussion über die Bedeutung der Donau für Österreich (Wachau!) war der Anlaß, bei dem es zur offenen Empörung kam. (GW 2/3, S. 217)

Hannibal [...] war aber der Lieblingsheld meiner Gymnasialjahre gewesen; wie so viele in jenem Alter, hatte ich meine Sympathien während der punischen Kriege nicht den Römern, sondern dem Karthager zugewendet. Als dann im Obergymnasium das erste Verständnis für die Konsequenzen der Abstammung aus landesfremder Rasse erwuchs, und die antisemitischen Regungen unter den Kameraden mahnten, Stellung zu nehmen, da hob sich die Gestalt des semitischen Feldherrn noch höher in meinen Augen. Hannibal und Rom symbolisierten dem Jüngling den Gegensatz zwischen der Zähigkeit des Judentums und der Organisation der katholischen Kirche. Die Bedeutung, welche die antisemitische Bewegung seither für unser Gemütsleben gewonnen hat, verhalf dann den Gedanken und Empfindungen jener früheren Zeit zur Fixierung. So ist der Wunsch, nach Rom zu kommen, für das Traumleben zum Deckmantel und Symbol für mehrere andere heiß ersehnte Wünsche geworden, an deren Verwirklichung man mit der Ausdauer und Ausschließlichkeit des Puniers arbeiten möchte, und deren Erfüllung zeitweilig vom Schicksal ebensowenig begünstigt scheint wie der Lebenswunsch Hannibals, in Rom einzuziehen.

Und nun stoße ich erst auf das Jugenderlebnis, das in all diesen Empfindungen und Träumen noch heute seine Macht äußert. Ich mochte zehn oder zwölf Jahre gewesen sein, als mein Vater begann, mich auf seine Spaziergänge mitzunehmen und mir in Gesprächen seine Ansichten über die Dinge dieser Welt zu eröffnen. So erzählte er mir einmal, um mir zu zeigen, in wieviel bessere Zeiten ich gekommen sei als er: Als ich ein junger Mensch war, bin ich in deinem Geburtsort am Samstag in der Straße spazieren gegangen, schön gekleidet, mit einer neuen Pelzmütze auf dem Kopf. Da kommt ein Christ daher, haut mir mit einem Schlag die Mütze in den Kot, und ruft dabei: Jud, herunter vom Trottoir! »Und was hast du getan?« Ich bin auf den Fahrweg gegangen und habe die Mütze aufgehoben, war die gelassene Antwort. Das schien mir nicht heldenhaft von dem großen starken Mann, der mich Kleinen an der Hand führte. Ich stellte dieser Situation, die mich nicht befriedigte, eine andere gegenüber, die meinen Empfindungen besser entsprach, die Szene, in welcher Hannibals Vater, Hamilkar Barkas, seinen Knaben vor dem Hausaltar schwören läßt, an den Römern Rache zu nehmen. Seitdem hatte Hannibal einen Platz in meinen Phantasien. (GW 2/3, S. 202 f.)

Zur Geschichte der psychoanalytischen Bewegung (1914)

Ein Trost für die schlechte Aufnahme, welche meine Aufstellung der sexuellen Ätiologie der Neurosen auch im engeren Freundeskreis fand – es bildete sich bald ein negativer Raum um meine Person – lag doch in der Überlegung. daß ich für eine neue und originelle Idee den Kampf aufgenommen hatte. Allein eines Tages setzten sich bei mir einige Erinnerungen zusammen, welche diese Befriedigung störten und mir dafür einen schönen Einblick in den Hergang unseres Schaffens und die Natur unseres Wissens gestatteten. Die Idee, für die ich verantwortlich gemacht wurde, war keineswegs in mir entstanden. Sie war mir von drei Personen zugetragen worden, deren Meinung auf meinen tiefsten Respekt rechnen durfte, von Breuer[139] selbst, von Charcot[140] und von dem Gynäkologen unserer Universität Chrobak[141], dem vielleicht hervorragendsten unserer Wiener Ärzte. Alle drei Männer hatten mir eine Einsicht überliefert, die sie, streng genommen, selbst nicht besaßen. Zwei von ihnen verleugneten ihre Mitteilung, als ich sie später daran mahnte, der dritte (Meister Charcot) hätte es wahrscheinlich ebenso getan, wenn es mir vergönnt gewesen wäre, ihn wiederzusehen. In mir aber hatten diese ohne Verständnis aufgenommenen identischen Mitteilungen durch Jahre geschlummert, bis sie eines Tages als eine scheinbar originelle Erkenntnis erwachten.

Als ich eines Tages als junger Spitalsarzt Breuer auf einem Spaziergange durch die Stadt begleitete, trat ein Mann an ihn heran, der ihn dringend sprechen wollte. Ich blieb zurück, und als Breuer frei geworden war, teilte er mir in seiner freundlich belehrenden Weise mit, es sei der Mann einer Patientin gewesen, der eine Nachricht über sie gebracht hätte. Die Frau, fügte er hinzu, benehme sich in Gesellschaften in so auffälliger Art, daß man sie ihm als Nervöse zur Behandlung übergeben habe. Das sind immer *Geheimnisse des Alkovens*, schloß er dann. Ich fragte erstaunt, was er meine, und er erklärte mir das Wort (»des Ehebettes«), weil er nicht verstand, daß mir die Sache so unerhört erschienen war.

Einige Jahre später befand ich mich an einem der Empfangsabende Charcots in der Nähe des verehrten Lehrers, der gerade Brouardel[142] eine, wie es schien, sehr interes-

139 Josef Breuer (1842–1925), Wiener Physiologe, Freuds Mentor und väterlicher Freund.

140 Jean Martin Charcot (1825–1893), berühmter Neurologe, in dessen Klinik in Paris Freud im Herbst und Winter 1885/86 hospitierte.

141 Rudolf Chrobak (1843–1910), Wiener Gynäkologe.

142 Paul Brouardel (1837–1906), Professor der Gerichtsmedizin in Paris.

sante Geschichte aus der Praxis des Tages erzählte. Ich hörte den Anfang ungenau, allmählich fesselte die Erzählung meine Aufmerksamkeit. Ein junges Ehepaar von weit her aus dem Orient, die Frau schwer leidend, der Mann impotent oder recht ungeschickt. *Tâchez donc*, hörte ich Charcot wiederholen, *je vous assure, vous y arriverez.*[143] Brouardel, der weniger laut sprach, muß dann seiner Verwunderung Ausdruck gegeben haben, daß unter solchen Umständen Symptome wie die der Frau zustande kämen. Denn Charcot brach plötzlich mit großer Lebhaftigkeit in die Worte aus: *Mais dans des cas pareils c'est toujours la chose génitale, toujours ... toujours ... toujours.*[144] Und dabei kreuzte er die Hände vor dem Schoß und hüpfte mit der ihm eigenen Lebhaftigkeit mehrmals auf und nieder. Ich weiß, daß ich für einen Augenblick in ein fast lähmendes Erstaunen verfiel und mir sagte: Ja, wenn er das weiß, warum sagt er das nie? Aber der Eindruck war bald vergessen; die Gehirnanatomie und die experimentelle Erzeugung hysterischer Lähmungen hatten alles Interesse absorbiert.

Ein Jahr später hatte ich als Privatdozent für Nervenkrankheiten meine ärztliche Tätigkeit in Wien begonnen und war in allem, was Ätiologie der Neurosen betraf, so unschuldig und so unwissend geblieben, wie man es nur von einem hoffnungsvollen Akademiker fordern darf. Da traf mich eines Tages ein freundlicher Ruf Chrobaks, eine Patientin von ihm zu übernehmen, welcher er in seiner neuen Stellung als Universitätslehrer nicht genug Zeit widmen könne. Ich kam früher als er zur Kranken und erfuhr, daß sie an sinnlosen Angstanfällen leide, die nur durch die sorgfältigste Information, wo sich zu jeder Zeit des Tages ihr Arzt befinde, beschwichtigt werden könnten. Als

143 Bemühen Sie sich, ich versichere Ihnen, Sie werden es schaffen.

144 In solchen Fällen ist es immer eine Frage der Sexualität, immer ... immer ... immer.

Chrobak erschien, nahm er mich beiseite und eröffnete mir, die Angst der Patientin rühre daher, daß sie trotz achtzehnjähriger Ehe Virgo intacta[145] sei. Der Mann sei absolut impotent. Dem Arzt bleibe in solchen Fällen nichts übrig, als das häusliche Mißgeschick mit seiner Reputation zu decken und es sich gefallen zu lassen, wenn man achselzuckend über ihn sage: Der kann auch nichts, wenn er sie in soviel Jahren nicht hergestellt hat. Das einzige Rezept für solche Leiden, fügte er hinzu, ist uns wohl bekannt, aber wir können es nicht verordnen. Es lautet:

Rp. Penis normalis
dosim
Repetatur!

Ich hatte von solchem Rezept nichts gehört und hätte gern den Kopf geschüttelt über den Zynismus meines Gönners.

Ich habe die erlauchte Abkunft der verruchten Idee gewiß nicht darum aufgedeckt, weil ich die Verantwortung für sie auf andere abwälzen möchte. Ich weiß schon, daß es etwas anderes ist, eine Idee ein oder mehrere Male in Form eines flüchtigen Aperçus auszusprechen – als: ernst mit ihr zu machen, sie wörtlich zu nehmen, durch alle widerstrebenden Details hindurchzuführen und ihr ihre Stellung unter den anerkannten Wahrheiten zu erobern. (GW 10, S. 50–52)

Selbstdarstellung (1925)

Ich bin am 6. Mai 1856 zu Freiberg in Mähren geboren, einem kleinen Städtchen der heutigen Tschechoslowakei. Meine Eltern waren Juden, auch ich bin Jude geblieben.

145 Intakte Jungfrau.

Von meiner väterlichen Familie glaube ich zu wissen, daß sie lange Zeit am Rhein (in Köln) gelebt hat, aus Anlaß einer Judenverfolgung im vierzehnten oder fünfzehnten Jahrhundert nach dem Osten flohen und im Laufe des neunzehnten Jahrhunderts die Rückwanderung von Litauen über Galizien nach dem deutschen Österreich antrat. Als Kind von vier Jahren kam ich nach Wien, wo ich alle Schulen durchmachte. Auf dem Gymnasium war ich durch sieben Jahre Primus, hatte eine bevorzugte Stellung, wurde kaum je geprüft. Obwohl wir in sehr beengten Verhältnissen lebten, verlangte mein Vater, daß ich in der Berufswahl nur meinen Neigungen folgen sollte. Eine besondere Vorliebe für die Stellung und Tätigkeit des Arztes habe ich in jenen Jugendjahren nicht verspürt, übrigens auch später nicht. Eher bewegte mich eine Art von Wißbegierde, die sich aber mehr auf menschliche Verhältnisse als auf natürliche Objekte bezog und auch den Wert der Beobachtung als eines Hauptmittels zu ihrer Befriedigung nicht erkannt hatte. Indes, die damals aktuelle Lehre Darwins zog mich mächtig an, weil sie eine außerordentliche Förderung des Weltverständnisses versprach, und ich weiß, daß der Vortrag von Goethes schönem Aufsatz »Die Natur« in einer populären Vorlesung kurz vor der Reifeprüfung die Entscheidung gab, daß ich Medizin inskribierte.

Die Universität, die ich 1873 bezog, brachte mir zunächst einige fühlbare Enttäuschungen. Vor allem traf mich die Zumutung, daß ich mich als minderwertig und nicht volkszugehörig fühlen sollte, weil ich Jude war. Das erstere lehnte ich mit aller Entschiedenheit ab. Ich habe nie begriffen, warum ich mich meiner Abkunft, oder wie man zu sagen begann: Rasse, schämen sollte. Auf die mir verweigerte Volksgemeinschaft verzichtete ich ohne viel Bedauern. Ich meinte, daß sich für einen eifrigen Mitarbeiter ein Plätzchen innerhalb des Rahmens des Menschtums auch ohne solche Einreihung finden müsse. Aber eine für später wichtige Folge dieser ersten Eindrücke von der Universität war, daß ich so frühzeitig mit dem Lose vertraut wurde, in der Opposition zu stehen und von der »kompakten Majorität« in Bann getan zu werden. Eine gewisse Unabhängigkeit des Urteils wurde so vorbereitet.

Außerdem mußte ich in den ersten Universitätsjahren die Erfahrung machen, daß Eigenheit und Enge meiner Begabungen mir in mehreren wissenschaftlichen Fächern, auf die ich mich in jugendlichem Übereifer gestürzt hatte, jeden Erfolg versagten. Ich lernte so die Wahrheit der Mahnung Mephistos erkennen:

Vergebens, daß ihr ringsum wissenschaftlich schweift,
Ein jeder lernt nur, was er lernen kann.

Im physiologischen Laboratorium von Ernst Brücke fand ich endlich Ruhe und volle Befriedigung, auch die Personen, die ich respektieren und zu Vorbildern nehmen konnte. Brücke stellte mir eine Aufgabe aus der Histologie des Nervensystems, die ich zu seiner Zufriedenheit lösen und selbständig weiterführen konnte. Ich arbeitete in diesem Institut von 1876–1882 mit kurzen Unterbrechungen und galt allgemein als designiert für die nächste sich dort ergebende Assistentenstelle. Die eigentlich medizinischen Fächer zogen mich – mit Ausnahme der Psychiatrie – nicht an. Ich betrieb das medizinische Studium recht nachlässig, wurde auch erst 1881, mit ziemlicher Verspätung also, zum Doktor der gesamten Heilkunde promoviert.

Die Wendung kam 1882, als mein über alles verehrter Lehrer den großmütigen Leichtsinn meines Vaters korrigierte, indem er mich mit Rücksicht auf meine schlechte materielle Lage dringend mahnte, die theoretische Laufbahn aufzugeben. Ich folgte seinem Rate, verließ das physiologische Laboratorium und trat als Aspirant in das Allgemeine Krankenhaus ein. Dort wurde ich nach einiger

Zeit zum Sekundararzt (Interne) befördert und diente an verschiedenen Abteilungen, auch länger als ein halbes Jahr bei Meynert[146], dessen Werk und Persönlichkeit mich schon als Studenten gefesselt hatten.

In gewissem Sinne blieb ich doch der zuerst eingeschlagenen Arbeitsrichtung treu. Brücke hatte mich an das Rückenmark eines der niedrigsten Fische (Ammocoetes-Petromyzon) als Untersuchungsobjekt gewiesen, ich ging nun zum menschlichen Zentralnervensystem über, auf dessen verwickelte Faserung die Flechsigschen[147] Funde der ungleichzeitigen Markscheidenbildung damals gerade ein helles Licht warfen. Auch daß ich mir zunächst einzig und allein die Medulla oblongata[148] zum Objekt wählte, war eine Fortwirkung meiner Anfänge. Recht im Gegensatz zur diffusen Natur meiner Studien in den ersten Universitätsjahren entwickelte ich nun eine Neigung zur ausschließenden Konzentration der Arbeit auf einen Stoff oder ein Problem. Diese Neigung ist mir verblieben und hat mir später den Vorwurf der Einseitigkeit eingetragen.

Ich war nun ein ebenso eifriger Arbeiter im gehirnanatomischen Institut wie früher im physiologischen. Kleine Arbeiten über Faserverlauf und Kernursprünge in der Oblongata sind in diesen Spitalsjahren entstanden und immerhin von Edinger[149] vermerkt worden. Eines Tages machte mir Meynert, der mir das Laboratorium eröffnet hatte, auch als ich nicht bei ihm diente, den Vorschlag, ich solle mich endgiltig der Gehirnanatomie zuwenden, er verspreche, mir seine Vorlesung abzutreten, denn er fühle sich zu alt, um die neueren Methoden zu handhaben. Ich lehnte, erschreckt durch die Größe der Aufgabe, ab; auch

146 Theodor Meynert (1833–1892), Wiener Psychiater.

147 Paul Flechsig (1847–1929), Leipziger Hirnpathologe.

148 Teil des Hirnstamms.

149 Ludwig Edinger (1855–1918), Frankfurter Neurologe.

mochte ich damals schon erraten haben, daß der geniale Mann mir keineswegs wohlwollend gesinnt sei.

Die Gehirnanatomie war in praktischer Hinsicht gewiß kein Fortschritt gegen die Physiologie. Den materiellen Anforderungen trug ich Rechnung, indem ich das Studium der Nervenkrankheiten begann. Dieses Spezialfach wurde damals in Wien wenig gepflegt, das Material war auf verschiedenen internen Abteilungen verstreut, es gab keine gute Gelegenheit sich auszubilden, man mußte sein eigener Lehrer sein. Auch Nothnagel[150], den man kurz vorher auf Grund seines Buches über die Gehirnlokalisation berufen hatte, zeichnete die Neuropathologie nicht vor anderen Teilgebieten der internen Medizin aus. In der Ferne leuchtete der große Name Charcots und so machte ich mir den Plan, hier die Dozentur für Nervenkrankheiten zu erwerben und dann zur weiteren Ausbildung nach Paris zu gehen.

In den nun folgenden Jahren sekundarärztlichen Dienstes veröffentlichte ich mehrere kasuistische Beobachtungen über organische Krankheiten des Nervensystems. Ich wurde allmählich mit dem Gebiet vertraut; ich verstand es, einen Herd in der Oblongata so genau zu lokalisieren, daß der pathologische Anatom nichts hinzuzusetzen hatte, ich war der erste in Wien, der einen Fall mit der Diagnose Polyneuritis acuta[151] zur Sektion schickte. Der Ruf meiner durch die Autopsie bestätigten Diagnosen trug mir den Zulauf amerikanischer Ärzte ein, denen ich in einer Art von Pidgin-English Kurse an den Kranken meiner Abteilung las. Von den Neurosen verstand ich nichts. Als ich einmal meinen Hörern einen Neurotiker mit fixiertem Kopfschmerz als Fall von chronischer zirkumskripter Meningitis vorstellte, fielen sie alle in berechtigter kritischer Auflehnung von mir ab und meine vorzeitige Lehrtätigkeit

150 Hermann Nothnagel (1841–1905), Wiener Internist.

151 Akute Lähmungen der Muskeln, zum Teil mit Herz-, Kreislauf- und Atemstörungen.

hatte ein Ende. Zu meiner Entschuldigung sei bemerkt, es war die Zeit, da auch größere Autoritäten in Wien die Neurasthenie als Hirntumor zu diagnostizieren pflegten.

Im Frühjahr 1885 erhielt ich die Dozentur für Neuropathologie auf Grund meiner histologischen und klinischen Arbeiten. Bald darauf wurde mir infolge des warmen Fürspruchs Brückes ein größeres Reisestipendium zugeteilt. Im Herbst dieses Jahres reiste ich nach Paris.

Ich trat als Eleve in die Salpêtrière[152] ein, fand aber anfangs als einer der vielen Mitläufer aus der Fremde wenig Beachtung. Eines Tages hörte ich Charcot sein Bedauern darüber äußern, daß der deutsche Übersetzer seiner Vorlesungen seit dem Kriege nichts von sich habe hören lassen. Es wäre ihm lieb, wenn jemand die deutsche Übersetzung seiner »Neuen Vorlesungen« übernehmen würde. Ich bot mich schriftlich dazu an; ich weiß noch, daß der Brief die Wendung enthielt, ich sei bloß mit der Aphasie motrice, aber nicht mit der Aphasie sensorielle du français[153] behaftet. Charcot akzeptierte mich, zog mich in seinen Privatverkehr und von da an hatte ich meinen vollen Anteil an allem, was auf der Klinik vorging.

Während ich dies schreibe, erhalte ich zahlreiche Aufsätze und Zeitungsartikel aus Frankreich, die von dem heftigen Sträuben gegen die Aufnahme der Psychoanalyse zeugen und oft die unzutreffendsten Behauptungen über mein Verhältnis zur französischen Schule aufstellen. So lese ich z. B., daß ich meinen Aufenthalt in Paris dazu benützt, mich mit den Lehren von P. Janet[154] vertraut zu ma-

152 Pariser Universitätsklinik.

153 Scherzhafte Bemerkung, Freud habe nur eine »motorische Aphasie«, könne also nicht richtig Französisch sprechen, verstehen könne er die Sprache aber wohl.

154 Pierre Janet (1859–1947), französischer Psychologe; er beschäftigte sich als einer der ersten mit Fragen des Unbewußten, stand jedoch später der Psychoanalyse kritisch gegenüber.

chen, und dann mit meinem Raube die Flucht ergriffen habe. Ich will darum ausdrücklich erwähnen, daß der Name Janets während meines Verweilens an der Salpêtrière überhaupt nicht genannt wurde.

Von allem, was ich bei Charcot sah, machten mir den größten Eindruck seine letzten Untersuchungen über die Hysterie, die zum Teil noch unter meinen Augen ausgeführt wurden. Also der Nachweis der Echtheit und Gesetzmäßigkeit der hysterischen Phänomene (»Introite et hic dii sunt«)[155], des häufigen Vorkommens der Hysterie bei Männern, die Erzeugung hysterischer Lähmungen und Kontrakturen[156] durch hypnotische Suggestion, das Ergebnis, daß diese Kunstprodukte dieselben Charaktere bis ins einzelne zeigen wie die spontanen, oft durch Trauma hervorgerufenen Zufälle. Manche von Charcots Demonstrationen hatten bei mir wie bei anderen Gästen zunächst Befremden und Neigung zum Widerspruch erzeugt, den wir durch Berufung auf eine der herrschenden Theorien zu stützen versuchten. Er erledigte solche Bedenken immer freundlich und geduldig, aber auch sehr bestimmt; in einer dieser Diskussionen fiel das Wort: *Ça n'empêche pas d'exister*,[157] das sich mir unvergeßlich eingeprägt hat.

Bekanntlich ist heute nicht mehr alles aufrecht geblieben, was uns Charcot damals lehrte. Einiges ist unsicher geworden, anderes hat die Probe der Zeit offenbar nicht bestanden. Aber es ist genug davon übrig geblieben, was als dauernder Besitz der Wissenschaft gewertet wird. Ehe ich Paris verließ, verabredete ich mit dem Meister den Plan einer Arbeit zur Vergleichung der hysterischen mit den organischen Lähmungen. Ich wollte den Satz durchführen, daß bei der Hysterie Lähmungen und Anästhesien einzelner Körperteile sich so abgrenzen, wie es der gemeinen

155 »Tretet ein, auch hier sind Götter« (Heraklit).
156 Sehnenverkürzung.
157 Und doch gibt es sie.

(nicht anatomischen) Vorstellung des Menschen entspricht. Er war damit einverstanden, aber es war leicht zu sehen, daß er im Grunde keine besondere Vorliebe für ein tieferes Eingehen in die Psychologie der Neurose hatte. Er war doch von der pathologischen Anatomie her gekommen.

Ehe ich nach Wien zurückkehrte, hielt ich mich einige Wochen in Berlin auf, um mir einige Kenntnisse über die allgemeinen Erkrankungen des Kindesalters zu holen. Kassowitz[158] in Wien, der ein öffentliches Kinderkrankeninstitut leitete, hatte versprochen, mir dort eine Abteilung für Nervenkrankheiten der Kinder einzurichten. Ich fand in Berlin bei Ad. Baginsky[159] freundliche Aufnahme und Förderung. Aus dem Kassowitzschen Institut habe ich im Laufe der nächsten Jahre mehrere größere Arbeiten über die einseitigen und doppelseitigen Gehirnlähmungen der Kinder veröffentlicht. Demzufolge übertrug mir auch später 1897 Nothnagel die Bearbeitung des entsprechenden Stoffes in seinem großen »Handbuch der allgemeinen und speziellen Therapie«.

Im Herbst 1886 ließ ich mich in Wien als Arzt nieder und heiratete das Mädchen, das seit länger als vier Jahren in einer fernen Stadt auf mich gewartet hatte. Ich kann hier rückgreifend erzählen, daß es die Schuld meiner Braut war, wenn ich nicht schon in jenen jungen Jahren berühmt geworden bin. Ein abseitiges, aber tiefgehendes Interesse hatte mich 1884 veranlaßt, mir das damals wenig bekannte Alkaloid Kokain von Merck[160] kommen zu lassen und dessen physiologische Wirkungen zu studieren. Mitten in dieser Arbeit eröffnete sich mir die Aussicht einer Reise, um meine Verlobte wiederzusehen, von der ich zwei Jahre getrennt gewesen war. Ich schloß die Untersuchung über das

158 Max Kassowitz (1842–1913), Wiener Kinderarzt.

159 Adolf Baginsky (1843–1922), Berliner Kinderarzt.

160 Darmstädter Pharmaunternehmen.

Kokain rasch ab und nahm in meine Publikation die Vorhersage auf, daß sich bald weitere Verwendungen des Mittels ergeben würden. Meinem Freunde, dem Augenarzt L. Königstein[161], legte ich aber nahe, zu prüfen, inwieweit sich die anästhesierenden Eigenschaften des Kokains am kranken Auge verwerten ließen. Als ich vom Urlaub zurückkam, fand ich, daß nicht er, sondern ein anderer Freund, Carl Koller[162] (jetzt in New York), dem ich auch vom Kokain erzählt, die entscheidenden Versuche am Tierauge angestellt und sie auf dem Ophtalmologenkongreß zu Heidelberg demonstriert hatte. Koller gilt darum mit Recht als der Entdecker der Lokalanästhesie durch Kokain, die für die kleine Chirurgie so wichtig geworden ist; ich aber habe mein damaliges Versäumnis meiner Braut nicht nachgetragen.

Ich wende mich nun wieder zu meiner Niederlassung als Nervenarzt in Wien 1886. Es lag mir die Verpflichtung ob, in der »Gesellschaft der Ärzte« Bericht über das zu erstatten, was ich bei Charcot gesehen und gelernt hatte. Allein ich fand eine üble Aufnahme. Maßgebende Personen wie der Vorsitzende, der Internist Bamberger[163], erklärten das, was ich erzählte, für unglaubwürdig. Meynert forderte mich auf, Fälle, wie die von mir geschilderten, doch in Wien aufzusuchen und der Gesellschaft vorzustellen. Dies versuchte ich auch, aber die Primarärzte, auf deren Abteilung ich solche Fälle fand, verweigerten es mir, sie zu beobachten oder zu bearbeiten. Einer von ihnen, ein alter Chirurg, brach direkt in den Ausruf aus: »Aber Herr Kollege, wie können Sie solchen Unsinn reden! Hysteron (sic!) heißt doch der Uterus. Wie kann denn ein Mann hysterisch sein?« Ich wendete vergebens ein, daß ich nur die Verfügung über den Krankheitsfall brauchte und nicht die Genehmigung mei-

161 Leopold Königstein (1850–1924), Wiener Augenarzt.
162 Karl Koller (1857–1944), Wiener Augenarzt.
163 Heinrich Bamberger (1822–1888), Wiener Internist.

ner Diagnose. Endlich trieb ich außerhalb des Spitals einen Fall von klassischer hysterischer Hemianästhesie[164] bei einem Manne auf, den ich in der »Gesellschaft der Ärzte« demonstrierte. Diesmal klatschte man mir Beifall, nahm aber weiter kein Interesse an mir. Der Eindruck, daß die großen Autoritäten meine Neuigkeiten abgelehnt hätten, blieb unerschüttert; ich fand mich mit der männlichen Hysterie und der suggestiven Erzeugung hysterischer Lähmungen in die Opposition gedrängt. Als mir bald darauf das hirnanatomische Laboratorium versperrt wurde und ich durch Semester kein Lokal hatte, in dem ich meine Vorlesungen abhalten konnte, zog ich mich aus dem akademischen und Vereinsleben zurück. Ich habe die »Gesellschaft der Ärzte« seit einem Menschenalter nicht mehr besucht.

Wenn man von der Behandlung Nervenkranker leben wollte, mußte man offenbar ihnen etwas leisten können. Mein therapeutisches Arsenal umfaßte nur zwei Waffen, die Elektrotherapie und die Hypnose, denn die Versendung in die Wasserheilanstalt nach einmaliger Konsultation war keine zureichende Erwerbsquelle. In der Elektrotherapie vertraute ich mich dem Handbuch von W. Erb an, welches detaillierte Vorschriften für die Behandlung aller Symptome der Nervenleiden zur Verfügung stellte. Leider mußte ich bald erfahren, daß die Befolgung dieser Vorschriften niemals half, daß, was ich für den Niederschlag exakter Beobachtung gehalten hatte, eine phantastische Konstruktion war. Die Einsicht, daß das Werk des ersten Namens der deutschen Neuropathologie nicht mehr Beziehung zur Realität habe als etwa ein »ägyptisches« Traumbuch, wie es in unseren Volksbuchhandlungen verkauft wird, war schmerzlich, aber sie verhalf dazu, wieder ein Stück des naiven Autoritätsglaubens abzutragen, von dem ich noch nicht frei war. So schob ich denn den elektrischen Apparat

164 Empfindungslosigkeit einer Körperhälfte.

beiseite, noch ehe Möbius[165] das erlösendende Wort gesprochen hatte, die Erfolge der elektrischen Behandlung bei Nervenkranken seien – wo sie sich überhaupt ergeben – eine Wirkung der ärztlichen Suggestion.

Mit der Hypnose stand es besser. Noch als Student hatte ich einer öffentlichen Vorstellung des »Magnetiseurs« Hansen[166] beigewohnt und bemerkt, daß eine der Versuchspersonen totenbleich wurde, als sie in kataleptische Starre[167] geriet und während der ganzen Dauer des Zustandes so verharrte. Damit war meine Überzeugung von der Echtheit der hypnotischen Phänomene fest begründet. Bald nachher fand diese Auffassung in Heidenhain[168] ihren wissenschaftlichen Vertreter, was aber die Professoren der Psychiatrie nicht abhielt, noch auf lange hinaus die Hypnose für etwas Schwindelhaftes und überdies Gefährliches zu erklären und auf die Hypnotiseure geringschätzig herabzuschauen. In Paris hatte ich gesehen, daß man sich der Hypnose unbedenklich als Methode bediente, um bei den Kranken Symptome zu schaffen und wieder aufzuheben. Dann drang die Kunde zu uns, daß in Nancy eine Schule entstanden war, welche die Suggestion mit oder ohne Hypnose im großen Ausmaße und mit besonderem Erfolg zu therapeutischen Zwecken verwendete. Es machte sich so ganz natürlich, daß in den ersten Jahren meiner ärztlichen Tätigkeit, von den mehr zufälligen und nicht systematischen psychotherapeutischen Methoden abgesehen, die hypnotische Suggestion mein hauptsächliches Arbeitsmittel wurde.

Damit war zwar der Verzicht auf die Behandlung der organischen Nervenkrankheiten gegeben, aber das verschlug wenig. Denn einerseits gab die Therapie dieser Zustände

165 Paul Möbius (1853–1907), Leipziger Nervenarzt.
166 Karl Hansen (1833–1897), dänischer Hypnotiseur.
167 Körperliche Starre bei wachem Bewußtsein.
168 Rudolf Heidenhain (1834–1897), Breslauer Physiologe.

überhaupt keine erfreuliche Aussicht und anderseits verschwand in der Stadtpraxis des Privatarztes die geringe Anzahl der an ihnen Leidenden gegen die Menge von Nervösen, die sich überdies dadurch vervielfältigten, daß sie unerlöst von einem Arzt zum anderen liefen. Sonst aber war die Arbeit mit der Hypnose wirklich verführerisch. Man hatte zum erstenmal das Gefühl seiner Ohnmacht überwunden, der Ruf des Wundertäters war sehr schmeichelhaft. Welches die Mängel des Verfahrens waren, sollte ich später entdecken. Vorläufig konnte ich mich nur über zwei Punkte beklagen, erstens, daß es nicht gelang, alle Kranken zu hypnotisieren; zweitens, daß man es nicht in der Hand hatte, den einzelnen in so tiefe Hypnose zu versetzen, als man gewünscht hätte. In der Absicht, meine hypnotische Technik zu vervollkommnen, reiste ich im Sommer 1889 nach Nancy, wo ich mehrere Wochen zubrachte. Ich sah den rührenden alten Liébault[169] bei seiner Arbeit an den armen Frauen und Kindern der Arbeiterbevölkerung, wurde Zeuge der erstaunlichen Experimente[170] Bernheims an seinen Spitalspatienten und holte mir die stärksten Eindrücke von der Möglichkeit mächtiger seelischer Vorgänge, die doch dem Bewußtsein des Menschen verhüllt bleiben. Zum Zwecke der Belehrung hatte ich eine meiner Patientinnen bewogen, nach Nancy nachzukommen. Es war eine vornehme, genial begabte Hysterika, die mir überlassen worden war, weil man nichts mit ihr anzufangen wußte. Ich hatte ihr durch hypnotische Beeinflussung eine menschenwürdige Existenz ermöglicht und konnte sie immer wieder aus dem Elend ihrer Zustände herausheben. Daß sie jedesmal nach einiger Zeit rückfällig wurde, schob ich in meiner damaligen Unkenntnis darauf, daß ihre Hypnose niemals den Grad von

169 Ambroise Auguste Liébeault (1823–1904), französischer Psychiater.

170 Im wesentlichen Suggestionen.

Somnambulismus mit Amnesie erreicht hatte. Bernheim versuchte es nun mit ihr wiederholte Male, brachte es aber auch nicht weiter. Er gestand mir freimütig, daß er die großen therapeutischen Erfolge durch die Suggestion nur in seiner Spitalspraxis, nicht auch an seinen Privatpatienten erziele. Ich hatte viele anregende Unterhaltungen mit ihm und übernahm es, seine beiden Werke über die Suggestion und ihre Heilwirkungen ins Deutsche zu übersetzen.

Im Zeitraum von 1886–1891 habe ich wenig wissenschaftlich gearbeitet und kaum etwas publiziert. Ich war davon in Anspruch genommen, mich in den neuen Beruf zu finden und meine materielle Existenz sowie die meiner rasch anwachsenden Familie zu sichern. 1891 erschien die erste der Arbeiten über die Gehirnlähmungen der Kinder, in Gemeinschaft mit meinem Freunde und Assistenten Dr. Oskar Rie[171] abgefaßt. In demselben Jahre veranlaßte mich ein Auftrag der Mitarbeiterschaft an einem Handwörterbuch der Medizin, die Lehre von der Aphasie zu erörtern, die damals von den rein lokalisatorischen Gesichtspunkten Wernicke-Lichtheims[172] beherrscht war. Ein kleines kritisch-spekulatives Buch »Zur Auffassung der Aphasien« war die Frucht dieser Bemühung. (GW 14, S. 34–42)

171 Oscar Rie (1863–1931), Wiener Kinderarzt.

172 Carl Wernicke (1848–1905), deutscher Psychiater; Ludwig Lichtheim (1845–1915), deutscher Internist.

Leidenschaften

Rauchen

Freud begann mit 24 Jahren zu rauchen, zuerst Pfeife und Zigaretten, später – mit wenigen Ausnahmen – Zigarren, im Schnitt zwanzig pro Tag. In den 1890er Jahren gab er das Rauchen zeitweilig auf, weil er über längere Zeiten Herzbeschwerden hatte und Freunde und Kollegen das Rauchen dafür mitverantwortlich machten. Freud hatte das Gefühl, »der Cigarre eine große Steigerung meiner Arbeitsfähigkeit und eine Erleichterung meiner Selbstbeherrschung zu verdanken«[173]. Es galt ihm »als Schutz und Waffe im Kampf mit dem Leben«[174].

Nachdem 1923 in Freuds Mundhöhle ein Krebsgeschwür entdeckt worden war und er sich bis an sein Lebensende mehr als 30 Operationen unterziehen mußte, schränkte er das Rauchen stark ein. Doch aufgegeben hat er es auch in den letzten Wochen vor seinem Tod nicht.

Freud war sich im klaren darüber, daß das Rauchen für ihn die Qualität einer Sucht hatte. Diese Sucht hatte für ihn zwei Gründe: Identifizierung mit dem Vater und Ersatz für die Ursucht des Masturbierens.

173 Schur (1982), S. 82.
174 Freud (1966a), S. 205.

Reisen[175]

Seit seiner Gymnasialzeit beherrschte ihn eine »glühende Sehnsucht zu reisen und die Welt zu sehen«[176]. Er hat seinen Reisedrang selbst analysiert, und zwar im Zusammenhang mit einer »Erinnerungsstörung auf der Akropolis« während seiner Griechenlandreise im Jahre 1904. Gegenüber Romain Rolland bekannte er: »Ich habe [...] daran gezweifelt, daß ich Athen je werde sehen können. So weit zu reisen, es so weit zu bringen, erschien mir außerhalb jeder Möglichkeit. Das hing mit der Enge und der Armseligkeit unserer Lebensverhältnisse in meiner Jugend zusammen. Die Sehnsucht zu reisen war gewiß auch ein Ausdruck des Wunsches, jenem Druck zu entkommen, verwandt dem Drang, der so viele halbwüchsige Kinder dazu antreibt, vom Hause durchzugehen. Es war mir längst klar geworden, daß ein großes Stück der Lust am Reisen in der Erfüllung dieser frühen Wünsche besteht, also in der Unzufriedenheit mit Haus und Familie wurzelt. Wenn man zuerst das Meer sieht, den Ozean überquert, Städte und Länder als Wirklichkeiten erlebt, die so lange ferne, unerreichbare Wunschdinge waren, so fühlt man sich wie ein Held, der unwahrscheinlich große Taten vollbracht hat.«[177]

Reisen war für Freud ein Zeichen von Freiheit und zugleich ein Symbol der Loslösung vom Vater. Er gab wohl seinem Vater die Schuld für die unbefriedigende Situation zu Hause, in der er eine Ursache seines Reisedrangs sah. Der Vater starb im Oktober 1896, und Freud hatte »ein recht entwurzeltes Gefühl«[178]. Er versuchte den Boden unter den Füßen wiederzugewinnen, indem er schon wenige

175 Vgl. dazu auch Tögel (1989), Freud (2002).
176 Freud (1936a), S. 257.
177 Freud (1936a), S. 256.
178 Freud (1985c), S. 213.

Tage nach der Beerdigung damit begann, Skulpturen zu sammeln – neben dem Reisen ein weiterer Versuch, sich Ersatz für den erlittenen Verlust zu schaffen.

Für Freud waren die Sommerreisen der Höhepunkt eines jeden Jahres. Er bereitete sich gründlich auf sie vor und spielte verschiedene Varianten durch. Gewöhnlich verbrachte er einen Teil des Sommers mit seiner Familie in einem Standquartier in den Alpen. Dann trennte er sich von seiner Frau, den Töchtern Mathilde, Sophie und Anna und den Söhnen Jean-Martin, Oliver und Ernst, um eine größere Rundreise, meistens durch Italien, anzutreten. Begleitet wurde er von seinem Bruder Alexander oder seiner Schwägerin Minna Bernays, manchmal auch von seinem Kollegen Sándor Ferenczi und nur ganz gelegentlich von seiner Frau, mit der er brieflich den Kontakt hielt. Als die Kinder größer wurden, erhielten auch sie Post von unterwegs, manchmal in einer Serie von Ansichtskarten mit fortlaufendem Text, jede an ein anderes Kind adressiert.

Bei seinen Touren legte er ein atemberaubendes Tempo an den Tag, so daß Schwägerin Minna behauptete, es sei sein Ideal gewesen, auf Reisen jede Nacht an einem anderen Ort zu verbringen.[179] Auch sein Schüler Hanns Sachs schreibt, daß »die Begleiter auf seinen Reisen [...] klagten, daß er sie übermüde«[180].

Im Alter, als er sich schon vielen Krebsoperationen hatte unterziehen müssen, wurde ihm die Psychodynamik seines Reisedrangs klar. Im letzten Satz seines Briefes an Romain Rolland von 1936 deutet er den Zusammenhang zwischen seinem Verhältnis zum Vater, seiner eigenen Krankheit und dem fortgeschrittenen Alter an: »Und jetzt werden Sie sich nicht mehr verwundern, daß mich die Erinnerung

179 Jones (1960–1962), Bd. 1, S. 387.
180 Sachs (1982), S. 99 f.

an das Erlebnis auf der Akropolis so oft heimsucht, seitdem ich selbst alt, der Nachsicht bedürftig geworden bin und nicht mehr reisen kann.«[181]

Archäologie und Antiquitäten[182]

Freud hat nach eigenem Zeugnis »mehr Archäologie als Psychologie gelesen«[183] und erhebliche finanzielle Mittel in seine Antiquitätensammlung gesteckt. Schon auf seiner ersten größeren Italienreise im Jahre 1896 erwarb er Kopien antiker Statuen.

Besonders faszinierte ihn die methodologischen Parallelen zwischen Psychoanalyse und Archäologie. In einem Vortrag verwies er auf die Analogie zwischen dem Vorgehen des Archäologen und dem des Arztes, der hysterische Symptome behandelt: »Nehmen Sie an, ein reisender Forscher käme in eine wenig bekannte Gegend, in welcher ein Trümmerfeld mit Mauerresten, Bruchstücken von Säulen, von Tafeln mit verwischten und unlesbaren Schriftzeichen sein Interesse erweckte. Er kann sich damit begnügen, zu beschauen, was frei zutage liegt, dann die in der Nähe hausenden, etwa halbbarbarischen Einwohner ausfragen, was ihnen die Tradition über die Geschichte und Bedeutung jener monumentalen Reste kundgegeben hat, ihre Auskünfte aufzeichnen und – weiterreisen. Er kann aber auch anders vorgehen; er kann Hacken, Schaufeln und Spaten mitgebracht haben, die Anwohner für die Arbeit mit diesen Werkzeugen bestimmen, mit ihnen das Trümmerfeld in Angriff nehmen, den Schutt wegschaffen und

181 Freud (1936a), S. 257.
182 Vgl. dazu auch Marinelli (1998).
183 Freud (1960a), S. 399.

von den sichtbaren Resten aus das Vergrabene aufdecken. Lohnt der Erfolg seine Arbeit, so erläutern die Funde sich selbst; die Mauerreste gehören zur Umwallung eines Palastes oder Schatzhauses, aus den Säulentrümmern ergänzt sich ein Tempel, die zahlreich gefundenen, im glücklichen Falle bilinguen Inschriften enthüllen ein Alphabet und eine Sprache, und deren Entzifferung und Übersetzung ergibt ungeahnte Aufschlüsse über die Ereignisse der Vorzeit, zu deren Gedächtnis jene Monumente erbaut worden sind.«[184]

Auch die Geschichte der Psychologie barg viele wertvolle Andeutungen, zahlreiche Philosophen und Dichter waren dem Wesen des Unbewußten nahegekommen. Und doch gab es keine Topographie der menschlichen Psyche, die als Grundlage der Psychologie hätte dienen können. Sie zu entwickeln, dafür erschien Freud ein der Archäologie analoges Vorgehen die einzig erfolgversprechende Methode. Über vierzig Jahre nach der ersten Erwähnung der Analogie zwischen Archäologie und psychoanalytischer Arbeit, nachdem er Griechenland besucht und fast zwanzig Italienreisen unternommen hatte, kommt er noch einmal auf diesen Zusammenhang zurück: »Aber wie der Archäologe aus stehengebliebenen Mauerresten die Wandungen des Gebäudes aufbaut, aus Vertiefungen im Boden die Anzahl und Stellung von Säulen bestimmt, aus den im Schutt gefundenen Resten die einstigen Wandverzierungen und Wandgemälde wiederherstellt, genauso geht der Analytiker vor, wenn er seine Schlüsse aus Erinnerungsbrokken, Assoziationen und aktiven Äußerungen des Analysierten zieht.«[185]

Besonders nachdem Freud aufgrund seiner Krebserkrankung nicht mehr reisen und damit auch nicht mehr die

184 Freud (1896c), S. 426.
185 Freud (1937d), S. 46.

Ausgrabungsstätten selbst besichtigen konnte, konzentrierte er sich mehr und mehr auf das Sammeln. Am Ende seines Lebens besaß er mehr als 2000 antike Stücke, von denen sich heute die meisten im Freud Museum in London befinden.

Berühmte Fälle

In den ersten Jahren seiner Ostern 1886 eröffneten nervenärztlichen Privatpraxis war Freud unterschiedlich ausgelastet. Erst Mitte der neunziger Jahre verstärkte sich der Patientenzulauf, so daß er bald zehn Stunden täglich außer sonntags behandelte. In den »Studien über Hysterie« präsentierte er zum erstenmal Fallgeschichten neurotischer Patientinnen. Krankheitsgeschichten, die er in den folgenden Jahren für aufschlußreich hielt, widmete er oft eigene Publikationen.

Dora[186]

Die achtzehnjährige Dora war von Oktober bis Dezember 1900 bei Freud in Behandlung, danach brach sie die Therapie ab. Ihr Vater hatte sie nach Wien gebracht, weil sie unter Atemnot, Hustenanfällen und Ohnmachten litt. Außerdem hatte sie mit Selbstmord gedroht.

Doras Eltern führten eine eher unglückliche Ehe. Der Vater hatte eine Geliebte, deren Mann versucht hatte, Dora zu verführen. Dora hatte ihn zwar abgewiesen, doch hatte sie ein unterdrücktes sexuelles Verlangen nach ihm, ihrem eigenen Vater und dessen Geliebter. Diese komplizierte Konstellation rekonstruierte Freud aufgrund zweier Träume seiner Patientin, die er gemeinsam mit ihr deutete.

Die Bedeutung des Falles liegt eher in den diagnosti-

186 Freud (1905e).

schen als in den therapeutischen Aspekten. Aufgrund des frühzeitigen Abbruchs dürfte die Behandlung kaum richtig in Gang gekommen sein und schon gar nicht zu einem dauerhaften Erfolg geführt haben.

Der »kleine Hans«[187]

Der »kleine Hans« war der Sohn von Freuds Freund Max Graf, der ihm zwischen 1906 und 1908 von der Entwicklung des Kindes berichtete. Freud wurde bald klar, daß der Junge sexuell frühreif war. Obwohl geistig und körperlich gesund, entwickelte Hans eine Pferdephobie. Seine Angst, von einem Pferd gebissen zu werden, hinderte ihn daran, das Haus zu verlassen.[188]

Freud erfuhr mehr und mehr Einzelheiten über die Entwicklung des »kleinen Hans«, besonders auch über die Reaktionen der Eltern auf seine sexuelle Frühreife. Er vermutete, daß die Phobie mit einer Verdrängung zusammenhing. Es gelang ihm, die Phobie zu beseitigen, wobei der Vater als Vermittler fungierte, indem er mit Freud den Fall seines Sohnes diskutierte und die therapeutischen Anordnungen ausführte. Freud sah in dem Fall des »kleinen Hans« eine Bestätigung vieler Behauptungen, die er in den »Drei Abhandlungen zur Sexualtheorie« aufgestellt hatte.

Der »kleine Hans« wurde ein bekannter Dirigent. Mit 19 Jahren besuchte er Freud das letztemal und berichtete darüber in einem Interview: »Freud sah hinter seinem Schreibtisch wie einer der bärtigen griechischen Philosophen aus, deren Büsten ich in der Schule gesehen hatte. Er

187 Freud (1909b).

188 Zu dieser Zeit gab es in Wien weit mehr Pferdedroschken als Autos.

stand auf und umarmte mich herzlich und sagte mir, er könne sich keine bessere Verteidigung seiner Theorien wünschen, als den glücklichen, gesunden neunzehnjährigen jungen Mann, der ich geworden war.«[189]

Der Rattenmann[190]

Von Oktober 1907 bis Januar 1908 behandelte Freud einen 29 Jahre alten Wiener Juristen. Dieser litt seit seiner Kindheit unter Zwangsvorstellungen, die sich in den letzten Jahren verschlimmert hatten. Er befürchtete, daß seinem Vater und einer Dame, die er sehr verehrte, etwas Schlimmes zustoßen könnte. Auch verspürte er den Drang, sich mit einem Rasiermesser den Hals durchzuschneiden.

Freud fand heraus, daß die Zwangsvorstellungen eingesetzt hatten, nachdem ein Offizier dem Patienten erzählt hatte, daß es im Orient eine übliche Strafe sei, einem Mann einen Topf mit lebenden Ratten an das Gesäß zu binden. Der Patient befürchtete nun, sein Vater – der allerdings schon tot war – und die von ihm verehrte Dame könnten dieser Rattentortur ausgesetzt werden.

In dieser Angst sieht Freud die Kehrseite eines Todeswunsches gegen den Vater, der das Kind geschlagen hatte und durch den sich der Patient in seiner sexuellen Entwicklung beeinträchtigt sah. Nach wenigen Behandlungsmonaten hatte sich die Vorstellung von der »Rattenstrafe« aufgelöst.

189 Stroeken (1992), S. 76.
190 Freud (1909d).

Der Wolfsmann[191]

Im Februar 1910 kam ein dreiundzwanzigjähriger reicher Russe zu Freud. Er war wegen seiner Symptome praktisch existenzunfähig und galt nach Jahren erfolgloser Behandlung in verschiedenen europäischen Krankenhäusern und Sanatorien als aussichtsloser Fall. Die Analyse bei Freud dauerte vier Jahre.

Zu Beginn der Behandlung war der Patient ein hilfloser Mann, der unfähig war, sich selbst anzuziehen, und deshalb von einem Privatarzt und einem Diener begleitet wurde. Mit vier Jahren hatte er einen Alptraum gehabt, in dem er sechs oder sieben weiße Wölfe in einem Baum vor seinem Schlafzimmerfenster hatte sitzen sehen. Danach litt er sechs Jahre an einer Zwangsneurose und einer Phobie vor Wölfen. Während diese Symptome allmählich abklangen, traten im Alter von 17 Jahren jene Störungen auf, wegen denen er zu Freud gekommen war.

Dieser führte die früheren Störungen des »Wolfsmanns« auf eine Verführung durch die Schwester im Kindesalter und auf die Tatsache zurück, daß er mit anderthalb Jahren seine Eltern beim Geschlechtsverkehr beobachtet hatte. Vielleicht aber, so Freud, habe der Patient lediglich auf dem Gut seines Vaters Tiere bei der Kopulation beobachtet und dieses Bild dann auf die Eltern übertragen, doch sei es »eigentlich nicht sehr wichtig, dies zu entscheiden«[192].

Nach vier Jahren wenig erfolgreicher Analyse trat 1914 eine unerwartete Wende ein. Im Frühjahr hatte Freud seinem Patienten eröffnet, daß er die Behandlung noch vor seinem Sommerurlaub endgültig abschließen werde. Diese Ankündigung wirkte auf den »Wolfsmann« wie ein Schock, und Anfang Juli war er geheilt und kehrte nach Rußland

191 Freud (1918b).
192 Freud (1918b), S. 131.

zurück. Von November 1919 bis Februar 1920 war er erneut bei Freud in Behandlung, allerdings weniger aus eigenem Leidensdruck, sondern weil Freud einen »kleinen nicht durchanalysierten Rest«[193] bei ihm ausgemacht hatte.

Ein Fall von weiblicher Homosexualität[194]

Im Frühjahr 1919 begann Freud die Behandlung eines 18jährigen Mädchens, das sich in eine wesentlich ältere Dame verliebt und wegen deren reservierter Haltung einen Selbstmordversuch unternommen hatte. Da kein Leidensdruck bestand, erklärte sie sich nur ihren Eltern zuliebe mit der Analyse einverstanden. Wegen ihrer mangelnden Motivation war Freud hinsichtlich des Behandlungserfolgs skeptisch. Außerdem fragte er sich, ob es möglich und überhaupt wünschenswert sei, Homosexualität zu therapieren.

Die Ursachen waren für Freud sehr durchsichtig: Die Patientin hatte in ihrer Kindheit die ödipale Phase nicht dadurch überwunden, daß sie die Liebe zum Vater auf einen anderen Mann übertrug und die Rivalität und Feindseligkeit gegenüber der Mutter angemessen verarbeitete. Auf ihre enttäuschte Liebe reagierte sie mit der Identifikation mit dem verlorenen Objekt, d. h. dem Vater, und vermied dadurch den Konflikt mit der Mutter. Dieses »Ausweichen« spielt nach Freud bei der Entstehung der Homosexualität eine wichtige Rolle.

Freud erkannte außerdem, daß bis zu dem Selbstmordversuch weder seine Patientin noch ihre Eltern geahnt hatten, wie stark ihre Liebe zu der Angebeteten war. Es sei übrigens oft der Fall, daß ein Mensch nur wenig von einer

193 Gardiner (1972), S. 142.
194 Freud (1920a).

intensiven Verliebtheit spürt, »bis sich bei einer bestimmten Versagung eine ganz exzessive Reaktion ergibt, die allen Teilen zeigt, daß man es mit einer verzehrenden Leidenschaft von elementarer Stärke zu tun hat«[195].

Über das weitere Ergehen der Patientin, die fast hundert Jahre alt wurde, erfahren wir aus ihrer Biographie, die von zwei Wiener Journalistinnen niedergeschrieben wurde.[196]

Bruno Walter und Gustav Mahler

Der Dirigent Bruno Walter konsultierte Freud 1906 wegen eines Krampfes im rechten Arm, der ihn am Dirigieren hinderte und ihn befürchten ließ, es handle sich um eine beginnende Lähmung. Walter hatte erwartet, Freud werde ihn nach Zusammenhängen zwischen seinem Armleiden und eventuellen psychischen Traumata in der Vergangenheit befragen, doch dieser erkundigte sich lediglich, ob er jemals in Sizilien gewesen sei. Auf die verneinende Antwort folgte der direkte Rat, noch am selben Abend abzureisen, Arm und Oper zu vergessen und ein paar Wochen im Süden zu verbringen.

Nach Walters Rückkehr nach Wien hatten sich seine Armbeschwerden nur wenig gebessert, trotzdem forderte ihn Freud auf, unverzüglich mit dem Dirigieren zu beginnen. Walter gibt das sich anschließende Gespräch folgendermaßen wieder:

> Walter: »Aber ich kann den Arm nicht rühren.«
> Freud: »Versuchen Sie es jedenfalls.«
> Walter: »Und wenn ich aufhören muß?«

195 Freud (1920a), S. 295.
196 Rieder & Voigt (2000).

Freud: »Sie werden nicht aufhören müssen.«

Walter: »Kann ich eine Störung in einer Aufführung verantworten?«

Freud: »Ich verantworte sie.«

Bruno Walter hörte auf Freud, begann wieder zu dirigieren und hatte gleichzeitig einige Analysestunden. »Mit Bemühen und Vertrauen, durch Lernen und Vergessen, gelang es mir, mich in meinen Beruf zurückzufinden. Jetzt erst wurde mir klar, daß ich ihn während der vergangenen Wochen bereits aufgegeben hatte.«[197]

Auch Gustav Mahler wandte sich an Freud, hauptsächlich wegen der schwierigen Beziehung zu seiner Frau. Er vereinbarte mehrere Termine, sagte sie aber immer wieder ab. Schließlich trafen sie sich im August 1910 in Leiden in Holland. Über diese Begegnung schrieb Freud 25 Jahre später an Theodor Reik: »Ich habe Mahler [...] einen Nachmittag lang in Leiden analysiert und wenn ich den Berichten glauben darf, sehr viel bei ihm ausgerichtet. Sein Besuch erschien ihm notwendig, weil seine Frau sich damals gegen die Abwendung seiner Libido von ihr auflehnte. Wir haben in höchst interessanten Streifzügen durch sein Leben seine Liebesbedingungen, insbesondere seinen Marienkomplex (Mutterbindung) aufgedeckt; ich hatte Anlaß die geniale Verständnisfähigkeit des Mannes zu bewundern. Auf die symptomatische Fassade seiner Zwangsneurose fiel kein Licht. Es war wie wenn man einen einzigen, tiefen Schacht durch ein rätselhaftes Bauwerk graben würde.«[198]

Gustav Mahler starb ein knappes Jahr nach dieser Begegnung am 18. Mai 1911. Bei seinem Nachlaßverwalter meldete Freud einen Honoraranspruch von 300 Kronen für »eine mehrstündige Konsultation« an.

197 Walter (1950), S. 231 und 234.
198 Reik (1944), S. 319; Freud (1985j).

Briefwechsel

Die kleine Auswahl beginnt mit dem ersten erhaltenen Brief an den Halbbruder Emanuel und endet mit dem letzten Brief, den Freud vier Tage vor seinem Tod schrieb.

An Emanuel Freud, um 1863

Lieber Bruder

Ich habe das Schreiben Deines lieben Sohnes mit Freude erhalten. Ich bedaure sehr davon nichts verstanden zu haben. Nun versuche ich einige Zeilen an Dich zu richten. Ich, die lieben Eltern und Geschwister befinden sich Gott sei Dank wohl. Ich grüße Dich und Deine werthe Familie, wie auch den Bruder Philipp.

Dein Dich liebender Bruder

Sigismund Freud

Meinem lieben Freund Johann und Pauli meine herzlichen Grüße und Küsse.

An Emil Fluss[199]

Wien, 16. Juni 1873, nachts

Lieber Freund

Wenn ich mich nicht scheute, das nichtswürdigste Witzwort unseres witzelnden Jahrhunderts auszuschreiben, dürfte ich billig sagen: »Die Matura ist tot, es lebe die

199 Jugendfreund Freuds.

Matura.« Aber der Witz gefällt mir so wenig, daß ich lieber wollte, die zweite Matura wäre auch schon vorbei. Eine Woche nach der schriftlichen Prüfung habe ich unter heimlichen Gewissensbissen und Herzdrücken verschleudert und befinde mich seit gestern auf dem Wege, den Verlust einzubringen und tausend Lücken von alters her zu verstopfen. Sie wollten freilich nie etwas davon hören, wenn ich mich der Faulheit beschuldigte, ich aber empfinde, es ist etwas daran und weiß das besser.

Ihre Neugierde, von der Matura zu hören, muß sich mit kalten Speisen bescheiden, weil sie zu spät nach geschehener Mahlzeit kommt, eine pathetische Beschreibung all des Hoffens, Schwankens, der Bestürzung, Erheiterung, der Lichter, die einem plötzlich aufgehen, und der unerklärlichen Glücksfälle, die man sich ›unter Kollegen‹ erzählt, kann ich Ihnen leider nicht mehr liefern; dazu hat die Schriftliche bereits viel zu wenig Interesse für mich. Resultate will ich Ihnen vorenthalten, daß ich bald Glück, bald Unglück hatte, versteht sich; bei so wichtigen Anlässen hat stets die gütige Vorsehung und der boshafte Zufall die Hand im Spiel. Solche Ereignisse scheiden sich vom gewöhnlichen Lauf der Dinge. Kurzum, da ich Sie doch nicht auf etwas so Reizloses gespannt wissen will, in den fünf Arbeiten erhielt ich die Noten ausgezeichnet, lobenswert, lobenswert, lobenswert, befriedigend. Ärgerlich war's genug. In Latein bekamen wir eine Stelle aus Virgil, die ich zufällig vor längerer Zeit privat gelesen hatte, das verleitete mich, rasch in der Hälfte der dazu bestimmten Zeit zu arbeiten und mir das Vorzüglich zu verscherzen. Ein anderer hat also hier vorzüglich, ich selbst die zweite Arbeit mit lobenswert. Die deutsch-lateinische Übersetzung schien sehr leicht, in dieser Leichtigkeit lag ihre Schwierigkeit, wir verwandten nur den dritten Teil der Zeit darauf, infolgedessen mißglückte sie schmählich, also: befriedigend. Zwei andere brachten es auf lobenswert. Die griechische Arbeit, für die eine dreiunddreißig Verse lange Stelle aus dem König Ödipus vorlag, gelang besser, lobenswert, das einzige; ich hatte die Stelle ebenfalls für mich gelesen und kein Geheimnis daraus gemacht. Die mathematische Arbeit, an die wir mit Zittern und Beben gegangen waren, glückte vollständig, ich schrieb lobenswert hin, weil ich die genaue Note noch nicht kenne. Mit ausgezeichnet endlich stempelte man mir die deutsche Arbeit. Es war ein hoch sittliches Thema »Über die Rücksichten bei der Wahl des Berufes«, und ich schrieb ungefähr dasselbe hin, das ich vor zwei Wochen an Sie geschrieben hatte, ohne daß Sie mir dafür ein Ausgezeichnet bestätigt hätten. Mein Professor sagte mir zugleich – und er ist der erste Mensch, der sich untersteht, mir das zu sagen –, daß ich hätte, was Herder so schön einen idiotischen Stil nennt, das ist einen Stil, der zugleich korrekt und charakteristisch ist. Ich habe mich über die unglaubliche Tatsache gebührlich gewundert und versäume es nicht, das glückliche Ereignis, das erste in seiner Art, so weit als möglich zu verschicken. An Sie, zum Beispiel, der Sie bis jetzt wohl auch nicht gemerkt haben, daß Sie mit einem deutschen Stilisten Briefe tauschen. Nun aber rate ich Ihnen, als Freund, nicht als Interessent – bewahren Sie auf – binden Sie zusammen – hüten Sie wohl – man kann nicht wissen.

Dies, lieber Freund, war meine schriftliche Matura. Wünschen Sie mir größere Ziele und reinere Erfolge und stärkere Nebenbuhler und ernsteren Eifer; was sich mir nicht alles wünschen ließe, ohne daß es eine Haarbreit besser würde. Ob die Matura leicht oder schwer war, kann ich im allgemeinen nicht entscheiden; nehmen Sie an, sie war gemütlich.

In der Ausstellung[200] war ich bereits zweimal. Schön, aber mich hat es nicht betäubt und entzückt. Vieles, das an-

200 Die Wiener Weltausstellung.

deren gefallen muß, findet in meinen Augen keine Gnade, weil ich weder dies noch jenes, überhaupt nichts gründlich bin. Es fesselten mich also bloß Kunstgegenstände und allgemeine Effekte. Ein großes zusammenhängendes Bild des menschlichen Treibens, wie's die Blätter sehen wollen, finde ich nicht, ebensowenig wie ich aus einem Herbarium die Züge einer Landschaft herausfinden kann. Es ist im Ganzen ein Schaustück für die geistreiche, schönselige und gedankenlose Welt, die sie auch zumeist besucht. Nach meiner ›Marter‹ (so richten wir unter uns den Namen Matura zu) gedenke ich Tag für Tag hinzugehen. Es ist unterhaltend und zerstreuend. Man kann dort auch prächtig allein sein in all dem Getümmel.

Ich schreibe Ihnen das natürlich in rein boshafter Absicht, um Sie zu erinnern, wie wenig es feststeht, wann Sie diese Herrlichkeiten zu sehen bekommen und wie schmerzlich Ihnen der Abschied sein muß, wenn es doch bald dazu kommt. Kann ich mich doch in Ihre Stimmung hineindenken. Die schöne Heimat zu verlassen, teure Angehörige – die schönste Umgebung – Ruinen in der nächsten Nähe – ich will abbrechen, sonst werde ich ebenso traurig als Sie –, Sie wissen doch am besten, was Sie verlassen müssen! Ich wette, Sie hätten nichts dagegen, wenn es Ihrem künftigen Chef erst in einem Monat einfallen sollte, Sie Ihren heimatlichen Freuden zu entreißen. Ach, warum sind Sie ein prosaischer Jude, Emil? Handwerksburschen von christlich germanischer Innigkeit haben in ähnlichen Lagen die schönsten Lieder gedichtet.

Meine ›Besorgnisse für die Zukunft‹ nehmen Sie zu leicht. Wer sich nur vor Mittelmäßigkeit fürchtet, ist schon geborgen, trösten Sie mich. Wovor geborgen, muß ich fragen; doch nicht geborgen und versichert, daß er's nicht ist? Was verschlägt's, ob Sie etwas fürchten oder nicht? Ist nicht die Hauptsache, ob es so wahr ist, wie wir's fürchten? Wohl wahr, daß auch stärkere Geister vom Zweifel an sich selbst ergriffen werden; ist darum jeder, der sein Verdienst in Zweifel zieht, ein starker Geist? Er kann ein Schwächling an Geist sein, nur ein ehrlicher Mann dabei, aus Erziehung, Gewohnheit oder gar aus Selbstqual. Ich will Sie nicht auffordern, wenn Sie in irgendwelche zweifelnde Lage kommen, Ihre Empfindungen unbarmherzig zu zergliedern, aber wenn Sie es tun, werden Sie sehen, wie wenig Sie sicher an sich haben. Die Großartigkeit der Welt beruht ja auf dieser Mannigfaltigkeit der Möglichkeiten, nur ist's leider kein fester Grund für unsere Selbsterkenntnis.

Wenn Sie mich nicht verstehen sollten (denn ich denke mit einer gewissen schlaftrunkenen Philosophie), so lassen Sie meine Gedanken nur laufen. Ich konnte leider tagsüber nicht schreiben, nach dreiundzwanzig Tagen kommt jener Tag, der Tage längster, an dem und so weiter. Da ich in der kurzen Zeit die Gelehrsamkeit mit dem großen Löffel schöpfen soll, bleibt mir keine Möglichkeit, gemeinverständliche Briefe zu schreiben. Ich tröste mich, daß ich sie doch keinem gemeinen Verstand schreibe und verbleibe in allen möglichen Erwartungen

Ihr Sigmund Freud

An Eduard Silberstein[201]

Triest, 23. April 1876

Querido amigo!

Dein Schreiben hat mir umsomehr Freude gemacht, als es mir Gelegenheit gibt, es zu beantworten, und es mitunter höchst erwünscht ist, Briefe schreiben zu können. Wundre Dich nicht über diese »plötzliche« Veränderung meiner Haltung: daß ich ferner die Last des Beantwortens von mir abzuwälzen suchte und sie jetzt herbeisehne.

201 Jugendfreund Freuds.

Meine Stimmung ist einem bei mir giltigen Naturgesetz gemäß ganz umgeschlagen. Ich halte es an keinem Orte und in keiner Sache bis zuletzt aus, schwänze regelmäßig eine Vorlesung, wenn sie in den letzten Zügen liegt (von den früheren reden wir hier nicht) und möchte mich rein auffressen vor Ungeduld, wenn ich irgendwo die letzten Tage zubringe. So geht es mir jetzt mit Triest. Die schönen Tage von Aranjuez sind auch längst nicht mehr schön gewesen. Ich glaube Dir schon einmal geschrieben zu haben, daß das Wetter aus mißverstandenem Liberalismus an Sonn- und Feiertagen niederträchtig wird; nun seit Osterdienstag hat diese Naturgewalt sich so abscheulich benommen, daß wir uns die alten Traditionen eines schönen Sonntags lebhaft zurückgewünscht haben. Jeden Tag regnete es, bald mild, bald heftig, der Himmel, sonst herrlich blau und abends blau, rot, grün, orange und violett (wahrscheinlich morgens auch so: den Sonnenaufgang pflege ich zu verschlafen), hüllte sich ganz, wie die Romanschreiber schildern, in ein einförmiges Grau, und die Leute taten das Beste, was sie konnten; sie wurden naß und grüßten sich mit der weisen, aber leicht zu machenden Beobachtung: Schlechtes Wetter heute oder auch: sehr schlechtes Wetter, oder: ein Sauwetter, wenn wir unter uns waren. Es ist wahr, jeden Tag war ein anderer Wind daran Schuld, einmal der Scirocco, ein andermal die Borra oder sonst einer usw, aber da der eine Regen bringt und der andre auch Regen bringt, war uns diese Veränderung sehr gleichgiltig: genug, es regnete, und in den Straßen bildete sich jene Substanz, die mit dem Protoplasma so viel gemein hat, die die Italiener, ich weiß nicht wie, wir Germanen aber mit dem urkräftigen Namen Drecco bezeichnen. So ein Wetter kränkt den Menschen aber, raubt seinen Augen das Licht und seinen Händen das zoologische Material, denn an solchen Tagen gehen die Fischer nicht aus, fangen daher nichts und der Fischmarkt ist so reich wie bei uns am Schanzer am Sonntag, Montag,

Dienstag, Mittwoch, Donnerstag und Samstag, kurz an allen Wochentagen mit Ausnahme des Freitags, wie es im Lektionskatalog heißt: Denn die Fische und anderen Bestien gehen bei schlechtem Wetter einfach nicht aus. Die Haie und die Rochen sitzen in ihren Kämmerlein auf dem Meeresgrund, politisieren vielleicht oder schimpfen auf die facchini und auf die Unsicherheit der Meeresstraßen, die andern niedriger organisierten Knochenfische trinken zu Hause Café oder spielen Karten, und all der Meerespöbel, der sonst nur da ist, um gefressen oder gefangen zu werden, all das pelagische Zeug, das sich von den Wellen der Adria spazieren tragen läßt, strengt alle seine hydrostatischen Kenntnisse an, um versinken zu können und sein Leben für einen schöneren Tag zu sparen. – War aber einmal – aus Versehen – ein schönerer halber Tag mituntergelaufen, so bekamen die Barometer Angst, die meteorologische Station prophezeite Sturm, die Fischer blieben demnach zu Hause. – Freilich, der Sturm kam nicht, es regnete bloß, und den erleuchteten Köpfen mußte sich die Frage aufdrängen, ob es nicht besser sei, Laubfrösche mit freier Wohnung und Futter als Wetterpropheten anzustellen als eine meteorologische Station zu unterhalten.

Endlich Samstag klärte sich der Himmel auf. Sonntag Vormittag wurden heiße Pläne geschmiedet, wie der Nachmittag zuzubringen sei, Sonntag Mittag regnete es Wasser vom Himmel, bald mehr, bald weniger, im ganzen genug, um den Salzgehalt des Meeres um einige Grade zu verdünnen. Einer von uns dreien war anderswo in Beschlag genommen, wir zwei andern trotzten dem Nassen und dem Weichen unter den vier Elementen und fuhren mit dem Dampfer nach Muccia, einem kleinen Loch, herrlich gelegen in einer benachbarten Bucht. Von dem Ausflug muß ich Dir mehr erzählen, denn es hat mich manches besonders berührt.

Um Dir Respekt vor der Stadt Muccia beizubringen,

komme ich in medias res: auf dem großen Platz von Muccia – so groß wie mein Zimmer –, trägt ein Haus ein verwittertes Vieh in Stein gehauen, das nach meinen Konjekturen ein Löwe war, darunter die Jahreszahl 1444 und daneben eine rätselhafte Inschrift, die ich lieber im Originaltext als nach meiner Bearbeitung vorlege. Qui duce Judaeos Veneto migrare senatu praetor et omne procul abire nefas iussit ac (ein Eigenname, den ich vergessen habe) nobis monumenta reliquit Andreas ipse meritis suis clarior vir 15 xx. Meine Übersetzung lautet: Hieher ließ der Praetor die Juden unter der Führung des Venetus auswandern und verbot ihnen, sich von hier zu entfernen, wie uns Herr XYZ Andreas, ein hochverdienter Mann davon die Erinnerung erhalten hat. Du wirst im Verein mit Wahle gewiß mehr entziffern. Genug, Du siehst, das ist Altertum. Es kommt weiter. Den Grundstock der Stadt bildet eine alte Mauer, hier und da mit Ruinen von Gebäuden, Resten von Toren u. s. w., in welche Überbleibsel auf die merkwürdigste Weise die Wohnungen der heutigen Muggianer (das ist die richtige Schreibart) hineingemauert sind. Die Mauer ist der Rest der alten Festung hier, die Gebäude gehörten zu einem Kloster, das von den Franzosen irgendwann zerklopft wurde, die Muggianer wohnen alle entsetzlich nahe an- und aufeinander in scheußlichen Erdlöchern und blinden, halbblinden, lahmen, tauben und wackligen Häusern. Die Stadt hat aber ihren Hafen, in den das Schiff, welches die Verbindung mit Triest pflegt, einläuft: einen Molo (Damm) ringsum, der Hafen ist kaum so tief, daß man sich drin bequem die Hände waschen kann, er schickt einen Ausläufer mitten in die Stadt hinein, wo die Fischerboote der durchaus seefahrenden Bevölkerung rasten. Dieser Kanal ist so schmutzig, daß man seine Tiefe nicht ermessen kann. Wir wanderten entdeckend durch die Straßen, fanden drei Café, 4–5 Gasthäuser aus, einen Barbiere, was mir jedoch am meisten auffiel, waren drei mächtige Aushängeschilder mit schöngeschwungenen Lettern und den vollen Namen von Levatrice's approvata's, eine Zahl, die für ein so kleines Nest auffallend sein muß, besonders wenn man unsere höchst leichtsinnige Musterung der Straßen in Betracht zieht. Das Rätsel klärte sich dann auf: bambini von allen Altern bummelten auf den Straßen, ragazzi spielten und rauften und an donne war kein Mangel, facchini waren in genügender Anzahl vorhanden. Als wir dann zuerst ein Gasthaus, dann ein Kaféhaus besuchten, stellte sich ganz klar heraus, daß die Levatrice's Arbeit und Verdienst genug hätten, in unsern auf 's geratewohl gewählten Instituten waren beide Wirtinnen trächtig, was nach Brentanos Wahrscheinlichkeitsrechnung weit mehr noch von andern Wirtinnen und andern Frauen erwarten läßt. Ich habe mich nicht bemüht, festzustellen, ob die Frauen hier, vielleicht von der Meeresfauna beeinflußt, das ganze Jahr hindurch Früchte tragen oder nur alle gleichzeitig zu gewissen Zeiten, und ob dann die Zahl der Levatrice's sich periodisch vergrößert, Fragen, die künftigen Biologen überlassen bleiben. Aber interessant und erfreulich wars doch, daß die Mädchen und die Kinder in dem alten Gemäuer assai belle, zur Hälfte Landschönheiten waren, die Frauen selbst gefallende Gestalten waren, während in Triest die entsprechende Klasse der Bevölkerung, der das Schönsein obliegt, brutta, brutta ist.

Am ersten Tag meines Triester Aufenthalts schien es mir zwar, als ob lauter italienische Göttinnen Triest bevölkern würden, und ich bekam völlig Angst, aber als ich am zweiten Tag erwartungsvoll die Straßen betrat, konnte ich keine mehr finden und seitdem gehört eine schöne donna zu den seltensten Dingen, die ich auf der Straße sah. In Muggia aber sind wie gesagt die Frauen schöner, meist blond merkwürdigerweise, was weder mit italienischer Abkunft noch mit jüdischer stimmt, Slaven sind die Leute nicht, sie kennen die Sprache gar nicht.

Nun wie wir ins Gasthaus kamen und wie es uns dort erging. In Triest hatte man uns den Carlini anempfohlen, wir fragten also an einer bestimmten Stelle unserer Wanderung, ich auf italienisch, mein Kollege auf slowenisch, wo der Carlini sei. O Carlini è qui hieß es, ma è chiuso, non è piu[202] und ein ganzer Wortschwall darüber. Weitere Fragen, wo denn eine buona osteria zu finden ist. Si trovan qui pertutto[203], war die Antwort, und die beste sei al monte Muggiano dort und dort. Wir fanden die Osteria glücklich aus, sie war finster, wenig geschmückt, und mein prosaischer Kollege wollte verzweifeln. Der beste Tisch in der Nähe des Fensters war von ausgeschüttetem Wein naß, wir ließen ihn abwischen und saßen nieder. Ich fand bald heraus, daß das Gasthaus gut genug sei. Der Wein war eingeborener Muggiano von annehmbarer Güte, das Brod erträglich, der Käse vorzüglich, mehr verlangt man nicht. Die Wirtin war eine stattliche Dame, ihre zwei hübschen Kinder liefen unter den Gästen als aufmerksame Zuschauer herum, die Gesellschaft war bunt genug. An unserm Tisch nahm mit Buon appetito und con permesso[204] ein Triestiner Bauer, der aller drei Sprachen kundig war, Platz, etwas weiter saßen einige Soldaten, und die Mitte des Zimmers behauptete ein totaliter Betrunkener, mit dem Wirt, Wirtin und Kellner ihren Spaß machten. Er hatte kein Geld mehr und wollte noch trinken, sie hielten ihm eine Weinflasche vor, gaben sie ihm in die Hand, und wenn er einschenken wollte, verlangten sie Bezahlung. Er behauptete, schon bezahlt zu haben, sie sagten, die Bezahlung sei für eine frühere Flasche gewesen, dann raisonnierte der arme Teufel über die Schlechtigkeit der Leute und jammerte, daß er seine Börse verloren habe. War er ruhig geworden, so fragten sie ihn wieder, ob er noch trinken wolle u. s. w. Die

202 Es ist hier, aber es ist geschlossen.
203 Finden Sie hier überall.
204 Sie gestatten.

kleinen Kinder schmähten ihn unterdessen und öffneten ihm die Tür zum Herausgeworfenwerden. Nachdem wir einige Zeit dagesessen hatten, belebte sich der Saal noch mehr. Drei jugendliche Hühner, ein blöder Hund und eine prachtvolle Katze, weiß mit gelbbraunen Flecken und Strichen, begannen ihr Schmarotzerwerk. Dann kam ein alter Mann und bettelte, dann eine uralte Frau und bettelte und dann ließ die geöffnete Tür zwei Standespersonen zugleich ein, einen kleinen Jungen mit einer Ziehharmonika und eine Frau mit einer Gitarre, die sie in einem groben Sack trug. Der Junge war ganz klein, er kauerte sich auf eine Bank nieder und besorgte den Hauptlärm, die arme Frau, wahrscheinlich seine Mutter, hatte so bleiche Züge, tiefliegende Augen und spitze Nase, sie sah so elend aus, kratzte so krampfhaft ihr Instrument und hustete dabei, daß wir geneigt wurden, an wirkliches Elend, das ja in der Welt nicht so selten ist, zu glauben. Alle unsere Schmarotzer waren mit uns zufrieden, nur die Hühner jagte unser Tischgenosse unerbittlich weg. Es regnete so stark, als wir auf die Straße kamen, daß mein Kollege drängte, in ein Caféhaus zu kriechen und dort Schach zu spielen. In dem Café war nun wiederum eine Wirtin, wieder zwei Kinder, gelbhaarig, eines davon ein piccolo bambino und Aussicht auf ein drittes. Einer der Gäste neckte das Kind und machte ihm Komplimente, daß es schon so groß und schön sei für Sessanta anni[205], die Kleine sträubte sich gegen die Zumutung und rief ›no, cinquanta‹[206] und war stolz darauf, 10 Jahre von ihrem Alter abgewälzt zu haben. Der ganze Fratz war auch kaum fünf Jahre alt. Es gab auch hier einen Betrunkenen, einen magern Kerl, der sich aber im Rausch als ein Mann von hoher Intelligenz zu erkennen gab. Er hielt politische Reden und sang politische Gstan-

205 Sechzig Jahre.
206 Nein, fünfzig.

zeln. »Roma, Venezia« fing er an und konnte nicht weiter. Dann lief er zu einem Gast hin und redete ihn so an: Voi siete un dei piu grandi uomini del nostro tempo. Garibaldi – ecco![207] Der Gefeierte verbeugte sich und dankte für die Ehre. Die Wirtin packte mitunter den Burschen an und drehte ihn einigemale um seine eigene Achse, wofür er ihr in wohlgesetzter Rede, die mir leider unverständlich blieb, wahrscheinlich dankte. Wir spielten so lange Scacchi und Dama[208], bis 7 Uhr gekommen war, dann eilten wir zum Schiffe, das im Hafen von Muggia auf uns wartete. Die Schönheiten von Muggia gingen, die Fremden musternd und auslachend, auf dem Molo spazieren. Eine schöne Frau mit einem allerliebsten Kind, das in Muggia seinen Onkel besucht hatte und von ihm ein ganz gelbes Küchlein in ein fazzoletto eingebunden, das auf der ganzen Reise erbärmlich schrie, wenn es gekneipt wurde, zum Geschenk erhalten hatte, waren unsre Gesellschafter. Ich schenkte dem Kind einige Schalen, die ich am Meeresufer aufgelesen hatte, und schied von ihm mit einem Kuß als eine Art von Zio, ein Amt, das mir ja in den letzten Tagen von Manchester aus neuerdings erteilt worden ist.

Donnerstag abends reisen wir aller Wahrscheinlichkeit nach ab. Freitag 6–7 Uhr bin ich in Wien.

Mit herzlichem Gruß

Dein Sigmund

AN MARTHA BERNAYS

Wien, den 15. Juni 1882

My sweet darling girl

Ich weiß noch nicht, wie ich diese Zeilen vor die Augen des teuren Mädchens bringen werde; ich glaube, ich werde

207 Sie sind einer der größten Menschen unserer Zeit. Garibaldi – hier ist er.

208 Schach und Dame.

eine Petition der Schwestern an Eli[209] veranstalten, um unsere Begegnung am Samstag zu sichern und diesen verwegenen Brief einschmuggeln. Aber ich weiß, daß ich es nicht aufschieben kann, Ihnen zu schreiben, daß ich in den wenigen Minuten, die uns gehören werden, nicht Muße und vielleicht nicht Mut finden werde, alles mit Ihnen zu besprechen; die kleinen Intriguen und die weitgehenden Entwürfe, welche Ihre Abwesenheit in Hamburg erfordert. Teure Martha, wie haben Sie mein Leben verändert. Es war heute so wunderbar schön in Ihrem Hause, Ihrer Nähe, aber es widerstrebte mir, die wenigen Momente, in welchen Eli uns allein ließ, für meine eigennützigen Absichten zu verwerten; es wäre mir wie eine Verletzung der herzlich gebotenen Gastfreundschaft erschienen, in Marthas Nähe wollte ich nichts Unedles tun. Diesem Abend und diesem Spaziergang hätte ich kein Ende gewünscht. Ich mag nicht schreiben, was mich da bewegt hat. Ich kann's nicht glauben, daß ich die teuren Züge monatelang nicht sehen soll, kann nicht glauben, daß ich keine Gefahr laufe, wenn neue Eindrücke auf Martha einwirken. Soviel Hoffnung, Zweifel, Glück und Entbehrung in den engen Rahmen von zwei Wochen zusammengedrängt. Aber kein Mißtrauen mehr von meiner Seite. Zweifelte ich noch nur so wenig, ich hätte Sie nie in diesem Zeichen meine Stimmung erkennen lassen. Martha, den Brief, von dem Sie mir sprachen, bekomme ich doch, nicht wahr? Ich will nichts entbehren, was Sie für mich bestimmt hatten.

Sie verreisen und Sie müssen sich gefallen lassen, daß ich Ihnen schreibe. Wie wir's einrichten, daß niemand davon Kenntnis erhält – zunächst, des teuren Mädchens wegen und dann, weil ich als armer Mann mich dessen schämen mußte, was mir alle als schwere Unbesonnenheit auslegen

209 Eli Bernays (1860–1923), Bruder von Freuds Verlobter Martha und zukünftiger Mann seiner Schwester Anna.

werden. Nur Martha nicht, ich hoffe und ich weiß, ich kann nicht anders, ich habe den Zauber Marthas erfahren. Eine kleine Veranstaltung ist mir in den Sinn gekommen. Wenn die Schrift eines Mannes im Hause Ihres Onkels auffällig erscheinen sollte, könnte Martha eine Anzahl von Couverts mit ihrer eigenen zarten Hand beschreiben; ich fülle dann die köstliche Schale mit armseligem Inhalt. Ich kann Marthas Antworten nicht mehr entbehren; was uns gestern fremdartig erschienen, ist heute ein schmerzlich entbehrter Lebensbedarf. Über meine Adresse bin ich noch nicht im klaren. Es geht doch nicht; ich kann, was ich Martha noch zu sagen habe, nicht hier sagen; mir fehlt das Vertrauen, daß ich es wagen darf; die Richtschnur, die in Blick und Gebärde des Mädchens versagt oder gestattet, daß ich den begonnenen Satz zu Ende führe. Ich will nur das verraten: zum letzten Male, daß wir uns sehen, möchte ich die Geliebte, die Verehrte »Sie« heißen, möchte vollste Klarheit in ein Verhältnis bringen, welches dann vielleicht für lange mit dem Dunkel des Geheimnisses umhüllt werden muß.

Wieviel wage ich nicht, indem ich so schreibe. Wenn Marthas Stimmung beim Lesen dieser von allen Fesseln losgebundenen Zeilen nicht der meinen gleichkommt, so wird sie mich verlachen oder sich verletzt zurückziehen. Und einen tödlich langen Tag muß ich warten, bis ich in Ihren Augen die Zerstreuung meiner Befürchtungen lese. Aber ich bin ja im Wagen und schreibe nicht an eine Fremde, sondern an das Mädchen, welches ich – zwar erst seit wenigen Tagen, doch schon nach ungezählten Ketten von Gedanken meinen teuersten Freund nennen darf. Um die Nachsicht der Freundin für diesen Brief bittet

Ihr Dr. Sigm. Freud

AN JOSEF BREUER

Wien, 23. Juni 1884

Verehrter Freund

Der Anfall von Gewissenhaftigkeit, in dem ich es Ihrer Entscheidung überlassen wollte, ob ich zu meinem Mädchen reisen oder mit leichter Mühe tausend Gulden erwerben soll, ist lange vorbei. Ich staune, daß ich einen Anlauf genommen habe, so vernünftig zu sein; die Erklärung ist, ich wollte es unter dem Eindrucke schlechter Nachrichten von anderer Seite tun. Nun waren Sie so menschenfreundlich, nicht entscheiden zu wollen, und nun weiß ich, daß ich reise. Ich kann nicht früher hinreisen als ich beabsichtigt hatte, und ich mag nicht eher zurückkommen, als bis mir das Geld ausgegangen ist. Ich denke, ich werde mich in Wandsbek vier Wochen halten können und nicht vor dem 15. August zurück sein. Wenn dann noch die Stelle, um die Sie sich für mich bemühen, zu haben ist, so fesselt sie mich bis in den November hinein. Wenn ich nicht gereist wäre, könnte ich Anfang Oktober frei sein. Diese eineinhalb Monate sind für die Fortsetzung der Arbeiten im Spitale sehr wichtig; ich habe im November auch kein Licht mehr für meine Histologie. Kurz, Reise und Stellung bei P. vertragen sich nicht miteinander, oder beide mitsammen vertragen sich nicht mit meinen Absichten im Spital und in der Stadt, mit dem ›Kampf ums Dableiben‹.

Die ganze Begründung hätte ich mir ersparen können, sie entspricht nicht meinen wirklichen Motiven. Ehrlich zu sein geht es anders zu. Die Reise zu meiner Martha gehört in einen gewissen verwegenen, leichtsinnigen, gegen andere – Sie darunter – rücksichtslosen Lebensplan hinein. Den wollte ich eine Zeitlang aufgeben, um nach bürgerlicher Ängstlichkeit und Besonnenheit zu leben. Davon bin ich aus Mangel an Talent für diese Bekehrung zurückgekommen und will nun nichts tun, was dem Plan widerspricht. Die tausend Gulden bei P.[210] gehören in einen anderen Plan hinein.

Ich bin so eifersüchtig auf Ihre gute Meinung, selbst auf die Nuance Ihrer guten Meinung, daß ich Ihnen die Bemerkung über meine geistige Epidermis nicht zugeben will. Ich weiß eine ganze Reihe von Menschen, die ich hochstelle, nicht nur Meynert, auch Sie darunter, deren Epidermis unter den Traumen meines Lebens aufgerieben worden wären, während ich es mit der Zeit zu einer ganz ordentlichen Narbendecke bringen dürfte. Gegen den Verdacht, daß ich übertreibe, brauche ich mich bei Ihnen wahrscheinlich nicht zu schützen.

Indem ich Sie herzlichst grüße und Sie bitte, meiner in Gmunden bei Ihrer Hausfrau zu erwähnen

Ihr Dr. Sigm. Freud

AN MARTHA FREUD GEB. BERNAYS

Mittwoch, 22. Juni 1892

Mein geliebter Schatz

Der heutige Sommer bringt mehr Amüsement als Verdruß. Gestern war ich mit meinem Franzosen, der übrigens ein sehr lieber Kerl ist, in der Ausstellung und bekam Karten zur Tragödie des Menschen. Es hat etwas lange gedauert, ½ 8–½ 11, aber es war der Mühe wert. Ich glaube nicht, daß man etwas Schöneres an Dekorationen sehen kann. Gleich zu Anfang der Himmel mit vielen kleinen und drei großen Engeln, dann die herrliche Landschaft im Paradies, dann Athen, Rom, Paris, die Eiszeit usw. Es klappte auch alles vortrefflich. Nicht jede Szene macht den gleichen Eindruck. Ägypten z. B. war ausgezeichnet, und die Szene in Paris, Danton auf der Guillotine, Eva als

210 Freuds Freund Josef Paneth.

Aristokratin und dann als Weib aus dem Volk mit der Freiheitsmütze, die Marseillaise dazu, das wirkte geradezu packend, weil etwas Handlung darin vorging. Ich habe die Marseillaise nie in einem geschlossenen Raum gehört, es war erschütternd. Andere Bilder litten unter der Kürze der Handlung und dem Überfluß an schlecht gehörten Reden. Es mußte ja sehr viel weggelassen werden, um es überhaupt aufführbar zu machen.

Wir haben dann im Riedhof genachtmahlt. Wie ich den heutigen Tag verbringe, weiß ich noch nicht. Wahrscheinlich gehe ich zur Lieben.

Ich bin sehr froh, daß Ernst sich so brav aufführt. Von der Amme war heute eine Karte, daß sie nicht kommen kann, ehe nicht ihre Schwester hinreist. Marie soll sie ausfindig machen. Marie hat sie auf der Polizei gesucht und nicht gefunden und behauptet, daß die ganze Geschichte ein Schwindel ist und daß sie vor der Abreise schon so merkwürdige Reden geführt hat. Es wird wohl so sein, und ich denke, Du erwartest sie gar nicht oder schickst sie einfach fort, wenn sie in acht Tagen vielleicht zurückkommt. Du warst ja darauf gefaßt, indem Du sie weggeschickt hast. Sonst läßt man ja eine Amme nicht reisen. Denk jetzt, ob Du mit den beiden Personen auskommst oder ob Du Marie draußen haben willst. Ich suche dann die Anna von Weingartner zu bekommen.

Über Minna nichts gehört, ich habe ihr noch etwas zum Lesen geschickt.

Herzlichen Gruß für Dich und alle Fratzen

Dein Sigmund

An Wilhelm Fliess

Wien, 14. April 1898

Teurer Wilhelm!

Ich meine, es ist eine gute Regel für den Briefschreiber, das unerwähnt zu lassen, was der Empfänger schon weiß, ihm dafür lieber etwas Neues zu erzählen. Darum gehe ich darüber hinweg, daß ich gehört, Du hättest zu Ostern eine schlechte Zeit gehabt; das weißt Du ohnehin. Ich will Dir lieber von meiner Osterreise erzählen, die ich grantig zurückgelegt, von der ich aber erfrischt zurückgekommen bin.

Wir fuhren Freitag abends (Alexander und ich) vom Südbahnhof fort und langten Samstags 10 h früh in Görz an, wo wir im hellen Sonnenschein zwischen weißgestrichenen Häusern spazierten, weißblühende Bäume sahen, Orangen und kandierte Früchte essen konnten. Dabei sammeln wir Erinnerungen, die Aussicht von der Festung erinnert an Florenz, die Fortezza selbst an S. Pietro in Verona und an die Burg in Nürnberg. Die erste Empfindung, die einem in italienische Lande nachgeht, das Vermissen von Wiese und Wald, war natürlich wie bei jedem Übergang sehr lebhaft. Der Isonzo ist ein herrlicher Fluß. Auf dem Wege begegneten wir drei Zügen der Julischen Alpen. Am Sonntag hieß es früh aufstehen, um mit der friaulischen Lokalbahn bis nahe an Aquileja zu kommen. Die ehemalige Großstadt ist ein kleiner Misthaufen, das Museum zeigt freilich einen unerschöpflichen Reichtum an Römerfunden: Grabsteine, Amphoren, Göttermedaillons vom Amphitheater, Statuen, Bronzen und Schmuck. Mehrere priapäische Darstellungen. Eine Venus, die sich von dem eben geborenen Kinde unwillig abwendet, nachdem ihr das Membrum gezeigt worden ist; Priapus als alter Mann, dem ein Silen die Scham verhüllt, der sich von jetzt an also dem Trunk ergeben wird. Ein steinernes Priapusornament, der Penis als Flügeltier, von dem an natürlicher

Stelle ein kleinerer abgeht, während die Flügel selbst als Penis endigen. Der Priapus war die festgehaltene Erektion, die Wunscherfüllung als Gegensatz der psychischen Impotenz.

Um 10 h wurde von einem merkwürdigen Motor ein kleiner Dampfer in den Kanal von Aquileja geschleppt, der gerade niedriges Wasser hatte. Der Motor hatte einen Strick um den Leib und rauchte während seiner Tätigkeit Pfeife. Den Dampfer hätte ich gerne den Kindern mitgebracht, er war aber als einzige Weltverbindung nach dem Kurort Grado nicht zu entbehren. Eine 2½stündige Fahrt durch die ödesten Lagunen brachte uns nach Grado, wo wir endlich wieder am Strande der Adria Muscheln und Seeigel sammeln konnten.

Noch am Nachmittag kamen wir nach Aquileja zurück, nachdem wir von unseren Vorräten und von einem köstlichen Istrianerwein auf dem Schiff Mahlzeit gehalten hatten.

Im Dom von Aquileja waren gerade mehrere hundert der schönsten Friauler Mädchen zur Feiertagsmesse versammelt. Die Pracht der alten romanischen Basilika tat wohl mitten in der Armut der Neuzeit. Auf dem Rückweg sahen wir ein Stück alter Römerstraße mitten in einem Feld freigelegt. Ein rezenter Betrunkener lag auf den antiken Pflastersteinen. Am selben Abend kamen wir noch nach Divaça auf dem Karst, wo wir übernachteten, um am nächsten und letzten Tag – Montag – die Höhlen zu besuchen. Am Vormittag gingen wir in die Rudolfshöhle, ¼ Stunde von der Station, angefüllt mit allerlei seltsamen Tropfsteinbildungen, Riesenschachtelhalmen, Baumkuchen, Stoßzähnen von unten, Vorhängen, Maiskolben, faltenschweren Zelten, Schinken und Geflügel von oben herabhängend. Das Merkwürdigste war unser Führer, im schweren Alkoholdusel, aber ganz sicher und humoristisch belebt. Er war der Entdecker der Höhle selbst, ein verkommenes Genie offenbar, sprach immer von seinem Tode, seinen Konflikten mit den Geistlichen und seinen Eroberungen in diesen unterirdischen Reichen. Als er äußerte, daß er schon in 36 »Löchern« im Karst gewesen, erkannte ich ihn als Neurotiker und sein Konquistadorentum als erotisches Äquivalent. Er gab einige Minuten später die Bestätigung, denn als Alexander ihn fragte, wie weit man in der Höhle kommen kann, antwortete er: Es ist wie bei einer Jungfrau; je weiter man kommt, desto schöner ist es.

Das Ideal des Mannes ist es, einmal nach Wien zu kommen, um sich dort in den Museen Vorbilder für die Namengebung seiner Tropfsteine zu holen. Ich überzahlte den »größten Lumpen von Divaça«, wie er sich nennt, mit einigen Gulden, damit er sich schneller aus dem Leben trinken kann.

Die Höhlen von St. Canzian, die wir am Nachmittag sahen, sind ein schauerliches Naturwunder, ein unterirdischer Flußlauf durch großartige Gewölbe, Wasserfälle, Tropfsteinfelsbildungen, Nacht, schlüpfrige, mit eisernen Geländern versicherte Wege. Der reine Tartarus. Wenn Dante dergleichen gesehen hat, so brauchte er für sein Inferno nicht viel Phantasieanstrengung mehr. Der Herr von Wien, Herr Dr. Karl Lueger[211], war mit uns gleichzeitig in der Höhle, die uns alle nach 3 ½ Stunden wieder ans Licht spie.

Montag abends fing die Heimreise an. Tags darauf konnte ich an der Wiederkehr von Einfällen bei der Arbeit merken, daß die Ruhe dem Apparat wohlgetan hat. –

Beiliegend ein Brief, der folgende Geschichte hat. In der letzten Nummer der Wiener Klinischen Rundschau war eine Kritik Deines Buches zu lesen von einem gewissen »Ry.«, ein Muster jener Art von Unverschämtheit, die der absoluten Ignoranz eigen ist. Ich habe Paschkis einen un-

211 Karl Lueger (1844–1910), Bürgermeister von Wien.

sanften Brief mit der Bitte um Aufklärung geschrieben. Hier die loyale, aber sterile Antwort. Ich will nichts weiter tun, ohne Dich gefragt zu haben. Was gedenkst Du tun zu lassen? Es gäbe mehrere Wege, Genugtuung zu schaffen.

Eigenes Interesse verlangt noch zu wissen, wann Du hieher kommst, damit ich berechnen kann, wann ich Martha mit Mathilde in Deine Behandlung schicken soll. Nach Pfingsten wäre es mir am liebsten, da das Kind Aufnahmsprüfung vor sich hat. Es hängt aber alles von Dir ab. Bei Dir wohnen sollen sie diesmal gewiß nicht, da sie die Schwester in Berlin haben und der Zustand Deiner Frau die Belastung für uns ausschließt.

Nun laß endlich mal wieder Gutes von Dir und ihr hören. Ich erwarte es mit Ungeduld

Dein Sigm.

AN KARL ABRAHAM[212]

Wien, IX., Berggasse 19
8. Oktober 1907

Geehrter Herr College

Meine erste Regung des Bedauerns, als ich Ihren Brief las, habe ich bald unterdrückt. Einem jugendlichen Manne wie Ihnen geschieht nichts Übles, wenn er gewaltsam ins freie Leben ›au grand air‹ gedrängt wird, und daß Sie es als Jude schwerer haben, wird wie bei uns allen die Wirkung haben, all Ihre Leistungsfähigkeit zum Vorschein zu bringen. Daß meine Sympathien und Wünsche Sie auf dem neuen Wege begleiten, ist selbstverständlich, wenn irgend möglich soll es mehr sein. Bestünde meine intime Freundschaft mit Dr. W. Fließ in Berlin noch, so wäre der Weg für Sie geebnet, leider ist dieser Weg jetzt ganz verschlossen.

212 Karl Abraham (1877–1925), Berliner Psychoanalytiker und Schüler Freuds.

Im abgelaufenen Jahre kam ich wiederholt in die Lage, gegen Patienten aus Deutschland zu bedauern, daß ich keinen Vertrauensmann im Reich hätte, an den ich sie empfehlen könnte. Wenn solche Fälle sich heuer wiederholen, so weiß ich also, was ich zu tun habe. Steigt mein Ansehen in Deutschland, so wird es gewiß für Sie fruchtbar sein, und wenn ich Sie direkt als meinen Schüler und Anhänger bezeichnen darf – Sie scheinen mir nicht der Mann zu sein, der sich dessen schämt –, so kann ich energisch für Sie eintreten. Andererseits wissen Sie selbst, mit welchen Anfeindungen ich noch in Deutschland zu kämpfen habe. Ich hoffe, Sie werden es gar nicht versuchen, sich bei Ihren neuen Collegen in Gunst zu setzen, die erstens so sind wie überall und dann noch um ein Stück brutaler, sondern sich direkt ans Publikum wenden. Zur Zeit, da der Kampf gegen die Hypnose in Berlin am heftigsten geführt wurde, hat ein sehr unsympathischer Hypnotiseur Großmann sich auf Grund dieser Therapie rasch eine große Praxis geschaffen. Man sollte doch erwarten, das müßte Ihnen mit Hilfe der Psychoanalyse noch eher besser gelingen. Sie deuten an, daß Sie mir noch etwas vorlegen wollen, wissen doch hoffentlich, daß ich, soweit ich kann, zu Ihrer Verfügung stehe. Führt der Weg von Zürich nach Berlin nicht auch bequem über Wien?

Ihren letzten Brief suche ich zur Beantwortung hervor, sobald Sie wieder Ruhe genug haben, um über Wissenschaftliches zu diskutieren.

Mit den intensivsten guten Wünschen
Ihr ergebener
Dr. Freud.

AN MATHILDE FREUD[213]

Wien IX, Berggasse 19
26. März 1908

Meine liebe Mathilde

Es ist das erste Mal, daß Du Hilfe von mir verlangst, und diesmal machst Du es mir nicht schwer, denn es ist leicht zu sehen, daß Du Dein Leiden sehr überschätzest und Folgerungen daran knüpfest, die nach meinem Wissen und Erkundigungen recht überflüssig sind. Ich will Dir keine schönen Illusionen geben, weder jetzt noch ein anderes Mal, ich halte sie für schädlich und weiß, daß die Ahnung, es seien Illusionen, den Genuß an ihnen aufhebt. Aber es braucht auch keine. Meran soll Dich körperlich kräftigen, wozu es gewiß der richtige Ort ist; für die lokale Affektion hilft es natürlich nicht; die muß man vorläufig sich selbst überlassen. Sie wird Dir gewiß noch Monate lang Schmerzen machen (übrigens kann man den Verdacht haben, daß Dein letzter Anfall Wandernieren war), aber sie ist an sich harmlos, ist dazu bestimmt, immer mehr zu schrumpfen und Dich endlich ganz zu verlassen. Frauen haben sehr oft ähnliche Dinge nach einem Wochenbett und verlieren sie, ohne darum an ihrer Existenz Schaden zu leiden. Bis die Frage der Heirat für Dich in Betracht kommt, wirst Du längst befreit davon sein. Du weißt, ich habe mir immer vorgenommen, Dich wenigstens bis zum vierundzwanzigsten Jahr zu Hause zu behalten, bis Du für die Aufgaben der Ehe und vielleicht des Kinderhabens ganz erstarkt bist und die Schwächungen repariert hast, die die drei großen lebensgefährlichen Erkrankungen während Deines jungen Lebens Dir hinterlassen haben. In unseren sozialen und materiellen Verhältnissen heiraten Mädchen mit Recht nicht in der ersten Jugend; sie werden sonst zu früh mit der Ehe fertig. Du weißt, daß Deine Mutter fünfundzwanzig bei ihrer Hochzeit war.

213 Freuds älteste Tochter.

Du knüpfest wahrscheinlich an den gegenwärtigen unzureichenden Anlaß eine alte Sorge, von der ich gerne einmal mit Dir sprechen wollte. Ich ahnte längst, daß Du bei all Deiner sonstigen Vernünftigkeit Dich kränkst, nicht schön genug zu sein und darum keinem Mann zu gefallen. Ich habe lächelnd zugeschaut, weil Du mir erstens schön genug schienst, und weil ich zweitens weiß, daß in Wirklichkeit längst nicht mehr die Formenschönheit über das Schicksal des Mädchens entscheidet, sondern der Eindruck ihrer Persönlichkeit. Dein Spiegel wird Dich darüber beruhigen, daß nichts Gemeines oder Abschreckendes in Deinen Zügen liegt, und Deine Erinnerung wird Dir bestätigen, daß Du Dir noch in jedem Kreise von Menschen Respekt und Einfluß erobert hast. Somit war ich über Deine Zukunft, soweit sie von Dir abhängt, beruhigt, und Du kannst es auch sein. Daß Du meine Tochter bist, wird Dir auch gerade nicht schaden. Ich weiß, daß es für meine Wahl entscheidend war, bei meiner Frau einen ehrenvollen Namen und eine warme Atmosphäre im Hause zu finden, und es werden gewiß noch andere so denken wie ich, als ich jung war.

Die Verständigen unter den jungen Männern wissen doch, was sie bei einer Frau zu suchen haben, die Sanftmut, die Heiterkeit und die Fähigkeit, ihnen das Leben schöner und leichter zu machen. Es täte mir schrecklich leid, wenn Du Dich mit Deiner Verzagtheit auf einen anderen Weg begeben würdest, aber es ist hoffentlich nur ein flüchtiger Anfall in einer Situation, zu welcher vielerlei zusammengetroffen ist. Du hast Dein Körperliches von zwei Tanten, denen Du ähnlicher bist als Deiner Mutter. Ich sähe Dich lieber Tante Minna nachgeraten als Tante Rosa.

Du armes Kind hast zum ersten Mal den Tod[214] in einer

214 Heinrich Graf, der Mann von Freuds Schwester Rosa, war gestorben.

Familie einbrechen gesehen oder davon gehört und vielleicht bei der Idee gezittert, daß das Leben keines von uns besser gesichert ist. Das wissen wir alten Leute alle, und darum hat es für uns besonderen Wert zu leben. Wir haben vor, uns in heiterer Tätigkeit durch das unvermeidliche Ende nicht beirren zu lassen. Gesteh nur zu, daß Du, die Du so jung bist, noch gar keinen Grund zur Verstimmung hast. Ich freue mich doch sehr zu hören, daß die Sonne Merans Dir sonst so wohltut. Wir hätten ein schönes Gesicht gemacht, wenn Du so wiedergekommen wärst. Du sollst lieber dort bleiben, so lange Raabs bleiben und es mit Dir aushalten, also hoffentlich bis tief in den Mai.

Ich grüße Dich herzlich und hoffe bald wieder von Dir zu hören.

Dein liebender Vater

An C. G. Jung

Wien, IX., Berggasse 19
29. November 1912

Lieber Herr Doktor

Vielen Dank für Ihren freundschaftlichen Brief, der mir zeigt, daß Sie viele irrige Auffassungen meines Benehmens überwunden haben, und der mich für unser weiteres Zusammenwirken das Beste erwarten läßt. Glauben Sie mir, es ist mir nicht leicht geworden, meine Ansprüche an Sie zu ermäßigen; aber nachdem ich es zustande gebracht hatte, ist die Schwankung nach der Gegenseite nicht sehr arg ausgefallen, und von mir aus wird unser nunmehriges Verhältnis stets den Nachklang der früheren Intimität beibehalten. Ich meine, wir müssen auch wirklich ein neues Kapitel von Wohlwollen füreinander einlegen, denn es ist leicht vorauszusehen, daß wir sachlichen Streit miteinander führen werden, und etwas ärgerlich wird man ja immer, wenn der andere seine eigene Meinung haben will.

Ich beantworte nun gerne Ihre Anfragen. Mein Münchener Zustand war nicht folgenschwerer als der ähnliche im Essighaus in Bremen, er klang abends ab und ließ mich die Nacht darauf vortrefflich schlafen. Nach meiner privaten Diagnostik war es wieder eine qualifizierte Migräne (vom Typus der M. ophthalm.), nicht ohne psychische Ausfüllung, der nachzuspüren mir jetzt leider die Zeit mangelt. Der Speisesaal des Parkhotels ist mir übrigens verhängnisvoll. Vor sechs Jahren habe ich dort einen ersten solchen Zustand gehabt, vor vier Jahren einen zweiten. Also ein Stückchen Neurose, um das man sich doch kümmern sollte.

Die Genugtuung darüber, daß Sie der neuen ›Zeitschrift‹ Ihren Namen nicht verweigern, ist bei Herausgeber und Redakteuren sehr groß. Sie werden auch für kleinere Beiträge, Beispiele aus der Praxis u. dgl., dankbar sein. Am meisten würde es mich erfreuen, wenn meine technischen Aufsätze, von denen ja schon drei im ›Zentralblatt‹ veröffentlicht sind und die jetzt in jeder Nummer fortgesetzt werden sollen, kritische oder zustimmende Äußerungen von seiten der anderen Analytiker im »Sprechsaal« hervorrufen würden. Es liegt überhaupt vorwiegend an den Schweizern, wenn die ›Zeitschrift‹ dem Charakter, ein Wiener Parteiorgan zu scheinen, entgehen soll.

In der zweiten Nummer wird wahrscheinlich Ferenczi eine Studie über Ihre Libidoarbeit bringen, die dem Werk wie dem Autor gerecht werden soll. Ich gewinne langsam ein Verhältnis zu dieser Arbeit (der Ihrigen, meine ich) und glaube jetzt, daß Sie uns darin eine große Aufklärung geschenkt haben, wenn auch nicht die, welche Sie beabsichtigten. Es scheint, daß Sie das Rätsel aller Mystik gelöst haben, welche auf der symbolischen Verwendung der außer Dienst gestellten Komplexe ruht.

Rank nimmt die ihm gestellte Aufgabe dankend an. Er ist kein guter Redner, aber er spricht doch gescheut und hat ja ein günstiges Vorurteil für sich, so daß man ihm eine gewisse Ungelenkigkeit verzeihen wird.

Vom »Jahrbuch« möchte ich nur die Überschriften der Arbeiten in der nächsten Nummer wissen, und wieviel Raum in der darauffolgenden noch verfügbar ist, da ich manchmal danach gefragt werde.

Mich selbst bedrücken arg die beiden nächsten Artikel zu den ›Übereinstimmungen‹ in der ›Imago‹, von denen ich durch die Mehraufgaben der letzten Wochen völlig abgedrängt worden bin.

Im Hause ist alles wohl und wartet auf die Hochzeit Ende Januar. Meine Tochter geht nach Hamburg.

Indem ich Sie und Ihre liebe Frau herzlich grüße
Ihr unverwandelter
Freud

AN SÁNDOR FERENCZI[215]

Wien IX, Berggasse 19
4. Februar 1920

Lieber Freund

Machen Sie sich um mich keine Sorgen. Ich bin bis auf etwas mehr Müdigkeit derselbe. Der Todesfall, so schmerzlich er ist, findet doch keine Lebenseinstellung umzuwerfen. Jahrelang war ich auf den Verlust der Söhne gefaßt, nun kommt der der Tochter. Da ich im tiefsten ungläubig bin, habe ich niemand zu beschuldigen und weiß, daß es keinen Ort gibt, wo man eine Klage anbringen kann. Des »Dienstes ewig gleichgestellte Uhr« und des »Daseins süße Gewohnheit«[216] werden das übrige tun, um alles im

215 Sándor Ferenczi (1873–1933), Budapester Psychoanalytiker und Schüler Freuds.

216 »Des Dienstes immer gleichgestellte Uhr« (Schiller, Piccolomini, I/4); »schöne, freundliche Gewohnheit des Daseins« (Goethe, Egmont, V).

gleichen weitergehen zu lassen. Ganz tief unten wittere ich das Gefühl einer tiefen, nicht verwindbaren narzißtischen Kränkung. Meine Frau und Annerl sind in menschlicherem Sinn schwer erschüttert.

In dieser Woche erwarten wir Oli, der übrigens eine Anstellung gefunden zu haben scheint. Er, Ernst und Eitingon waren bei der Einäscherung anwesend. Gestern sprachen wir einen Gast aus Hamburg, der auch dabei war. Es soll sehr würdig und feierlich gewesen sein. Mathilde und Robert sind seit Samstag dort. Wir wissen, daß Max sich von den Kindern nicht trennen wird und daß zunächst die Witwe seines gefallenen Bruders für einige Wochen ins Haus kommt.

Ich drücke Ihnen freundschaftlich die Hand und bitte, Ihrer lieben Frau für ihre zärtlichen Worte innigen Dank zu sagen.

Ihr Freud

An Romain Rolland

Wien IX, Berggasse 19
4. März 1923

Verehrter Herr

Es wird mir bis an mein Lebensende eine erfreuliche Erinnerung bleiben, daß ich einen Gruß mit Ihnen tauschen konnte. Denn Ihr Name ist für uns mit der köstlichsten aller schönen Illusionen verknüpft, der von der Ausdehnung der Liebe auf alle Menschenkinder.

Zwar gehöre ich einer Rasse an, die im Mittelalter für alle Volksseuchen verantwortlich gemacht wurde und die in der Gegenwart die Schuld an dem Zerfall des Reiches in Österreich und die am Verlust des Krieges in Deutschland tragen soll. Solche Erfahrungen wirken ernüchternd und machen wenig geneigt, an Illusionen zu glauben. Auch habe ich wirklich einen großen Teil meiner Lebensarbeit (ich bin zehn Jahre älter als Sie) dazu verwendet, eigene und Menschheitsillusionen zu zerstören. Aber wenn diese eine sich nicht irgendwie annähernd realisieren läßt, wenn wir nicht im Laufe der Entwicklung lernen, unsere Destruktionstriebe von unseresgleichen abzulenken, wenn wir fortfahren, einander wegen kleiner Verschiedenheiten zu hassen und um kleinen Gewinn zu erschlagen, wenn wir die großen Fortschritte in der Beherrschung der Naturkräfte immer wieder für unsere gegenseitige Vernichtung ausnützen, welche Zukunft steht uns da bevor? Wir haben es doch wahrscheinlich schwer genug, die Fortdauer unserer Arbeit in dem Konflikt zwischen unserer Natur und den Anforderungen der uns auferlegten Kultur zu bewahren.

Meine Schriften können nicht sein, was die Ihrigen sind: Trost und Labsal für ihre Leser. Doch wenn ich glauben darf, daß sie Ihr Interesse erweckt haben, will ich mir erlauben, Ihnen ein kleines Buch zuzuschicken, das Ihnen gewiß noch unbekannt ist, die 1921 veröffentlichte ›Massenpsychologie und Ich-Analyse‹. Nicht, daß ich diese Schrift für besonders gelungen hielte, aber sie führt einen Weg von der Analyse des Individuums zum Verständnis der Gesellschaft.

In herzlicher Ergebenheit
Ihr Freud

AN ARNOLD ZWEIG

Wien IX., Berggasse 19
7. Dezember 1930

Lieber Herr Zweig

Es hat mich sehr gefreut, in Ihrem Brief den alten warmen Ton zu finden, obwohl ich in letzter Zeit nur Ablehnungen von mir gegeben hatte.

Was Sie über das Sowjetexperiment schreiben, schlägt bei mir ein. Wir sind durch dasselbe um eine Hoffnung – und eine Illusion – ärmer geworden und haben keinen Ersatz dafür. Wir leben schlechten Zeiten entgegen; ich sollte mich mit der Stumpfheit des Alters darüber hinwegsetzen, aber ich kann's nicht helfen, daß mir meine sieben Enkel leid tun.

Das gelbe Buch, das Sie von mir wünschen kann ich doch nicht schreiben. Ich weiß zu wenig von dem Machtstreben der Menschen, da ich doch als Theoretiker gelebt habe. Ich verwundere mich auch immer über die Strömung der letzten Jahre, die mich so weit ins Aktuelle, Zeitgemäße getrieben haben. Auch möchte ich ja überhaupt nichts mehr schreiben, doch schreibe ich wieder eine Einleitung[217] für etwas, was ein anderer macht, ich darf nicht sagen was es ist, ist zwar auch eine Analyse, aber dabei doch höchst gegenwärtig, beinahe politisch, Sie können es nicht erraten.

Ihre Aufsätze werde ich hier bekommen. Den über das Verhältnis von Nietzsche's Wirkung zu meiner sollten Sie doch schreiben, ich brauche ihn ja nicht zu lesen. Schreiben Sie es einmal, wenn ich nicht mehr da bin und Sie von der Erinnerung an mich heimgesucht werden. Daß Sie Ihr Gedankenmaterial zu diesem Thema einem anderen überlassen, das geht doch nicht, und wer sollte es sein. Ich kenne keinen.

Ich bin mit meiner Prothese nicht zufrieden, denke aber nicht daran, ihretwegen nach Berlin zu kommen. Ich meine, es läßt sich auch dort nichts Besseres erreichen. So werde ich Sie, Ihre liebe Frau, meine Kinder und ihre Familien nicht so bald wiedersehen. Aber Sie schreiben mir wieder einmal.

Mit herzlichen Grüßen
Ihr Freud

217 Einleitung zu: William C. Bullitt and Sigmund Freud, Thomas Woodrow Wilson: A psychological study. London: Weidenfeld 1967.

AN STEFAN ZWEIG

7. Februar 1931

Sehr geehrter Herr Doktor

Ich habe Ihr letztes Werk[218] erhalten und von neuem gelesen, diesmal natürlich mit mehr persönlicher Anteilnahme als an Ihren früheren fesselnden Produktionen. Wenn ich Ihnen meine Eindrücke in kritischer Weise mitteilen darf, möchte ich sagen: am meisten harmonisch, gerecht und vornehm erschien mir der Mesmer[219]. Ich denke auch wie Sie, daß das eigentliche Wesen seines Fundes, also der Suggestion, bis heute nicht festgestellt ist, und daß hier Raum für etwas Neues bleibt.

An der Mary Baker-Eddy[220] stört mich, daß Sie die Intensität so sehr herausgearbeitet haben. Diese imponiert unsereinem, der den pathologischen Gesichtspunkt nicht loswerden kann, viel weniger. Wir wissen, daß der Tobsüchtige im Anfall Kräfte entbindet, die ihm normalerweise nicht zu Gebote stehen. Das Verrückte und das Frevelhafte der Begebenheit mit Mary Baker-Eddy kommt in Ihrer Darstellung nicht zur Geltung, auch nicht das unsäglich Betrübliche des amerikanischen Hintergrundes.

Daß einem das eigene Portrait nicht gefällt, oder daß man sich in ihm nicht erkennt, ist eine gemeine und altbekannte Tatsache. Darum eile ich, meiner Befriedigung Ausdruck zu geben, daß Sie das Wichtigste an meinem Fall richtig erkannt haben. Nämlich, daß soweit Leistung in Betracht kommt, diese nicht so sehr Sache des Intellekts als des Charakters war. Das ist der Kern Ihrer Auffassung, und das glaube ich auch selbst. Sonst könnte ich es beanstanden,

218 Die Heilung durch den Geist: Mesmer, Mary Baker-Eddy, Freud. Insel: Leipzig 1931; S. Fischer: Frankfurt am Main 1952.

219 Franz Anton Mesmer (1734–1915), Begründer der Lehre vom tierischen Magnetismus.

220 Mary Baker-Eddy (1821–1910), Begründerin der Christian Science.

daß Sie das kleinbürgerlich korrekte Element an mir allzu ausschließlich betonen, der Kerl ist doch etwas komplizierter; zu Ihrer Schilderung stimmt nicht, daß ich doch meine Kopfschmerzen und Müdigkeiten gehabt habe, wie ein anderer, daß ich leidenschaftlicher Raucher war (ich wollt ich wär es noch), der der Zigarre den größten Anteil an seiner Selbstbeherrschung und Ausdauer in der Arbeit zugestand, daß ich bei aller gerühmten Anspruchslosigkeit viel Opfer für meine Sammlung griechischer, römischer und ägyptischer Antiquitäten gebracht und eigentlich mehr Archäologie als Psychologie gelesen habe, daß ich bis zum Krieg und einmal nachher wenigstens einmal im Jahr für Tage oder Wochen in Rom sein mußte, und dergleichen. Ich weiß von der Kleinkunst her, daß das Format der Künstler zu Vereinfachungen und Weglassungen nötigt, aber dann entsteht leicht ein falsches Bild.

Ich gehe wahrscheinlich nicht irre in der Annahme, daß Ihnen der Inhalt der psychoanalytischen Lehre bis zur Abfassung des Buches fremd war. Umsomehr Anerkennung verdient es, daß Sie sich seither so viel zu eigen gemacht haben. An zwei Stellen kann man Sie kritisieren. Sie erwähnen fast gar nicht die Technik der freien Assoziation, die vielen als die bedeutsamste Neuerung der Psychoanalyse erscheint, der methodische Schlüssel zu den Ergebnissen der Analyse ist, und Sie lassen mich das Verständnis der Träume vom Kindertraum her gewinnen, was historisch nicht zutrifft, nur in didaktischer Absicht so dargestellt wird.

Auch Ihr letzter Zweifel, ob sich die Analyse zur Ausübung für gewöhnliche Menschenkinder eignet, führt sich auf solche Unkenntnis der Technik zurück. Zur Zeit da das Mikroskop ein neues Instrument in den Händen des Arztes war, konnte man in den Handbüchern der Physiologie lesen, welche selten vorhandenen Eigenschaften der Mikroskopiker zu besitzen verpflichtet sei. Dieselben Anforderungen stellte man später an den Chirurgen, heute lernt jeder Student mikroskopieren, und gute Chirurgen werden in Schulen gezüchtet. Daß es jeder nicht gleich gut macht, dagegen gibt es auf keinem Gebiet Abhilfe.

Mit herzlichen Grüßen in Ihre Ferien

Ihr Freud

AN THOMAS MANN

Wien, April 1935

Lieber Thomas Mann

Nehmen Sie einen herzlichen Liebesgruß zu Ihrem 60sten Geburtstag freundlich auf! Ich bin einer Ihrer »ältesten« Leser und Bewunderer. Ich sollte Ihnen ein langes und glückliches Leben wünschen, wie man es bei bei solchem Anlaß zu thun gewohnt ist. Aber ich enthalte mich dessen; Wünschen ist wolfeil und es erscheint mir als Rückfall zu den Zeiten, da man an die magische Allmacht der Gedanken glaubte. Auch meine ich aus eigenster Erfahrung, es ist gut, wenn ein wolwollendes Schicksal unsere Lebensdauer rechtzeitig begrenzt.

Ferner halte ich es nicht für nachahmenswert, daß sich bei so festlicher Gelegenheit die Zärtlichkeit über den Respekt hinaussetzt, so daß man den Gefeierten nötigt anzuhören, wie er als Mensch mit Lob überhäuft und als Künstler analysirt und kritisirt wird. Ich will mich dieser Überhebung nicht schuldig machen.

Etwas anderes aber kann ich mir gestatten. Im Namen von ungezählten Zeitgenosen darf ich unserer Zuversicht Ausdruck geben, Sie würden nie etwas thun oder sagen – die Worte des Dichters sind ja gleich Thaten –, was feige und niedrig ist, Sie werden auch in Zeiten und Lagen, die das Urteil verwirren, den rechten Weg gehen und ihn anderen weisen.

Ihr herzlich ergebener

Sigm. Freud

An Albert Einstein

Wien IX, Berggasse 19
3. Mai 1936

Verehrter Herr Einstein,

Sie sträuben sich vergeblich gegen eine Antwort auf Ihren liebenswürdigen Brief. Ich muß Ihnen doch sagen, wie sehr die Wendung in Ihrem Urteil oder ein Beginn dazu mich erfreut hat. Ich wußte natürlich immer, daß Sie mich nur ›aus Höflichkeit‹ bewundern, aber von all meinen Behauptungen sehr wenig glauben. Obwohl ich mich oft fragte, was daran eigentlich zu bewundern ist, wenn es nicht wahr ist, das heißt, nicht einen hohen Wahrheitsgehalt hat. Nebenbei, meinen Sie nicht, daß man mich viel besser behandelt hätte, wenn meine Lehren einen größeren Prozentsatz von Irrtum und Tollheit in ihre Zusammensetzung aufgenommen hätten?

Sie sind um soviel jünger als ich; bis Sie mein Alter erreichen, darf ich hoffen, werden Sie mein Anhänger geworden sein. Da ich's dann nicht erfahren werde, nehme ich jetzt die Befriedigung darüber vorweg (Sie merken, was mir vorschwebt: Im Vorgefühl von solchem Glück genieß ich und so weiter).

In herzlicher Ergebenheit und unwandelbarer Verehrung
Ihr Sigm. Freud

An Albrecht Schaeffer[221]

20, Maresfield Gardens, London, N. W. 3
19. September 1939

Lieber Herr Schaeffer

Welch ein unerwarteter und wohltuender Brief! Wie oft habe ich in diesen in mancher Hinsicht so leeren Zeiten an meinen Dichter gedacht und an welche Stelle des wilden Aufruhrs ihn die jetzigen Schicksale des deutschen Vaterlandes geworfen haben. Mit inniger Freude habe ich erfahren, daß nicht eingetreten ist, was ich befürchtet hatte und welch unschätzbaren Anhang Sie an Ihrer lieben Frau gefunden haben.

Nicht alles, was ich Ihnen von mir sagen könnte, würde sich Ihren Wünschen fügen. Aber ich bin über dreiundachtzig Jahre alt, so eigentlich überfällig, und habe wirklich nichts anderes zu tun, als was Ihre Verse raten: Warten, warten.

Ihr herzlich ergebener
Freud

221 Albrecht Schaeffer (1885–1950), deutscher Schriftsteller.

Interviews

Sigmund Freud hat – nachdem er ein bekannter Mann geworden war – gelegentlich Interviews gegeben, insgesamt fast zwanzig. Auf den folgenden Seiten werden zentrale Aussagen aus ausgewählten Interviews wiedergegeben.

Über »Magnetische Menschen« (1904)[222]

Am 27. Oktober 1904 berichtete die Wiener Zeitung »Neue Freie Presse« über eine »Entdeckung, die, falls sie Bestätigung anderer wissenschaftlicher Autoritäten erhalten sollte, von epochemachender Bedeutung sein würde«. Dr. E. Harnack, Professor für Physiologie an der Universität Halle, habe beobachtet, »daß seine Fingerspitzen bei leisem Reiben der Glasfläche eines Kompasses die Magnetnadel desselben ablenken, so daß damit die Existenz einer bedeutenden Kraft innerhalb des menschlichen Körpers [...] sichergestellt wäre«. In der Folge hatten sich einige Forscher zurückhaltend bis kritisch geäußert, darunter die Österreicher Ludwig Boltzmann und Siegmund Exner. Die »Neue Freie Presse« befragte auch Freud zu dem Thema und veröffentlichte seine Antwort am 6. November 1904:

Die Menschen haben immer die Sehnsucht, alle Geheimnisse mit einem Schlüssel aufsperren zu wollen. Als solch ein

222 Thomas (1904).

Schlüsselwort erschien stets der Magnetismus. Es war und ist ein Wort von großer, suggestiver Bedeutung. Und begreiflich erscheint es auch, daß die geheimnisvolle in die Ferne wirkende Kraft des Magnets seine Wirkung auf die Phantasie nicht verfehlt. Von einer faktischen Wirkung des Magnets auf den Menschen oder des Menschen auf den Magnet kann natürlich keine Rede sein.

Gutachten zur Eherechtsenquete (1905)[223]

Am 8. März 1904 hatte die Kulturpolitische Gesellschaft im »Illustrierten Wiener Extrablatt« ein »Kommuniqué« veröffentlicht, in dem sie nachdrücklich eine Reform der Ehegesetzgebung vertrat. Im April 1904 wurde von der österreichischen Regierung eine Kommission zur Revision des Bürgerlichen Gesetzbuches eingesetzt. Im Januar 1905 startete die Kulturpolitische Gesellschaft ihre Eherechtsenquete. Zu den Befragten gehörten 39 Personen, darunter Sigmund Freud. Der Fragebogen enthielt 54 Fragen. Von diesen hat Freud neun schriftlich beantwortet, da er nur auf solche Fragen antworte, »die in näherer Beziehung zu meiner Tätigkeit und meiner Erfahrung als Arzt stehen«.

Liegt es im Ehebegriff unserer Kultur, daß die Ehe monogamisch ist, das heißt, steht eine simultane oder sukzessive Polygamie mit unserem Kulturbegriff im Widerspruch?

Freud: *Ich kann mir sehr wohl vorstellen, daß wenigstens sukzessive Polygamie mit unseren Kulturanforderungen ver-*

223 Mitteilungen der Kulturpolitischen Gesellschaft (1905): Protokolle der Enquete betreffend die Reform des österreichischen Eherechts. (Vom 17. Jänner bis 24. Februar 1905.) Unter dem Vorsitz des Hofrat Dr. Karl von Pelser-Fürnberg. Wien: Im Verlage der Kulturpolitischen Gesellschaft, S. 76–77.

traglich gemacht wird. Es wäre dies ja zum Teil nur Sanktion bereits bestehender Verhältnisse.

Ist der Sittlichkeit mehr gedient, wenn die bestehenden geschlechtlichen Beziehungen legalisiert oder wenn sie, soweit sie außerehelich sind, erschwert werden?

Freud: *Vielleicht der einzig praktikable Weg, die Sittlichkeit zu fördern, wäre die Legalisierung andrer als der ehelichen Beziehungen zwischen den Geschlechtern, also die Einschränkung des zu verbietenden, die Gewährung eines großen Maßes von Sexualfreiheit.*

Ist die Gleichberechtigung beider Geschlechter zu fordern?

Freud: *Die Gleichberechtigung beider Geschlechter schließt sich geradezu aus durch ihre verschiedenartige Rolle in der Fortpflanzungsfunktion.*

Kann innerhalb der Ehe eine Differenzierung gedacht werden, dergestalt, daß Ehen mit verschiedenem rechtlichem Inhalt, insbesondere mit Hinblick auf die Deszendenz anerkannt würden? (matrimonium juris gentium und matrimonium juris civilis)?

Freud: *Unsere heutige Kenntnis der Gesetze der Erblichkeit scheint mir nicht weit genug zu reichen, um in zahlreichen Fällen – oder Kategorien von Fällen – ein Eheverbot auf Grund der befürchteten Schädigung der Deszendenz auszusprechen. Neben der allgemein anerkannten Degeneration infolge von Erblichkeit müssen auch Regenerationsvorgänge in den nachkommenden Geschlechtern zugegeben werden; wäre es anders, so müßten wir alle heute Lebenden längst an der fortschreitenden hereditären Degeneration zugrunde gegangen sein. Auch geht es nicht an, die Rechte der Lebenden allzu empfindlich zugunsten der Ungeborenen zu verkürzen.*

Soll die Ehe unauflöslich sein? Auch noch nach dem faktischen Bruch?

Freud: *Die Unauflöslichkeit der Ehe widerspricht bedeutenden ethischen und hygienischen Grundsätzen und psychologischen Erfahrungen. Sie stellt sich insbesondere als ein Unrecht gegen das Weib dar, das durch die natürlichen Bedingungen genötigt wird, die Ehe in sehr jugendlichem Alter, also in voller geistiger Unreife zu schließen, und das auch noch durch die sozialen Anforderungen gezwungen ist, ohne Kenntnis des Liebeslebens in die Ehe zu treten.*

Wie äußert sich die Wissenschaft über die Wirkungen der fortgesetzten sexuellen Kontinenz in den verschiedenen Lebensaltern bei verschiedenen individuellen Veranlagungen?

Freud: *Über die Wirkungen fortgesetzter sexueller Enthaltung haben sich die Vertreter der medizinischen Wissenschaft sehr verschieden geäußert, zum guten Teil aber darum, weil sie mit mehr oder minder klarer Absicht Äußerungen zu vermeiden strebten, die der herrschenden Sexualordnung unbequem sein mußten. Viele Ärzte belieben noch heute den mächtigen Geschlechtstrieb in einem Maße zu unterschätzen, daß es jedem Kenner der realen Verhältnisse als komisch erscheinen muß, und dies, weil sie meinen, daß es die Würde der Wissenschaft von ihnen fordert. Ich vertrete die Meinung, daß es nur einer geringen Minderzahl von besonders glücklich konstituierten Menschen möglich ist, sexuelle Abstinenz ohne Schädigung durchzuführen, sei es, daß sie kältere Naturen sind, sei es, daß ihnen ganz außerordentliche Ablenkungen zu Hilfe kommen. Für die große Mehrheit aber ist die sexuelle Abstinenz über eine längere Lebensstrecke nahezu unmöglich; den bestehenden Erschwerungen pflegen sich nur Schwächlinge zu fügen, kraftvollere Naturen aber regelmäßig zu entziehen. Es ist zugegeben, daß die sexuelle Abstinenz für sich allein nicht sehr häufig als Krankheitsursache angetroffen wird; aber dies rührt hauptsächlich daher, daß sie normal angelegte Menschen zu durchbrechen pflegen, so daß deren Wirkungen eigentlich nur an den pathologisch veranlagten studiert werden können, die sich häufig auch durch einen unzweckmäßigen Ersatz für den Sexualverkehr schädigen. Die körperliche Schädigung bei konsequenter Sexualenthaltung läßt sich als Disposition zu verschiedenen Formen von Nervosität beschreiben; bedeutsamer erscheinen mir aber die in der Regel wenig beobachteten psychischen Folgen unfreiwilliger Enthaltsamkeit. Das Individuum verbraucht seine seelischen Kräfte in dem nie rastenden Kampfe gegen die Versuchung und verarmt dadurch an den Eigenschaften, die es zur Bewältigung seiner sozialen Aufgaben bedarf: an Selbstvertrauen, Energie und Wagemut. Das hier Gesagte bezieht sich vor allem auf Männer und auf die Forderung der Enthaltung durch lange Zeiträume. Zeitweilige Enthaltsamkeit ist dagegen leicht zu erreichen, und zwar um so leichter, je normaler der Mann in seinem Geschlechtsleben ist, besonders wenn ausgiebige geistige Beschäftigung vorliegt. Für die Frauen scheint mir festzustehen, daß ihnen die Einhaltung der Abstinenz häufiger als den Männern gelingt, vielen von ihnen aber noch größere psychische Opfer kostet. Ein Teil der kultivierten Frauen scheint übrigens bereits gegenwärtig auf Frigidität gezüchtet zu sein. Ein Aufschub des Sexualverkehrs in der Jugend ist unter normalen Verhältnissen ohne Schädigung möglich.*

Kann ein genereller Anspruch auf Enthaltsamkeit erhoben werden und mußte nicht in vielen Fällen des Ehebruches, wo die Befriedigung in der Ehe aus welchem Grunde immer, insbesondere aber bei geschiedenen Gatten, ausgeschlossen ist, unwiderstehlicher Zwang anerkannt werden?

Freud: *Es geht aus dem Vorstehenden hervor, daß ein genereller Anspruch auf Enthaltsamkeit nicht erhoben werden kann, und daß aus der Tatsache der Ehe für keinen Teil*

Sexualverpflichtungen abzuleiten sind, sobald die Ehe die Aufgabe der Befriedigung des normalen Sexualtriebes nicht mehr erfüllt.

Soll anhaltender Irrsinn einen Trennungsgrund bilden?

Freud: *Anhaltender Irrsinn verdient, da er das Erlöschen der Persönlichkeit bedeutet, einen Platz unter den Gründen der Ehetrennung.*

Soll im Ehegerichtshof das weibliche Geschlecht vertreten sein?

Freud: *Es ist nur recht und billig, die Frauen zur Beschäftigung mit den Problemen, die ihre wesentliche Rolle im Leben betreffen, heranzuziehen und ihnen bei allen solchen Entscheidungen eine Stimme einzuräumen.*

Professor Dr. Sigmund Freud

Professor Freud macht keinen Seelenfilm (1925)[224]

Samuel Goldwyn war ein amerikanischer Filmproduzent und Mitbegründer der Filmstudios Metro-Goldwyn-Mayer (MGM) sowie United Artists, über viele Jahrzehnte war er einer der einflussreichsten Produzenten Hollywoods. Ende 1924 wurde bekannt, dass er eine Europareise plante. Nach deren Zweck befragt, antwortete er: »Ich fahre nach Wien, um den berühmten Professor Siegmund Freud zu überreden, die künstlerische Leitung meines nächsten Films zu übernehmen.«[225] Der Film sollte die Liebe zwischen Antonius und Kleopatra behandeln. Goldwyn bot Freud 100 000 US-Dollar als Honorar an.[226]

224 Porges (1925).
225 Neue Freie Presse, 23. 12. 1924, S. 11.
226 Das entspricht einer Kaufkraft von ca. 2 Millionen Euro.

Das österreichische Boulevardblatt »Die Stunde« war die erste Zeitung, die einen Journalisten zu Freud schickte, um ihn zu Goldwyns Angebot zu befragen. Dieser bat Freud, Näheres über seine Verhandlungen mit Mister Goldwyn zu erzählen. Hier die Antwort:

Also hören Sie, mein Bericht ist ganz kurz, aber deutlich genug. Seit Wochen hörte ich, daß in ausländischen Zeitungen die Nachricht verbreitet sei, daß Mister Goldwyn mich für seine Filme engagieren werde. [...] Dieser Tage las ich das selbst in reichsdeutschen Blättern. Natürlich hatte ich bis dahin auch nicht die geringste Mitteilung von Seiten Goldwyns bekommen. Ich war sehr erstaunt über die Nachrichten, die ich da las. In der vorigen Woche endlich erhielt ich aus Berlin im Namen des Mister Goldwyn das Ansuchen, telegraphisch bekanntzugeben, wann ich Mister Goldwyn empfangen wollte. Worauf ich nicht telegraphierte, sondern einen Brief an Mister Goldwyn nach Berlin absandte, der nur diesen einen Satz enthielt: »Ich beabsichtige nicht, Mister Goldwyn zu empfangen!« Damit hat die Goldwyn-Angelegenheit für mich eine Erledigung gefunden!

Mister Goldwyn hat sich also bei Ihnen heute nicht mehr gemeldet?

Freud: *Ich wußte gar nicht, daß er in Wien weilte. Da Sie mir sagen, daß er gleich wieder abreist, so muß ich annehmen, daß ihm meine Antwort genügte und daß er sie richtig aufgefaßt hat!*

Während des Interviews befand sich Goldwyn noch im Wiener »Hotel Imperial«. Er hatte Freuds Antwort erhalten und fuhr unverrichteter Dinge weiter nach Budapest. Am 24. Januar 1925 berichtete die »New York Times« über die Affäre unter der Überschrift »Freud rebuffs Goldwyn« (»Freud erteilt Goldwyn eine Abfuhr«).

Über den Wert des Lebens (1927)[227]

Georg Sylvester Viereck war ein bekannter (deutschstämmiger) amerikanischer Publizist und Schriftsteller. Er war u. a. bekannt geworden durch Interviews mit George Bernard Shaw, Oswald Spengler, Benito Mussolini, Henry Ford und Albert Einstein. Freud hatte er das erste Mal 1923 interviewt. Im Sommer 1927 besuchte er Freud zum wiederholten Mal in dessen Sommerquartier am Semmering und machte sein zweites Interview mit ihm.

Freud: *Meine siebzig Jahre haben mich belehrt, das Leben mit heiterer Demut zu empfangen. Vielleicht verrät sich darin die Güte der Götter, daß sie uns das Leben immer unangenehmer machen, je älter wir werden. Am Ende scheint uns der Tod weit weniger unerträglich als die mannigfaltigen Bürden des Lebens.*

Viereck: Bedeutet es Ihnen nicht etwas, daß Ihr Name unsterblich ist?

Freud: *Nein, das hätte für mich nicht die geringste Bedeutung, selbst wenn es der Fall wäre, was mir ja durchaus nicht so sicher erscheint. Viel wichtiger ist mir das Schicksal meiner Kinder. Hoffentlich wird sich ihr Leben leichter gestalten, ich kann leider nichts dazu beitragen. Der Krieg hat mein kleines Vermögen und die Ersparnisse meines Lebens aufgezehrt. Nun, ich kann mich damit wohl abfinden. Die Arbeit ist mein Glück.*

Viereck: Glauben Sie an die Fortdauer der Persönlichkeit nach dem Tode?

Freud: *Alles, was lebt, muß zugrunde gehen. Warum sollte gerade der Mensch eine Ausnahme machen? Ich persönlich*

227 Viereck (1927).

habe wahrhaftig kein Verlangen nach Unsterblichkeit. Wenn man sieht, wie die Selbstsucht der Hebel alles irdischen Geschehens ist, so wünscht man sich wirklich nicht, nochmals wiederzukommen. Das Leben würde ja bei einer Wiederholung wahrscheinlich auch nicht schöner verlaufen. Darum scheint mir der Wunsch nach seiner Verlängerung sinnlos.

Viereck: Befinden Sie sich im Sinne Ihrer Weltanschauung in Widerspruch zu den Arbeiten Steinachs?

Freud: *Aber nicht im geringsten! Steinach strebt doch keineswegs eine Verlängerung des Lebens an, sondern bekämpft nur das Alter und will die Jugend verlängern. Aber auch durch eine Verlängerung der Jugend gewinnt das Leben, wenigstens in meinen Augen, gewiß nicht an Wert. Wie stark es auch in einem Menschen brennen mag, heimlich sehnt er sich doch nach dem Erlöschen des Lebensfiebers.*

Viereck: [Das Gespräch beschäftigte sich nun mit der Frage, ob Freud jemals an sich selbst eine Psychoanalyse vorgenommen habe.]

Freud: *Der Psychoanalytiker muß sich selbst analysieren, durch die Analyse des eigenen Seelenlebens wächst die Fähigkeit, fremdes Seelenleben zu analysieren. Es ist übrigens ein Mißverständnis, wenn man glaubt, daß die Psychoanalyse zu dem Leitsatz „Alles verstehen heißt alles verzeihen" führt. Die Duldsamkeit gegenüber dem Schlechten ist durchaus keine notwendige Ergänzung der Erkenntnis.*

Viereck: [Wir kamen auf die Rassenfrage zu sprechen.]

Freud: *Ich spreche die deutsche Sprache, und ich lebe im deutschen Kulturkreis. Ich habe mich so lange in geistiger Beziehung als Deutscher gefühlt, bis ich das Wachstum des Antisemitismus in Deutschland und Österreich beobachten konnte. Seither ziehe ich es vor, mich als Jude zu fühlen.*

Viereck: [Freud erörterte meinen Einwand, daß die Menschen vielleicht glücklicher wären, wenn sie von dem geheimen Triebwerk ihrer Gedanken und Gefühle weniger wüßten und wenn nicht durch die Psychoanalyse das »Tier im Menschen« so rückhaltlos entlarvt worden wäre.]

Freud: *Ich weiß nicht, was man eigentlich gegen das Tier einzuwenden hat. Ich ziehe die Gesellschaft der Tiere der menschlichen Gesellschaft bei weitem vor. Gewiß, ein wildes Tier ist grausam. Aber die Gemeinheit ist ein Vorrecht des zivilisierten Menschen. Eine ganze Reihe häßlicher Eigenschaften des Menschen ist eine Folge ihrer Anpassung an eine hochentwickelte Zivilisation und ist das Ergebnis eines Konflikts zwischen unseren Instinkten und unserer Kultur. Die Psychoanalyse scheint mir gewissermaßen als der Faden, der aus dem Labyrinth des Lebens hinausführt.*

Viereck: [Meine Frage, ob Freud noch immer das Schwergewicht seiner Lehre auf die Sexualität lege, bejahte der Forscher, und auf meinen Einwand, daß Shaw der Sexualität eine ganz untergeordnete Bedeutung beimesse:]

Freud: *Shaw hat keine geistige Beziehung zur Sexualität. Liebe ist für ihn ein abstrakter Begriff. In allen seinen Stücken spielt die Liebe keineswegs die Rolle, die ihr gebührt, ja es gibt eigentlich keine richtige Liebesaffäre darin. Cäsars Liebe, vielleicht die größte Leidenschaft der Weltgeschichte, ist ihm Gelegenheit zu einem Scherz. Absichtlich, ja vielleicht sogar mit einer gewissen Bosheit, entkleidet er Kleopatra aller Größe und macht ein unbedeutendes kleines Mädchen aus ihr. Die Ursache von Shaws sonderbarer Einstellung zur Liebe, die meinem Empfinden nach seinen Werken trotz ihrer ungeheuren geistigen Spannweite die allgemein menschliche Bedeutung nimmt, muß wohl in seiner seelischen Verfassung gesucht werden. In einer seiner Vorreden betont Shaw selbst mit allem Nachdruck seine Bewunderung der Askese.*

Ich habe gewiß viele Fehler begangen, aber das Schwergewicht, das ich in meiner Lehre auf die Sexualität gelegt habe, war gewiß kein Fehler. Weil der Geschlechtstrieb so stark ist, deswegen kommt er immer wieder mit den Konventionen und Sicherungen der Zivilisation in Widerspruch. Wenn die Menschheit seine Bedeutung zu leugnen versucht, so tut sie das nur in einer Art von Selbstverteidigung. Man mag irgendeine beliebige menschliche Gefühlsregung analysieren, die von der Sphäre der Sexualität noch so weit entfernt ist, so wird man unumgänglich als ihren ursprünglichen Impuls die Sexualität finden, der das Leben seine eigene Fortdauer verdankt.

Viereck: [Unsere Unterredung wandte sich dem Einfluß der Psychoanalyse auf die Literatur zu, und ich sprach davon, daß fast die gesamte englische Belletristik unter dem Banne der Psychoanalyse stehe.]

Freud: *Ich weiß die Liebenswürdigkeit dieser Feststellung wohl zu würdigen, aber meine Volkstümlichkeit in England und Amerika wirkt, offen gestanden, oft genug erschreckend auf mich. Allzu ausgedehnte Volkstümlichkeit hat nämlich zur Folge, daß man die Schlußfolgerungen einer Lehre in oberflächlicher Weise akzeptiert, ohne sich mit ihrem wissenschaftlichen Unterbau sachlich zu beschäftigen. Die großen Massen begnügen sich mit Phrasen und bilden sich ein, von Psychoanalyse etwas zu verstehen, weil sie mit deren Fachausdrücken jonglieren können. Mir ist eine intensive Beschäftigung mit der Psychoanalyse, wie sie in den großen Städten des Kontinents üblich ist, lieber als alle Volkstümlichkeit.*

Es ist übrigens sonderbar, daß nicht Europa, sondern Amerika von meiner Lehre zuerst gewissermaßen offiziell Kenntnis genommen hat. Trotzdem hat Amerika eigentlich nur wenig schöpferische Beiträge zur Psychoanalyse geliefert und sich, wie es seiner geistigen Veranlagung entspricht, mehr mit der Verbreitung meiner Lehre begnügt. Übrigens versuchen die Ärzte in den Vereinigten Staaten ebenso wie gelegentlich auf dem Kontinent, die Psychoanalyse für sich zu monopolisieren. Mir aber scheint es als eine Gefahr für die Psychoanalyse, sie ausschließlich in der Hand von Ärzten zu wissen, weil eine bloß medizinische Ausbildung oft genug eine Hemmung für den Psychoanalytiker bedeutet. Es ist eben immer ein Hindernis, wenn gewisse altüberkommene wissenschaftliche Begriffe im Gehirn eines Studierenden allzu feste Wurzel fassen.

Viereck: [Beim Abschied sagte Freud:]

Freud: *Es wäre ein Irrtum, mich als Pessimisten zu betrachten. Alle Verachtung der Welt ist mir fremd. Betonte Weltverachtung ist oft genug nichts anderes als ein Versuch, die allgemeine Aufmerksamkeit auf sich zu lenken und Beifall zu erzwingen. Nein, ich bin kein Pessimist, denn ich habe meine Kinder, meine Frau und meine Blumen.*

Mein Werk und meine Weltanschauung (1929)[228]

Aus einem Gespräch:

Die Analyse des Unterbewußtseins ist das Wichtigste, was ich getan habe; die Vermessung des inneren Ozeans, über den es bisher keine Karten gab. Der Mensch kann und muß auf Grund seines Wissens um das Unterbewußtsein seine Erziehung, seine Literaturgeschichte, seine Religionsgeschichte und seine künftige literarische Produktion von Grund auf neu gestalten.

Geschlechtlichkeit ist die Wurzel, die Blüte und die Frucht

228 Neues Wiener Tagblatt, 2. 6. 1929, S. 7.

des Lebensbaumes. Wer die Geschlechtlichkeit des Kindes leugnet, der leugnet die Natur selbst. Allerdings darf man die Funktion der Fortpflanzung nicht mit der Sexualität verwechseln. Unser Bewußtsein läßt sich mit einem Springbrunnen vergleichen, der emporsteigt und wieder in das große unterirdische Gewässer des Unterbewußtseins zurückfällt, aus dem er aufgestiegen ist. Der Geist ist ein Eisberg. Er schwimmt, und nur ein Siebentel von ihm ist über dem Wasser. Mit der Zeit werden die Ergebnisse meiner Bemühungen um die Erforschung des Unterbewußtseins überall angewendet werden, zumindest überall in Europa. Ich weiß nicht, ob mich Amerika jemals verstehen wird. Vielleicht in zwei oder drei Generationen. Vielleicht, wenn die Neger die Weißen überflügeln und die Richtung der Zivilisation bestimmen. Ich höre, daß es in Amerika eine neue Generation gibt, eine junge und rebellische Generation, die alle die alten Götzenbilder stürzt. Das ist gut. Aber ich weiß nicht, ob die jüngere Generation ihr Ziel erreichen wird. Viele von der jetzigen Generation finden das Leben in Amerika unerträglich und kommen nach Europa, um hier zu finden, was sie suchen. Amerika verspießert zu stark. Seine Presse scheint allzusehr geneigt, sich an die niederen Instinkte zu wenden, statt das Geistige zu popularisieren.

Außerhalb meines eigentlichen Arbeitsfeldes habe ich wenige Interessen. Kennen Sie Anatole France? Dann entsinnen Sie sich wohl der Geschichte von dem Manne, der, sooft er etwas empfinden oder tun oder sagen sollte, was ihn von seiner Arbeit ablenkte, die weise Antwort gab: »Ce n'est pas dans ma vitrine.« Wie oft muß ich an einem einzigen Tage das Beispiel dieses Mannes nachahmen: Das ist nicht in meiner Vitrine! Immer wieder enden Erörterungen mit mir an diesem Punkte. Ich bin weder Philanthrop noch Theoretiker. Ich überlasse es andern, Träume zu träumen und sich in die Zukunft zu verlieren. Ich beobachte, ich mache Aufzeichnungen, ich ziehe Schlüsse. Ich lebe im Diesseits und in der Ge-

genwart. Was in tausend Jahren sein wird, um das bekümmere ich mich nicht. Das ist nicht in meinem Glasschrank! Ich war in bezug auf die Menschheit niemals ein Pessimist. Sie wird sich durchkämpfen, wäre es auch nur darum, weil die Entwicklung ein unabänderliches Gesetz der Schöpfung ist. Durch die richtige Erziehung vermöchte der Mensch seine Evolution sogar zu beschleunigen. Aber das ist eine Frage von Generationen, von Jahrhunderten. Unter dieser Voraussetzung besteht kein Grund, weshalb der Mensch für alle Zeiten ein Verbrecher und ein Mörder mit der Mentalität eines Geisteskranken bleiben sollte.

Der Kampf geht zwischen dem Individualisten, dem außerhalb des Gesetzes Stehenden, ob es nun Nietzsches Übermensch oder Darwins Überlebender im Daseinskampfe ist, auf der einen und dem Menschen als einem sozialen Geschöpf, dem Kollektivisten, dem Kommunisten, auf der andern Seite. Das sind die beiden Extreme, und keinem von ihnen wird jemals die ganze Erde gehören. Das Experiment in Rußland ist sehr wertvoll. Was den Übermenschen anlangt, so ist die Zeit für ihn noch nicht reif. Ein Versuch, ihn zu züchten, müßte wohl in Enttäuschung enden. Mein persönliches Interesse an Rußland geht auf die Zeit zurück, da ich von poetischen, liberalen und internationalen Ideen beseelt war. Es war die Zeit, da ich nach England reiste, da ich wiederholt über den Rhein nach Frankreich ging, um in Paris und Nancy zu studieren, und da ich sogar den Atlantischen Ozean überquerte, um an der Clark-Universität in Amerika Vorträge zu halten.

Der Weltkrieg hat bewiesen, daß wir die Humanität ganz gewaltig überschätzt haben. Sie ist allerdings nicht gestürzt, aber nur darum, weil sie nicht stürzen konnte. Sie hat nämlich noch keine Höhe erreicht, von der sie etwa hätte stürzen können. Unsere sogenannte Kultur ist nur eine Einbildung und ein äußerlicher Aufputz. Unsre primitiven Naturen, unsre antisozialen, bestialischen Triebe liegen dicht unter der

Haut. Im Kriege wurden sogenannte kultivierte Menschen zu Bestien und schlachteten einander ab. Als die Regierungen und die Konventionen, die wir als unsre Herren anerkennen, das Zeichen gaben und schrien: Dort ist ein Feind!, da seufzten wir erleichtert auf und warfen unsre schwächlichen Hemmungen über Bord, um zu lügen, zu stehlen, zu rauben und zu morden.

Neurosen als Zeitkrankheit: Welche Heilerfolge hat die Psychoanalyse (1932)[229]

Nicolas Bandy (eigentlich Ida Bandy) war eine aus Russland stammende französische Fotografin. Sie arbeitet u. a. für die politische Publikumszeitschrift »Vu«, die von 1928 bis 1940 erschien. Für diese machte sie auch das folgende Interview.[230] Wenige Wochen später wurde es in der »Neuen Freien Presse« in deutscher Sprache abgedruckt:

Worin bestehen die Errungenschaften und unmittelbaren Möglichkeiten der Psychoanalyse?

Freud: *In der Therapie der Neurosen, gewisser Psychosen, in Fällen einer grundlegenden Charakterveränderung, und selbst bei gewissen Abarten der Bewußtseinsspaltung (Schizophrenie) sind die Erfolge der Psychoanalyse unbestreitbar. Aber von grundlegender Bedeutung ist vor allem die allmähliche Durchdringung des Bewußtseins durch die Psychoanalyse. Man kann auch psychische Störungen und Funktionsstörungen des Organismus heilen, indem man von den Symptomen ausgeht. Denn alle Manifestationen des Individuums, wie klein und unzusammenhängend sie auch sein mögen, sind Symptome, die durch die Triebfedern seines*

229 Bandy (1932b).
230 Bandy (1932a).

Zustandes und seiner psychischen Erkrankung bestimmt sind.

Hat nicht die Psychoanalyse, indem sie die Bedeutung des Traumes erkannte, die Gesetze des Determinismus bis auf die zartesten Daseinsänderungen ausgedehnt?

Freud: *Es handelt sich der Psychoanalyse weniger darum, den Traum an sich zu erklären, als darum, ihn als Symptom zu demaskieren und mit Hilfe des Traumes zu diagnostizieren. Bekanntlich findet der Kranke im Verlauf der Analyse zu sich selbst zurück, indem er sich seiner verdrängten Komplexe bewußt wird. Es handelt sich darum, die realen Triebfedern unserer Konflikte und auch die der Gemeinschaften und Völker zu kennen.*

Angesichts der Dauer und der Kosten einer Behandlung kann doch nur eine verschwindend kleine Anzahl Kranker psychoanalytisch behandelt werden?

Freud: *Gewiß, es gibt zahlreiche Schranken der psychoanalytischen Behandlung. Vor allem organische Veränderungen, ferner die Altersgrenze. Denn die Psyche eines Menschen, der das fünfzigste Lebensjahr überschritten hat, wird verhältnismäßig unnachgiebig. In diesem Fall ist das zu erforschende angehäufte psychische Material ungeheuer und läßt sich kaum mehr bewältigen. Die Behandlung ist also in gewisser Hinsicht dem Alter proportional, und das Problem wird in vorgeschrittenen Jahren fast unlösbar.*

Und die überwiegende Mehrzahl der Kranken, die Armen?

Freud: *Für die Armen – es ist traurig genug, und man wird die Bemerkung hoffentlich nicht als zynisch mißdeuten – für die Armen bedeuten die Neurosen nicht nur Krankheit, sondern oft auch eines der Elemente der Selbstverteidigung im Kampf ums Dasein. Wir haben sehr oft, wenn wir unentgeltlich ordinierten, die Erfahrung gemacht, daß sich die Armen von ihrem Leiden nicht eher befreien lassen wollten, bevor nicht eine Änderung in ihrer materiellen Lage herbeigeführt wäre. Und das ist nur zu begreiflich, da sie ja ihrer Krankheit oft gewisse Rücksichten zu verdanken haben, d. h. sie als Gesunde bei ihrer sozialen Stellung nicht zu erwarten hätten. Alle unsere Bemühungen sind darauf gerichtet, uns Kenntnisse über die standardisierten psychischen Funktionen anzueignen und zu verbreiten und durch eine allgemeine Prophylaxe die Konstitution von Kindheit an vor verdrängten Impulsen und Phobien zu bewahren.*

Besteht nicht eine gewisse Gefahr, durch diese Prophylaxe die normale Entwicklung des Kindes zu stören?

Freud: *Eine geistige Hygiene, die den gefürchteten sexuellen und psychischen Katzenjammer zu verhüten weiß, ist besonders in den Jahren des Wachstums ebenso heilsam wie körperliche Hygiene. Selbst im Falle der Behandlung eines so neurotischen Kindes wie des kleinen Hans, die ich eingehend beschrieben habe, hat die psychoanalytische Einwirkung seine seelische Entwicklung günstig beeinflußt, ohne sichtbare Spuren in seiner Erinnerung zurückzulassen. Ich konnte mich davon überzeugen, als ich vierzehn Jahre später den neunzehnjährigen Hans traf.*

Wie vermeidet man Willkürlichkeiten bei der Interpretation von Erinnerungen, Ideenassoziationen, Träumen und überhaupt bei der ganzen psychoanalytischen Behandlung?

Freud: *Die Varianten der Erscheinungsformen, die ein zurückgedrängter Impuls in der Gestalt der Libido annehmen kann, sind unendlich, und seine Sublimationen umfassen sozusagen die Gesamtheit des menschlichen Strebens. Es handelt sich wie beim Traum weniger um eine Erklärung, eine kasuistische Dogmatik, als darum, Symptome zu behandeln. Die psychoanalytische Methode ist im wesentlichen dyna-*

misch; wir rechnen mit der ungeheuren Feinheit, den ununterbrochenen Veränderungen der Libido. Daraus entsteht das brennende Problem, das ich »Übertragung« nenne. Eine Verdrängung der Impulse, deren Ursprung die Analyse noch nicht aufzuklären vermochte. Es handelt sich um Affekte, die immer bereit sind, sich anzupassen, sich je nach den Umständen zu verwandeln und sich im Falle der psychoanalytischen Behandlung auf den Arzt zu übertragen. Die Komplexität und Veränderlichkeit dieser Faktoren legen dem Arzt die Notwendigkeit einer ungeheuer straffen Kontrolle seiner Forschungen auf, in denen das Willkürliche berücksichtigt und offenbar wird.

Inwiefern trägt die Weltkrise zur Entwicklung der Neurosen, der vielbesprochenen »sexuellen Not« bei?

Freud: *Dieses Wort, das zum Schlagwort geworden ist und allgemein der Psychoanalyse zugeschrieben wird, stammt nicht von mir. Meiner Ansicht nach hat sich die »sexuelle Not« auf unserem Kontinent dank der größeren Freiheit der Sitten nach dem Krieg verringert. Gibt es aber einerseits weniger Neurosen, die durch Unterdrückung der Instinkte hervorgerufen werden, so zeigt sich dagegen eine Zunahme von Neurosen aller Arten, die durch Zügellosigkeit der Instinkte verursacht wird. Die Suche der enttäuschten, mutlosen Massen nach dem Unbekannten, dem »Abenteuer«, erklärt sehr wohl diese Neurosen. Die Psychoanalyse schafft ebenso heilsame Klarheit wie die Verständlichmachung gewisser Wirtschaftsgesetze. Sie befähigt die leidenden Menschen zu größerem Widerstand, indem sie ihnen die objektiven Ursachen ihrer Lage enthüllt und so die quälende Furcht vor einer Fügung des Schicksals, einem persönlichen »Pech« unterdrückt.*

Interview mit der BBC (1938)[231]

Am 7. Dezember 1938 nahm die BBC in Maresfield Gardens eine kurze Sendung mit Freud auf, der englisch sprach:

I started my professional activity as a neurologist trying to bring relief to my neurotic patients. Under the influence of an older friend and by my own efforts I discovered some important new facts about the unconscious in psychic life, the role of instinctous urges and so on. Out of these findings grew a new science, psychoanalysis, a part of psychology, and a new matter of treatment of the neuroses.

I had to pay heavily for this bit of good luck. People did not believe my facts and thought my theories unsavoury. Resistance was strong and unrelenting. In the end I succeeded in acquiring pupils and building up an International Psycho-Analytic Association. But the struggle is not yet over.

Freud beendet sein Statement mit einem Satz auf Deutsch:

Im Alter von zweiundachtzig Jahren verließ ich als Folge der deutschen Invasion mein Heim in Wien und kam nach England, wo ich mein Leben in Freiheit zu enden hoffe.

Eigentlich hatte die BBC eine längere Aufzeichnung geplant und gehofft, Freud würde eine Passage aus der Einleitung einer seiner Bücher lesen. Aber für Freud war das Sprechen mit der Prothese sehr qualvoll, und er beschränkte sich auf wenige Sätze. Das Interview wurde am 27. Dezember 1938 ausgestrahlt.

231 Tögel (2001).

Zum Weiterlesen

Behling, Katja. 2002. Martha Freud. Die Frau des Genies. Berlin: Aufbau Taschenbuch Verlag.

Clark, Ronald. 1981. Sigmund Freud. Leben und Werk. Frankfurt a. M.: S. Fischer.

Freud, Ernst et al. (Hg.). 1976. Sigmund Freud. Sein Leben in Bildern und Texten. Frankfurt a. M.: Suhrkamp.

Freud, Martin. 2000. Mein Vater Sigmund Freud. Heidelberg. Mattes Verlag.

Gay, Peter. 1989. Freud. Eine Biographie für unsere Zeit. Frankfurt am Main: S. Fischer Verlag.

Gödde, Günter. 2003. Mathilde Freud. Die älteste Tochter Sigmund Freuds in Briefen und Selbstzeugnissen. Gießen: Psychosozial-Verlag.

Krüll, Marianne. 1992. Freud und sein Vater. Die Entstehung der Psychoanalyse und Freuds ungelöste Vaterbindung. Frankfurt am Main: Fischer Taschenbuch Verlag.

Lohmann, Hans-Martin. 1998. Sigmund Freud. Reinbek b. Hamburg: Rowohlt.

Roazen, Paul. 1999. Wie Freud arbeitete. Gießen: Psychosozial-Verlag.

Tögel, Christfried. 1996. Freuds Wien. Eine biographische Skizze nach Schauplätzen. Wien: Turia und Kant.

Tögel, Christfried. 2013. Die Rätsel Sigmund Freuds. Von den Geschlechtsorganen des Aals zur Traumdeutung. Gießen: Psychosozial-Verlag.

Literaturverzeichnis

Anderson, Ola. 1979. A Supplement to Freud's Case History of »Frau Emmy v. N.« in Studies in Hysteria 1895. Scandinavian Psychoanalytic Revue, 2: 5–16.

Bandy, Nicolas. 1932a. Vu chez le professeur Freud. Vu, 5: 1177–1179.

Bandy, Nicolas. 1932b. Neurosen als Zeitkrankheit. Welche Heilerfolge hat die Psychoanalyse? Neue Freie Presse (Morgenblatt), 14. 8. 1932, S. 21.

Coles, Robert. 1995. Anna Freud oder der Traum der Psychoanalyse. Frankfurt am Main: S. Fischer.

Einstein, Albert. 1907. Über das Relativitätsprinzip und die aus demselben gezogenen Folgerungen. Jahrbuch der Radioaktivität und Elektrizität, 4: 411–462.

Ellenberger, Henri. 1977. L'Histoire d'Emmy von N. L' Évolution Psychiatrique, 42: 519–540.

Fichtner, Gerhard & Hirschmüller, Albrecht. 1985. Freuds »Katharina« – Hintergrund, Entstehungsgeschichte und Bedeutung einer frühen psychoanalytischen Krankengeschichte. Psyche, 39: 220–240.

Freud, Martin. 2000. Mein Vater Sigmund Freud. Heidelberg: Mattes Verlag.

Freud, Sigmund. 1884e. Über Coca. Zentralblatt für die gesamte Therapie, 2: 289–314.

Freud, Sigmund. 1890a. Psychische Behandlung (Seelenbehandlung). In: J. Weiß (Ed.), Die Gesundheit: Ihre Erhaltung, ihre Störungen, ihre Wiederherstellung, Bd. 1. Stuttgart/Berlin/Leipzig. GW 5, S. 287–315.

Freud, Sigmund. 1892–94a. Übersetzung von Jean-Martin Charcot: Leçons du mardi à la Salpêtrière (1887–88). Deutscher Titel: Poliklinische Vorträge. Leipzig & Wien: Deuticke.

Freud, Sigmund. 1893a. Über den psychischen Mechanismus hysterischer Phänomene. Vorläufige Mitteilung. Neurologisches Zentralblatt, 12: 4–10. GW 1, S. 81–98.

Freud, Sigmund. 1896c. Zur Ätiologie der Hysterie. Vortrag, gehalten im Verein für Psychiatrie und Neurologie in Wien am 2. Mai 1896. Wiener klinische Rundschau, 10: 379-381. GW 1, S. 425–459.

Freud, Sigmund. 1899a. Über Deckerinnerungen. Monatsschrift für Psychiatrie und Neurologie, 6: 215-230. GW 1, S. 531–554.

Freud, Sigmund. 1900a. Die Traumdeutung. Wien: Deuticke. GW 2/3.

Freud, Sigmund. 1901b. Zur Psychopathologie des Alltagslebens (Über Vergessen, Versprechen, Vergreifen, Aberglaube und Irrtum). Berlin: Karger. GW 4.

Freud, Sigmund. 1905c. Der Witz und seine Beziehung zum Unbewußten. Leipzig & Wien: Deuticke. GW 6.

Freud, Sigmund. 1905d. Drei Abhandlungen zur Sexualtheorie. Wien. GW 5, S. 27, 33–145.

Freud, Sigmund. 1905e. Bruchstück einer Hysterie-Analyse. Monatsschrift für Psychiatrie und Neurologie, 18: 285–310, 408–467. GW 5, S. 161-286.

Freud, Sigmund. 1907b. Zwangshandlungen und Religionsübungen. Zeitschrift für Religionspsychologie, 1: 4–12.

Freud, Sigmund. 1908d. Die »kulturelle« Sexualmoral und die moderne Nervosität. Sexual-Probleme, 4: 107–129. GW 7, S. 143–167.

Freud, Sigmund. 1909b. Analyse der Phobie eines fünfjährigen Knaben [Der »kleine Hans«]. Jahrbuch für psychoanalytische und psychopathologische Forschungen, 1: 1–109. GW 7, S. 241–377.

Freud, Sigmund. 1909d. Bemerkungen über einen Fall von Zwangsneurose [Der »Rattenmann«]. Jahrbuch für psychoanalytische und psychopathologische Forschungen, 1: 357–421. GW 7, S. 379–463.

Freud, Sigmund. 1910c. Eine Kindheitserinnerung des Leonardo da Vinci. Wien. GW 8, S. 127–211.

Freud, Sigmund. 1911e. Die Handhabung der Traumdeutung in der Psychoanalyse. Zentralblatt für Psychoanalyse, 2: 109–113. GW 8, S. 350-357.

Freud, Sigmund. 1912–13a. Totem und Tabu. Leipzig und Wien: Hugo Heller. GW 9.

Freud, Sigmund. 1912b. Zur Dynamik der Übertragung. Zentralblatt für Psychoanalyse, 2: 167–173. GW 8, S. 364–374.

Freud, Sigmund. 1912e. Ratschläge für den Arzt bei der psychoanalytischen Behandlung. Zentralblatt für Psychoanalyse, 2: 483–489. GW 8, S. 376–387.

Freud, Sigmund. 1913c. Zur Einleitung der Behandlung (Weitere Ratschläge zur Technik der Psychoanalyse, I). Internationale Zeitschrift für ärztliche Psychoanalyse, 1: 1–10, 139–146. GW 8, S. 454–478.

Freud, Sigmund. 1914b. Der Moses des Michelangelo. Imago, 3: 15–36. GW 10, S. 172-201.

Freud, Sigmund. 1914d. Zur Geschichte der psychoanalytischen Bewegung. Jahrbuch der Psychoanalyse, 5: 207–260. GW 10, S. 43–113.

Freud, Sigmund. 1914g. Erinnern, Wiederholen und Durcharbeiten (Weitere Ratschläge zur Technik der Psychoanalyse, II). Internationale Zeitschrift für ärztliche Psychoanalyse, 2: 485–491. GW 10, S. 126–136.

Freud, Sigmund. 1915a. Bemerkungen über die Übertragungsliebe (Weitere Ratschläge zur Technik der Psychoanalyse, III). Internationale Zeitschrift für ärztliche Psychoanalyse, 3: 1–11. GW 10, S. 306-321.

Freud, Sigmund. 1915b. Zeitgemäßes über Krieg und Tod. Imago, 4: 1–21. GW 10, S. 324–355.

Freud, Sigmund. 1916–17a. Vorlesungen zur Einführung in die Psychoanalyse. Leipzig: Hugo Heller. GW 11.

Freud, Sigmund. 1917b. Eine Kindheitserinnerung aus »Dichtung und Wahrheit«, Imago, 5: 49–57. GW 12, S. 15–26.

Freud, Sigmund. 1918b. Aus der Geschichte einer infantilen Neurose [Der »Wolfsmann«], Sammlung kleiner Schriften zur Neurosenlehre. Vierte Folge. Leipzig: Hugo Heller. GW 12, S. 27–157.

Freud, Sigmund. 1919a. Wege der psychoanalytischen Therapie. Internationale Zeitschrift für ärztliche Psychoanalyse, 5: 61–68. GW 12, S. 183–194.

Freud, Sigmund. 1920a. Über die Psychogenese eines Falles von weiblicher Homosexualität. IZP, 6: 1-24. GW 12, S. 271–302.

Freud, Sigmund. 1920g. Jenseits des Lustprinzips. Leipzig/Wien/Zürich: Internationaler Psychoanalytischer Verlag. GW 13, S. 1–69.

Freud, Sigmund. 1921c. Massenpsychologie und Ich-Analyse. Leipzig/Wien/Zürich: Internationaler Psychoanalytischer Verlag. GW 13, S. 71–161.

Freud, Sigmund. 1923a. Libidotheorie; Psychoanalyse. In: Max Marcuse (Ed.), Handwörterbuch der Sexualwissenschaft. Bonn: Marcus & Weber. GW 13, S. 211–233.

Freud, Sigmund. 1923b. Das Ich und das Es. Leipzig/Wien/Zürich: Internationaler Psychoanalytischer Verlag. GW 13, S. 237–289.

Freud, Sigmund. 1924b. Neurose und Psychose. Internationale Zeitschrift für Psychoanalyse, 10: 1–5. GW 13, S. 387–391.

Freud, Sigmund. 1924 f. Kurzer Abriß der Psychoanalyse. GW 13, S. 405–427.

Freud, Sigmund. 1924g. Brief an Fritz Wittels (18. 12. 1923). GW Nachtragsband, S. 754–758.

Freud, Sigmund. 1925d. Selbstdarstellung. In Grote, Louis: Die Medizin der Gegenwart in Selbstdarstellungen, Bd. 4. Leipzig: Felix Meiner, S. 1–52. GW 14, S. 31–96.

Freud, Sigmund. 1927c. Die Zukunft einer Illusion. Leipzig/Wien/Zürich: Internationaler Psychoanalytischer Verlag. GW 14, S. 325–380.

Freud, Sigmund. 1928b. Dostojewski und die Vatertötung. In: Fritz Eckstein (Ed.), Die Urgestalt der Brüder Karamasoff. München. GW 14, S. 399–418.

Freud, Sigmund. 1930a. Das Unbehagen in der Kultur. Wien: Internationaler Psychoanalytischer Verlag. GW 14, S. 419–506.

Freud, Sigmund. 1933a. Neue Folge der Vorlesungen zur Einführung in die Psychoanalyse. Wien: Internationaler Psychoanalytischer Verlag. GW 15.

Freud, Sigmund. 1936a. Brief an Romain Rolland: Eine Erinnerungsstörung auf der Akropolis. Almanach der Psychoanalyse 1937: 9–21. GW 16, S. 250–257.

Freud, Sigmund. 1937d. Konstruktionen in der Analyse. Internationale Zeitschrift für Psychoanalyse, 23: 459–469. GW 16, S. 43 bis 56.

Freud, Sigmund. 1939a. Der Mann Moses und die monotheistische Religion: Drei Abhandlungen. Amsterdam: Allert de Lange. GW 16, S. 103–246.

Freud, Sigmund. 1954e. Brief an Israel Cohen. Hg. von Hamazkir [Cohen, Israel]. Jewish Observer and Middle East Review, 3: 10.

Freud, Sigmund. 1956l. Brief an Theodor Reik. In: Theodor Reik (Ed.), The Search Within. The Inner Experiences of a Psychoanalyst. New York: Farrar, Straus and Cudahy.

Freud, Sigmund. 1960a. Briefe 1873–1939. Frankfurt am Main: S. Fischer.

Freud, Sigmund. 1965a. Sigmund Freud/Karl Abraham. Briefe 1907–1926. Hrsg. von Hilda C. Abraham und Ernst L. Freud. Frankfurt am Main: S. Fischer Verlag.

Freud, Sigmund. 1966a. Sigmund Freud/Lou Andreas-Salomé. Briefwechsel. Hrsg. von Ernst Pfeiffer. Frankfurt am Main: S. Fischer.

Freud, Sigmund. 1968a. Sigmund Freud/Arnold Zweig. Briefwechsel. Hrsg. von Ernst L. Freud. Frankfurt am Main: S. Fischer.

Freud, Sigmund. 1971a. James Jackson Putnam and Psychoanalysis, Letters between Putnam and Sigmund Freud, Ernest Jones, William James, Sándor Ferenczi, and Morton Prince, 1877–1917. Hrsg. und eingel. von Nathan G. Hale, jun. Cambridge, Mass.

Freud, Sigmund. 1974a. Briefe an Carl Gustav Jung. Hrsg. von William McGuire und Wolfgang Sauerländer. Frankfurt am Main: S. Fischer.

Freud, Sigmund. 1985c. Briefe an Wilhelm Fließ 1887–1904. Hrsg. von Jeffrey Masson, Bearbeitung der deutschen Fassung von Michael Schröter. Frankfurt am Main: S. Fischer.

Freud, Sigmund. 1985j. Brief an Emil Freund (23. 5. 1911). Sotheby's Cataloge, May 1985, Nr. 142.

Freud, Sigmund. 1988g. Thomas Mann, Briefwechsel mit Autoren. Hrsg. von Hans Wysling. Frankfurt am Main: S. Fischer.

Freud, Sigmund. 1989a. Sigmund Freud, Jugendbriefe an Eduard Silberstein, 1871–1881. Frankfurt: S. Fischer.

Freud, Sigmund. 1992g. Sigmund Freud – Sándor Ferenczi. Briefwechsel, 1908–1933. 4 Bände, Hrsg. von Eva Brabant, Ernst Falzeder, Patrizia Giampieri-Deutsch, unter wiss. Leitung von André Haynal. Transkription von I. Meyer-Palmedo. Wien/ Köln/ Weimar: Böhlau.

Freud, Sigmund. 2002. Unser Herz zeigt nach dem Süden. Reisebriefe 1895–1923. Hrsg. von Christfried Tögel unter Mitarbeit von Michael Molnar. Berlin: Aufbau-Verlag.

Freud, Sigmund. 2004. Sigmund Freud / Max Eitingon. Briefwechsel 1906–1939. Hrsg. von Michael Schröter. 2 Bde. Frankfurt am Main: S. Fischer Verlag.

Freud, Sigmund & Breuer, Josef. 1895d. Studien über Hysterie. Wien: Deuticke: 1895.

Freud-Bernays, Anna. 2004. Eine Wienerin in New York. Die Erinnerungen der Schwester Sigmund Freuds. Hrsg. von Christfried Tögel. Berlin: Aufbau-Verlag.

Galilei, Galileo. 1987 [1632]. Dialog über die beiden hauptsächlichen Weltsysteme, das ptolemäische und das kopernikanische. In: Galileo Galilei, Schriften, Briefe, Dokumente, Bd. 2. Hrsg. von Anna Mudry. Berlin und Weimar: Aufbau-Verlag.

Gardiner, Muriel (Ed.). 1972. Der Wolfsmann vom Wolfsmann. Frankfurt am Main: S. Fischer.

Israëls, Han. 1992. Freuds Phantasien über Leonardo da Vinci. Luzifer-Amor, 5: 8–41.

Jones, Ernest. 1960–1962. Das Leben und Werk von Sigmund Freud. 3 Bände. Bern und Stuttgart: Hans Huber.

Laforgue, René. 1973. Personal Memories of Freud. In: Hendrik Ruitenbeek (Ed.), Freud as we knew him: 341–349. Detroit: Wayne State University Press.

Maclagan, Eric. 1923. Leonardo in the Consulting Room. Burlington Magazin, 42: 54–57.

Marinelli, Lydia (Ed.). 1998. »Meine alten dreckigen Götter«, Aus Sigmund Freuds Sammlung. Frankfurt am Main: Stroemfeld Verlag.

Planck, Max. 1947. Scheinprobleme der Wissenschaft. Leipzig: Johann Ambrosius Barth.

Porges, F. 1925. Professor Freud macht keinen Seelenfilm. Die Stunde, 24. 1. 1925, S. 3.

Reik, Theodor. 1944. Sigmund Freud y Gustavo Mahler. Revista de Psicoanálisis, 1: 315–320.

Rieder, Ines & Voigt, Diana. 2000. Heimliches Beheren. Eine verbotene Liebe in Wien. Wien: Franz Deuticke.

Sachs, Hanns. 1982. Freud. Meister und Freund. Frankfurt/Berlin/Wien: Ullstein.

Schur, Max. 1982. Sigmund Freud. Leben und Sterben. Frankfurt am Main: Suhrkamp.

Stroeken, Harry. 1992. Freud und seine Patienten. Frankfurt am Main: Fischer Taschenbuch Verlag.

Swales, Peter. 1988. Freud, Katharina, and the First ›Wild Analysis‹. In: Paul Stepansky (Ed.), Freud. Appraisals and reappraisals. Contributions to Freud Studies, Bd. 3: 81–164. Hillsdale, N. J.: The Analytic Press.

Thomas, Th. 1904. Magnetische Menschen. Neue Freie Presse, 8. 11. 1904, S. 10.

Tögel, Christfried. 1989. Berggasse – Pompeji und zurück. Sigmund Freuds Reisen in die Vergangenheit. Tübingen: edition diskord.

Tögel, Christfried. 1999. »My bad diagnostic error«, Once more about Freud and Emmy v. N. (Fanny Moser). International Journal of Psychoanalysis, 80: 1165–1173.

Tögel, Christfried. 2001. Sigmund Freud: Stationen eines Lebens. Katalog zur Ausstellung. Uchtspringe: Sigmund-Freud-Zentrum, S. 67.

Tögel, Christfried. 2017a. Freud, die Couch und Familie Benvenisti. Luzifer-Amor, 30: 158–168.

Tögel, Christfried. 2017b. »Elisabeth von R.« – Geburtshelferin der Freien Assoziation. Neues zu Familie und Leben von Helene Weiss, verh. Gross. Luzifer-Amor, 30: 175–181.

Viereck, George Sylvester. 1927. Professor Freud über den Wert des Lebens. Neue Freie Presse (Morgenblatt), 28. 8. 1927, S. 4.

Walter, Bruno. 1950. Thema und Variationen. Erinnerungen und Gedanken. Frankfurt am Main: S. Fischer.

Wittels, Fritz. 1924. Sigmund Freud. Der Mann, die Lehre, die Schule. Leipzig/Wien/Zürich: E. P. Tal & Co.

Zweig, Arnold. 1934. Bilanz der deutschen Judenheit 1933. Amsterdam: Querido.

Jörg-Dieter Kogel
Im Land der Träume.
Mit Sigmund Freud in Italien
252 Seiten. Leineneinband
ISBN 978-3-351-03748-2
Auch als E-Book erhältlich

Mit Sigmund Freud von Südtirol bis Sizilien

Sigmund Freud war süchtig nach Italien. Hier geriet er geradezu in Verzückung: Er mochte den Duft der Zitronenbäume, die Hügellandschaften der Toskana und die prächtigen Barockpaläste. Ein Reisetagebuch, das er während seiner häufigen Besuche geführt haben soll, ist verschollen. Der Journalist Jörg-Dieter Kogel hat sich, unter anderem ausgestattet mit den Reisebriefen des Psychoanalytikers, auf dessen Spuren begeben. Kenntnisreich wie amüsant erzählt er von Freuds Reiselust und Reiseangst, von Lieblingsplätzen, Glücksmomenten und fulminanten Entdeckungen. Der ewige Zauber Italiens entfaltet einen ganz neuen Glanz, sich spiegelnd in den Augen des vielleicht glühendsten Liebhabers unter allen Reisenden, die seit Goethe in den Süden pilgerten.

»Soviel an Farbenglanz, Wohlgerüchen, Aussichten – und Wohlbefinden habe ich noch nicht beisammen gehabt.« SIGMUND FREUD

aufbau